Leader of Achievement

성취의 리더

이봉원 지음

정음사

저자 소개

저자 이봉원 장군은 육군사관학교, 서울대학교, 미국 ALMC를 졸업하였고, 정치학 박사이며 시인이고, 고려대 최고위 과정과 홍익대 대학원 미술 공부를 하였으며, 리더십 및 안보 연구와 시·수필 작품활동 중이다.

육군사관학교장, 군수사령관, 육본군수참모부장, 제 31보병사단장, 군수기획처장(겸, 이라크 파병 현지 협조 및 준비단장), 국방부장관 보좌관, 참모총장실 정책과장, 기획과장, 체제발전과장, 육군사관학교 교수 등 정책·야전·교육의 균형 있는 경력을 쌓았다. 그리고 서울수복 60주년 및 국군의 날 통합행사 기획단장 겸 제병지휘관을 역임하였다.

한국군사교육학회 회장, 가천대 초빙교수, 경남대 대학원 석좌교수, 문화재단 상임이사, 합기도연맹 총재, 안보연구회 이사, 문화와 리더 연구모임 회장 등을 역임하였다.

저서로는 「지휘관, 무한책임의 주역」, 「중동 쿠르드족 정치운동」, 「ILS 실무지침서」, 「우리 아이 천재가 되는 길, 알고 보니 자연 속에」, 「우주와 자연과의 대화(시집)」, 「세월 따라 인연 따라(수필집)」, 「폭설 속에 심은 생명의 씨앗(편저)」, 「사관생도를 위한 명사들의 명언(편저)」 등 다수가 있다.

추천사

이 준
전 국방부 장관

어느 날 저자 이봉원 장군으로부터 반가운 연락을 받았습니다. 그는 제가 국방부 장관으로 재직 시 날마다 얼굴을 맞대고 국방 업무를 수행하였던 장관 보좌관이었습니다. 그의 논리적이고 건전한 판단과 성실한 준비는 군의 정책 개발에 큰 기여를 하였습니다. 또한 야전 지휘관으로 직책을 수행할 때마다 상급 지휘관들의 인정을 받았고, 부하들로부터 존경받으면서 성공적인 부대 지휘를 뛰어나게 성취했던 것을 잘 알고 있습니다.

저자는 바쁜 가운데에서도 업무 관련 연구와 학문적인 분야에서도 열심히 공부하는 장교로, 그의 꾸준한 업무 발전 노력의 결과는 군 업무에 직접 적용되었고, 여러 권의 책들도 이미 발간하였습니다. 이번에 「성취의 리더」을 발간하게 된 것은 또다시 매우 뜻깊은 일을 한 것입니다.

이 책은 그의 군인관과 인생관을 또렷하게 보여 주고 있습니다. 또한 단순한 이론 서적이 아니고, 그가 군과 사회생활을 하면서 보고, 배우고, 느끼고, 다짐하며 실제 병력을 지휘하면서 실천하였던 내용과, 사회의 여러 조직 속에서 리더의 역할을 하며 깨달은 값진 내용들입니다. "리더와 간부가 반드시 갖추어야 할 3정으로 정직·정확·정통을 강조"하는 것을 보면 알 수 있습니다.

그는 업무를 수행하면서 진심 어린 충성심과 헌신의 자세로 임하였으며, 지휘관으로서는 계급과 직책으로 군림하는 것이 아니라 솔선수범하고 헌신하는 장교였습니다. 지휘의 성공과 실패는 곧 부대 전체의 성공과 실패로 직결됩니다. 그래서 군 지휘부에서는 장교의 선발과 지휘관 보직 부여 시 해당 장교의 능력과 인품을 고루 고려하는 세심함을 보여야 합니다.

저자는 "조직을 성공으로 이끄는 지휘 통솔", "리더 주도의 혁신과 전진", "창의적 리더십 발휘" 그리고 단 한 명의 부하라도 좌절이나 희생 없이 희망의 길로 인도하려는 "블루랜드 운동" 같은 창의적인 제도를 연구하고 실천한 것들을 이 책에 기술하였습니다. 참신하고 치밀한 눈으로 세상을 바라보면서 40년의 군 생활과 10여 년의 교수 생활 및 사회의 다양한 조직에서 리더 역할을 하였던 저자의 삶을 엿볼 수가 있습니다.

이 책이 많은 공직자와 군 간부를 비롯해 여러 분야의 리더들이 일독하면서 도움이 되기를 기대하고 또한 그렇게 믿습니다. 열정을 쏟아 저서를 만든 이봉원 장군의 노고에 찬사를 보냅니다.

2025년 9월

추천사

박 재 규
경남대 총장 · 전 통일부 장관

이 책의 저자는 본인과 오랫동안 깊은 교분을 맺고 이어온 이봉원 장군이라는 점에서 기쁜 마음이 큽니다. 그는 박사과정을 수학할 때 중동 국가들의 정치문제와 쿠르드족에 대한 심도 있는 연구 결과를 만들어 내기도 하였습니다.

이번에 리더십에 대한 연구를 저서로 발간하는 것은, 그가 평생 군과 국가에 충성하면서 오랫동안의 체험에서 우러나온 교훈들을 정리한 책이기에 매우 가치가 크다고 할 수 있습니다.

우리 사회의 크고 작은 모든 조직에서 조직원들을 지휘 · 관리하는 데는 리더십이 필수불가결한 요소입니다. 훌륭한 리더가 선천적으로 태어나는지, 후천적인 교육과 노력으로 만들어지는 것인지에 대한 논란은 끝이 없지만, 주어진 여건을 극복하면서 공부하고 노력하는 과정에서 좋은 리더가 될 수 있다는 논리에는 누구나 공감하고 있습니다.

이 책은 단계적으로 실병 지휘를 해본 사람이 아니고서는 어느 학자도 흉내 내어 쓸 수 있는 책이 아닙니다. 실제 부대를 지휘하고, 사회의 조직을 관리해 보면서 하나씩 가꾸어간 노력과 고통의 경험을 기술한 것이기에 시간의 흐름과 무관하게 모든 조직의 리더들에게 필요한 값진 교훈을 담고 있는 책입니다.

아무리 훌륭한 리더라고 하더라도 평탄대로의 성공가도 만을 달려갈 수는 없습니다. 어느 때는 뼈를 깎는 아픔을 겪으면서 좌절할 때도 있고, 이것을 각고의 노력으로 극복해 나가는 인간적인 모습이 더욱 감동을 줄 수도 있습니다.

이 책에서는 이봉원 장군의 실제 리더로서의 모습을 생생하게 유추해 볼 수 있는 사실들이 많이 기술되어 있습니다. 특히 어디에서도 찾아볼 수 없는 그만의 용어로 정립해 놓은 "리더의 자질과 철학" 등을 보면서 고개를 끄덕이게 됩니다. 또한 "위험한 일에 앞장서고 책임지는 자세"를 보면서 그가 겪었던 어려움과 극복 자세를 눈으로 보는 듯하였습니다.

저자는 전역 후에도 대학에서 후진들을 열정적으로 지도하였고, 여러 분야에서 역동적인 리더의 역할을 하면서 살아왔습니다. 이 책이 발간되어 현재의 리더나 장차 리더가 되기 위해 준비하는 사람들에게 많은 도움이 될 수 있다고 굳게 믿습니다.

이봉원 장군이 또 한 권의 값진 저서를 발간한 것을 거듭 축하하고, 앞날에 행운이 가득하기를 기원합니다.

2025년 9월

머리말

우리는 누구나 리더입니다. 우리는 자신의 인생에 대한 리더이며, 여러 분야에서 실질적인 리더 역할을 하면서 살아가고 있습니다. 노력에 따라 더 훌륭한 리더로 거듭 태어날 수 있습니다. 리더가 조직을 지휘 관리하는 데는 규모와 공공성과 위계의 차이가 있지만, 리더의 본질적인 역할은 똑같다고 하겠습니다.

저자는 오랫동안 리더십을 연구하며 다양한 조직을 지휘 관리해 본 경험과, 대학에서 열정적으로 강의하면서 리더십에 대한 신념을 확인하였습니다.

저자의 저서 중에, 군 리더들을 주 대상으로 한 「지휘관, 무한책임의 주역」은 여러 제대의 지휘관과 장교, 사관생도, 대학생, 그리고 기업의 간부들을 포함하여 다양한 분야에 근무하는 사람들로부터 공감의 말을 많이 들었습니다. 또한 새로 임명되는 장군 지휘관들 교육에 초빙 강연자로서 교육한 내용이 그 후 오랫동안 제대별 신임 지휘관들이 선호하는 자료로 사용되었습니다. 또한 저자는 여러 대학과 회사들로부터 강연

초청을 받았으며, 특히 영국 옥스퍼드대학에서 초청하여 강연한 것도 보람 있었습니다.

금번에 발간하는 「성취의 리더」는 책의 내용을 대변할 최적의 제목을 선정하고자 고심하였습니다. 저자의 개인적 견해로 '성취(Achievement)'는 내부 지향적이고 진행형의 과정에서 자기 극복과 발전을 중시함으로써 지속적인 노력과 성과를 의미하는 것으로 생각됩니다. 이러한 크고 작은 성취가 모이고 쌓여서 완성형의 결과인 '성공(Success)'이 이루어지는 것이라고 믿습니다.

누구나 살아가면서 몇 차례의 좋은 기회가 주어진다고 하였습니다. 이런 기회가 주어졌을 때 모르고 놓치거나, 알고도 흘려보내지 않도록, 올바른 방향을 설정하고 열정을 가지고 추진해야 '성취'할 수 있을 것입니다.

저자가 기발간한 「지휘관, 무한책임의 주역」이 군 리더십 중심인 데 비하여, 「성취의 리더」는 범위를 확대하여 다양한 조직의 리더들이 효율적으로 적용할 수 있고, 실사례도 많이 포함하였기 때문에 흥미롭고 도움이 되리라 믿습니다.

리더는 '조직의 성패와 무한책임의 주역'이라고 말할 수 있습니다. 따라서 우리는 스스로 훌륭한 리더가 되도록 노력하는 것은 물론이고, 새로운 리더를 육성하는 데 디딤돌 역할도 힘써야 합니다. 지휘 통솔의 성과는 리더, 팔로워, 상황이라는

3요소의 상호작용으로 결정되며, 승리한 리더나 성공한 전략에는 이 3요소의 상호 관계 속에서 리더의 역할이 절대적으로 작용하였습니다.

리더의 능력 향상은 관련 전문 서적과 연구 논문 등을 탐독하거나 교육을 통해서 될 수도 있지만, 실제 지휘 경험을 통하여 몸소 체득하는 부분도 많아서 저자는 이것을 '예술 또는 기술'로 해석되는 Art라고 표현하고 싶습니다.

유능한 리더십 교수라도 대조직을 성공적으로 지휘할 것이라는 보장은 없으며, 대조직의 훌륭한 리더였어도 리더십 핵심 요체를 책으로 표현하기가 쉽지 않습니다. 따라서 두 가지의 경험을 해본 사람이 균형감각을 가지고 리더십 서적을 집필하는 것은 의미가 있다고 하겠습니다.

본 저서 「성취의 리더」는 리더와 팔로워가 함께 비전과 목표를 달성하는 길을 찾아서, 책임과 의무를 다하여 목표에 도달하며, 지속적으로 성장하는 조직을 만들어 내는 과정을 중요하게 다루었습니다. 따라서 본 저서가 시대와 상황의 변화를 잘 관리하면서 긍정적으로 발전하는 리더십 연구나 실무 적용에 도움이 될 수 있기를 기대하면서, 독자분들의 이견이나 아이디어를 주신다면 감사한 마음으로 받아들이겠습니다.

저자 이 봉 원

2025년 9월 관악산을 바라보며

차례

제2부 조직을 성공으로 이끄는 리더

제3부 리더 주도의 혁신과 전진

제1부

리더십 이론과 실제

1

'리더의 길'에서

우리 사회에는 어린 시절부터 리더의 길을 가고자 굳게 마음먹고 꾸준히 준비해 오는 사람도 있고, 태어나 보니 왕자가 되어 있거나 재벌 2세로 부모의 직책을 이어받게 되어 자연적으로 또는 타의에 의해 리더의 자리에 서게 되는 사람도 있다.

자의이든 타의이든, 리더의 길에 접어든다는 것은 단순히 직책을 얻는다는 의미가 아니다. 끊임없이 배우고, 책임감을 가지고 타인에게 긍정적인 영향을 미치는 위치에 서게 되는 것이다. 따라서 리더의 길에 들어서는 순간부터 개인의 성패를 떠나서, 조직 전체의 성장과 목표 달성을 위한 삶으로 스스로 변화하여야 한다.

미 해병대의 실천적 문화를 책의 제목으로 선정한 사이먼 시넥(Simon Sinek)이 그의 저서 「Leaders eat last」에서 강조하는 것처럼 "리더는 가장 먼저 희생하고, 가장 늦게 이익을 누리는 존재"가 되어야 한다. 그러기 위해서는 끊임없는 자기 혁신과 변화가 필요하다. 그리고 조직원들을 존중하면서 격의 없는 소통으로 공감을 이끌어 내야 하는 험난하면서도 보람찬 삶의 시작이다.

반면에, 리더가 갖게 되는 중압감과 책임감이 싫어서 리더가 되고 싶지 않고, 일반 조직원으로 자기가 좋아하고 자신 있게 일할 수 있는 자리에서 계속 일하고 싶어 하는 사람도 있다.

이런 유사한 성격의 사례를 조사한 결과가 있다.

언론[조선일보 2024.11.16.]에서 직장인들을 상대로 시행한 여론 조사 결과다.

"임원까지 승진하고 싶다."라는 응답이 45.2%로,

"그렇지 않다."라는 응답 54.8%보다 낮게 나왔다고 한다.

승진하고 싶지 않은 이유는 "책임지는 위치가 부담스럽다(43.6%). 현실적으로 승진이 어렵다(20%). 그리고 워라벨(Work-life balance)이 불가능할 것 같다(13.3%)."라는 것이라고 한다.

일명 '의도적 승진 기피(conscious unbossing)'라는 용어로 사용되며, 이런 현상이 최근의 트렌드이고, 미국과 일본도 마찬가지의 추세라고 한다.

그러나 이 설문은 임원을 리더와 동일개념으로 설정한 것으로 보인다. 또한 일반적인 일부 직장의 중간관리층에 대한 현실적인 한 단면을 보여 주는 수치라고 할 수 있을 것이다.

자신의 인생을 행복하게 살기 위한 하나의 방법으로써, 책임지는 리더보다는 통제받으면서 맡겨진 업무만을 하겠다는 '리더 회피'의 사고방식을 탓할 수 없다.

리더십 공부는 리더가 되고자 하는 사람들에게 훌륭한 리더의 길을 제시하는 것이고, 리더가 아니라고 하더라도 세상을 원만하고 슬기롭게 살아가는 데 도움이 되는 다양한 지혜를 제공하는 것이다. 그러기 때문에, 사람들에게 필요한 상식같이 생각하고 공부하는 것만으로도 가치 있는 일이 될 것이다.

리더와 관리자는 구분하여 다루어야 한다.

인간은 조직 속의 일원으로 살고 있으며, 어느 조직에나 공식적이든 비공식적이든 리더가 존재하기 마련이다. 리더는 조직이 나아갈 비전을 제시하고, 그 비전을 향해 전진할 수 있도록 조직원에게 동기를 부여하는 사람이다. 그에 비하여 관리자는 좀 더 협의의 일을 하게 된다. 결정된 목표를 위해 조직과 사람을 관리하는 계층이라고 할 수 있다.

하버드대 존 코터(John Kotter) 교수는 "리더는 성선설에 근거해 사람에게 의욕을 북돋아 주는 사람이고, 관리자는 성악설에 근거해 사람을 관리하는 사람이다."라고 하였다.

위에서 여론 조사를 한 것이나, 리더의 자리를 거부하는 사람의 경우, 대부분은 관리자의 위치와 역할에 중점을 두고 바라본 것이라고 할 수 있다. 조직의 현실에서 리더는 조직과 구성원을 지휘 관리하는 데에 있어, 리더와 관리자의 역할 비율의 차이는 있겠지만, 실제로는 겸하여 수행하는 부분이 많다고 보아야 할 것이다.

니체는 '권력의 의지'라는 용어를 사용하였다. 우리 인간은 누구나 열등감이 있고, 이를 극복해서 훌륭한 사람이 되고 싶은 욕구가 바로 '권력의 의지'라는 것이다. 따라서 다른 사람 밑에서 지시받으며 일하는 것보다는 위에 서는 사람이 되고 싶다는 것이 사람들의 당연한 욕구라고 주장하였다.

또한 '마음 경영 전문의 최명기'는 저서 「무엇이 당신을 일하게 만드는가?」에서 10가지 요소, 즉—돈, 인정욕구와 과시, 불안과 소속감, 성취감, 재미, 성장, 승부욕, 도전, 명령, 이타심—을 들고 있다. 이런 요소 중에 어느 한 가지만을 위해서 일하는 경우도 있을 수 있겠지만, 대부분 복합적으로 영향을 미쳐서 동기부여가 될 것이다.

'권력의 의지'이든, '일하게 만드는 동기부여 요소'이든, 본인이 훌륭한 리더가 되기 위하여 노력하는 사람들이 많이 있다. 또한 모든 조직은 역동성을 강화하기 위하여 지속적으로 새로운 리더가 요구되고 있어 다양한 방법으로 리더 양성에 노력하고 있다.

리더가 된다는 것은 단순한 지위의 향상을 의미하는 것이 아니라, 사람을 통솔하는 위치와 그에 따르는 처우가 향상됨과 동시에 책임 또한 커지는 것이다.

또 한 가지 간과할 수 없는 사실은, 현재의 리더는 리더가 되기 이전의 모습에서 연장선으로 행위를 하는 경우가 많다는 것이다. 훌륭한 리더 밑에서 존경심을 갖고 배우며 익힌 사람은 그것을 모방하게 된다. 반대로, 바람직하지 못한 상사 밑에서 잘못을 보고 들으면서 자기는 절대로 하지 않겠다고 다짐하고 그렇게 실천하는 사람도 있지만, 그것을 부지불식간에 자신도 모르게 모방하여 행하는 경우가 있다는 것이다. 이렇게 리더는 좋은 것이든 나쁜 것이든 직·간접적으로 다른 사람들에게 많은 영향을 미치게 된다고 할 수 있겠다.

그래서 초심을 잃지 않은 리더가 조직을 지휘 통솔하여야 하며, 그것을 보고 배우는 후배들이 청출어람의 태도와 역량을 발휘하여야 그 조직은 지속적인 성장을 할 수 있을 것이다. 따라서 리더십은 어떤 조직의 리더에게나 핵심 요소라고 할 수 있다.

리더십도 분명한 기술이 필요하다. 즉 사람을 다루는 것이기 때문에, 논리적이며 지적으로 설득할 수 있고, 감성적인 공감을 얻을 수 있어야 한다. 상황에 따라서는 거역할 수 없는 카리스마가 필요한 경우도 있기 마련이다. 특히 비즈니스에서는 다른 조직의 사람도 끌어당겨 내 편으로 만들어야만 한다. 그만큼 어려운 과제이기도 하다.

「정상에서 만납시다.」의 작가이며, 유명한 동기부여 연설가이기도 한 지그 지글러(Zig Ziglar)는 "시작하기 위해서 훌륭할 필요는 없다. 하지만 훌륭해지기 위해선 시작을 해야 한다."라고 하였다. 어떤 일이나 시작할 때는 두려움과 망설임이 존재하기 마련이다. 그러나 저자는 평소에 도전하는 자세로 'Don't worry, Don't hesitate.'라는 구호를 신조로 생활하였기에, 또 하나의 도전하는 자세로 본 저서의 집필을 시작하였다.

'리더십 이론과 실제'을 먼저 요약하고,
'조직을 성공으로 이끄는 지휘 통솔',
'리더 주도의 혁신과 전진',

'창의적 리더십 발휘' 순으로 제시하고자 한다.

리더는 어떤 상황과 위기가 닥쳐도 조직원의 마음과 힘을 합하여 "위기는 호기다(Crisis Equals Opportunity)."라는 말을 실행에 옮기는 사람이다.

따라서 이 책에서는 걸림돌을 디딤돌로 만들며 성취해 가는 리더의 길을 탐구해 보기 위하여, 학문적 성격의 이론은 취사선택하여 최소화하고, 다양한 성공 사례들을 제시하여 유익하면서도 재미있는 내용이 되도록 노력하였다.

2

리더십 연구의 역사적 흐름

개념 규정의 공통 요소

리더십 정의는 1930년대에 10개 정도였으나, 1980년대에 110여 개, 2000년대에 들어서 220여 개, 그리고 최근에는 350여 개로 늘어났다고 한다. 연구하는 사람마다 각자의 개별적인 정의가 있어, 숫자를 헤아리기 어려울 만큼 다양하다고 하겠다. 오하이오 대학 Stogdill 교수는 리더십 연구를 광범위하게 검토한 후에 "리더십의 정의는 그 개념을 정의하려고 시도했던 사람들만큼이나 많다."라고 하였다. 그러나 리더십이 구성원들에 대한 영향력을 발휘한다는 점에서는 이견이 없다. 그렇다고 해서 권력에 의한 강압적인 영향력과는 다르다.

개념 정립에 공통적으로 사용되는 용어들을 김영천은 저서 「전략적 리더십 비밀」에서 8가지를 들었다. "목표의 비전화, 가치 정립, 동기부여, 목표 달성, 조직의 단결, 설명하기, 집단을 대표함, 혁신하기" 등을 제시하였다.

리더십의 사전적 정의는 "집단의 목표나 내부 구조의 유지를 위하여 성원이 자발적으로 집단 활동에 참여하여 이를 달성하도록 유도하는 능력"으로 되어 있다.

리더십 개념은 학자들의 공통 제안 요소들과 저자의 주관을 추가하여 다음과 같이 정리하고자 한다.

'리더십은 집단의 비전과 목표를 달성하기 위하여 구성원들에게 긍정적인 영향력을 행사해서 집단 활동에 자발적으로 동참하도록 만드는 기술(Art > Skill)이다.'

그리고,

'리더는 리더십을 잘 발휘하면서 개인과 집단에 직면한 걸림돌을 디딤돌로 만들면서 비전과 목표를 성취하는 지도자다.'라고 하겠다.

그런데 이것은 구성원들을 단순히 추종하게 만드는 권력과는 달리, 리더를 존경하고 좋아하기 때문에 그의 생각을 받아들이는 '동일화 과정'을 거쳐서, 리더의 생각과 주장에 감동하여 마음으로부터 자발적으로 따르는 '내면화 과정'으로 진입하게 된다면, 진정한 리더십이 발휘될 수 있는 조직의 분위기가 무르익은 상태라고 할 수 있겠다.

리더십 유형 연구

리더십 정의가 다양하듯이, 리더십의 유형 연구도 시대적인 변천과 함께 변화해 왔다.

1. 리더의 신체적 · 성격적인 특성을 강조한 특성이론
2. 리더의 어떠한 행동이 가장 효율적인 리더십을 발휘하는지를 알고자 하는 행동이론
3. 리더의 행동이 상황에 알맞아야 한다는 상황이론
4. 현대적 추세의 빠른 변화에 적용 가능한 현대이론

이렇게 4가지로 대별하여 요약해 본다.

리더의 특성이론

초기의 리더십 연구는 "리더는 태어나는 것이지 만들어지는 것이 아니다."라고 믿어왔다.

이 흐름은 2차 세계대전 전까지, 훌륭한 리더들이 갖추고 있는 특성이 무엇인가에 대한 연구가 주류를 이루어 이것을 특성이론이라고 통칭하였다. 곧 리더는 카리스마가 있는 우상과 같은 존재로서 조직원들이 자발적으로 따르게 된다고 생각한 것이다. 그래서 특성이론에서는 신체적 특성, 성격특성, 사회적 배경, 지능, 인간관계 능력, 업무능력 위주로 연구되었다.

그러나, 1959년 R.D.Mann은 리더의 성격특성과 리더십 관계를 비교 조사한 결과 상관관계 계수가 0.15로 매우 낮았음을 증명하였다.

리더의 행동이론

특성이론과 정반대로 행동이론은 "리더는 만들어지는 것이지 태어나는 것이 아니다."라는 것이다. 따라서 행동이론에서는 가장 바람직한 리더의 행동이 무엇인가에 대한 연구로 오하이오 대학 리더십 학파의 '인간 중심적 리더십'과 미시건 대학 리더십 학파의 '과업 중심적 리더십'으로 대별하여 연구가 활발하였다.

1960년대 블레이크와 머튼(R. R. Blake & J. S. Mouton)은 '인간

3

리더십 책 읽기 제언

"나는 지금 리더의 위치에 있지 않은데 리더십 책을 읽을 필요가 있는가?"라는 질문을 받을 때가 있다.

우리는 여러 상황에서 본인이 인지하지 못하는 가운데 리더십을 잘 발휘하면서 살아가고 있다. 그것은 선천적으로 주어진 능력이기도 하고, 일상생활에서 잘 체득한 습관과 인품이기도 하다. 그런데 때때로 "내가 지금 남들보다 제법 나은 리더십이 있구나!"하는 것을 스스로 느낄 경우도 있을 것이다. 우리는 누구나 선천적이고 잠재적인 리더로서 살고 있기에 더 나은 리더가 되기 위해서 현재의 직업과 직위에 무관하게 리더십 책을 읽어야 한다고 생각한다. 미국 작가 Margaret Fuller는 "오늘의 reader가 내일의 leader가 된다."라고 한 말의 깊은 의미에 공감한다.

리더십 전문가 존 맥스웰(John C. Maxwell)은 리더십 책을 구할 때는 두 가지를 고민하라고 하였다. "첫째, 책에서 배운 내용들을 실천하면 정말로 더 좋은 리더가 될 수 있는가? 둘째, 내용이 이해하기 쉽고 재미있는가?"

그래서 리더십 책을 선택할 때는 '저자가 직접 경험한 것들을 정리한 것인가? 실천 가능한 현실성이 있는가? 리더와 구성원 모두에게 필요한 내용인가?' 등을 고려해 보는 것이 필요하다고 하겠다.

소크라테스는 "다른 사람이 쓴 책을 통해서 자신을 향상시키는 데에 시간을 써라. 그러면 다른 사람들이 힘들어서 얻었던 것을 쉽게 얻을 수 있다."라며 필요한 독서를 권장하였다.

사람이 살아가는 과정에서 누구나 생각지 않은 난관에 접하게 되는 경우가 있다. 이를 슬기롭게 극복하고 전화위복의 기회로 만드는 것도 리더십을 공부하는 사람은 더 쉽게 헤쳐나갈 수 있다고 믿으며 그 실증사례는 너무나 많이 있다.

"책은 사람을 만들고, 사람은 책을 만든다."라는 교보문고를 창립한 신용호 님의 말이 있는데, 저자는 "리더십은 리더를 만들고, 리더는 리더십을 만든다."라고 말하고 싶다.

리더십 책을 읽는 것은, 아직 조직의 리더가 아닌 사람은 리더가 되기 위한 준비로 공부해야 하고, 현재 소조직에서 대조직까지 어느 단계에서 리더의 위치에 있는 사람은 더 훌륭한 리더가 되기 위하여 공부해야 한다. 다양한 리더십 책을 탐구하고 실천하는 리더는 조직을 안정적으로 발전시키면서 존경받고 성공하는 리더가 될 수 있을 것이다.

리더가 부단한 탐구와 실천을 계속해야 하지만, 어떤 의미에서는 현재의 리더가 자기 직책에 맞는 리더십 책을 읽는 것은 오히려 늦은 감이 있는 독서일 수도 있다. 이미 체득한 리더십을 발휘해야 할 시기이기 때문이다.

리더십 연구의 핵심은 리더 개인의 지적성장과 발전에 관한 것은 물론이고, 잠재력을 극대화하여 조직의 목표 성취에 주도적 역할을 하도록 만드는 기술이며 능력이라고 해야 할 것이다. 따라서 개인의 리더십 발전이 가져다주는 영향력은 생각보다 큰 것이기 때문에 리더십 책 읽기를 권하는 것이다. 뛰어난 리더는 높은 비전을 가지고 있으면서도 동시에 현실적이다. 곧, 이상과 현실, 비전과 행동이 일치하여 목표한 바를 달성하는 것이 진정한 리더의 길이다.

우리의 일상은 다양한 지식과 정보가 요구되어 항상 바쁘다는 말을 많이 하고 살지만, 그럴수록 조금의 틈새를 활용하여 리더십에 관한 독서를 권장하고 싶다. 이미 우리나라 젊은 이들이 문화·예술·체육 분야에서 세계적인 리더가 많이 나오고 있다. 앞으로 정치·경제·사회·기술·군사적으로도 세계적인 리더가 많이 배출되어 조국을 빛내고 역사를 새롭게 써 나아갈 것을 굳게 믿고 응원한다.

4

조직원들이 바라는 담대한 리더

담대한 리더란?

'담대'의 사전적 의미는 "겁이 없고 배짱이 두둑함"이다. 통크게 대범하고 포용력 있는 리더의 이미지가 연상된다. 리더의 담대함 속에는 양심과 공정이 포함되어야 한다고 강조하고 싶다. 양심(良心)은 "사물의 가치를 변별하고, 자기의 행위에 대하여 옳고 그름, 그리고 선과 악의 판단을 내리는 도덕적 의식"으로 사전적으로 정의 된다. 겉과 속이 다른 양심(兩心)과는 다르다. 조직원을 대하는 리더의 자세는 누구보다 공정해야 한다. 공정은 공평하고 올바름이다. 단순한 평등과는 다르다. 조직원의 능력 및 여건과 상황에 맞는 지시와 필요한 조치를 적절히 할 줄 아는 리더가 진정으로 담대한 리더라고 할 수 있는 것이다.

사람들은 누구나 좋은 사람 그리고 좋은 리더가 되고 싶어 한다. 그래서 좋은 리더를 만들기 위한 연구, 그리고 리더와 조직원에 관한 연구는 끊임없이 이어져 왔다. 따라서 좋은 리더가 되기 위한 방법, 조건, 자질, 본질, 특징, 사례, 습관, 단계 등의 이름으로 연구자와 저자마다 제시한 덕목들이 많다.

세상의 수많은 조직 중에는 합리적 · 민주형 · 선진형의 포근한 리더가 있는가 하면, 비합리적 · 독재형 · 폭군형 · 공포형의 리더도 있다. 그리고 그 중간적인 리더도 있기 마련이다.

사회에 어느 거대한 조직의 책임자나, 군에서 고급 제대의 지휘관이라 할지라도 이들 모두를 '진정한 의미에서의 리더'라고 부를 수는 없다. 아돌프 히틀러를 총통이나 독재자라고 부르지, 리더라고 부르는 경우는 거의 없다. 리더는 리더로서 갖추어야 할 자격이 있어야 리더라고 부를 수 있을 것이다. 비록 작은 조직의 책임자라도 리더로서의 철학과 능력과 인품을 지니고 조직을 성공적으로 이끄는 사람이라면 존경받는 훌륭한 리더라고 인정받게 된다. 설사 조직을 이끄는 사람이 아니라도 리더라는 말을 들을 수 있다. '오피니언 리더'처럼 올바른 사상을 말과 글로 표현하는 것만으로도 충분히 리더가 될 수 있다고 하겠다.

리더가 되고자 하는 사람은 다양한 기존 연구 결과를 충분히 공부하고 참고 하되, 궁극적으로는 올바른 리더십을 자신의 경험과 연계하여 취사선택하고 체득하여 실천하는 것이 필요하다. 세상의 일들을 결정하는 방법에는 "좋은 방법, 나쁜 방법, 그리고 나만의 방법이 있다."고 한다. 좋든 싫든 리더는 나만의 방법으로 의사결정을 하고 일을 추진하게 될 것이다. 따라서 리더의 올바른 판단과 추진 방향이 정의롭고 바르냐 그렇지 못하느냐에 따라 조직의 모든 역량도 그 방향을 따라가게 되어 있다.

담대한 리더에 대한 개념과 구비 조건을 저자가 연구하고 현장경험을 통하여 얻게 된 결론은 '담대한 리더란 다음의 3용 1책—용기, 용서, 포용, 책임—을 품을 수 있는 리더'라고 생각한다.

첫째는 용기다.

용기란 두렵지만 해야 할 일을 하는 것으로써 세 가지 의미가 있다. 먼저, 자신의 실수나 취약성을 인정할 줄 아는 기개다. 다음으로 용기는 어려운 상황이나 거북한 문제 또는 불의에 대해서 침묵하지 않고 직언하고 해결하는 실천력이다. 그리고 주어진 과업 추진 방향을 과감하게 결정하고 끝까지 밀고 나가는 추진력이다.

둘째는 용서다.

사람은 누구나 잘못할 수 있다. 완벽주의자는 자신의 실수에 대하여 견디기 어려운 괴로움을 느끼며 다음 일에까지 지장을 초래하는 경우가 있다. 그래서 자신을 용서하는 마음부터 훈련해야 한다. 달라이 라마는 "용서는 자기 자신에게 베푸는 가장 큰 선물"이라고 하였다. 고의가 아닌 경우는 과감히 용서할 줄 알아야 한다. 또한 조직원이 자기의 실수를 리더에게 돌리거나, 뒤에서 음해하거나, 조직 내의 사소한 문제를 과장하여 흑색 선전하는 등 조직에 부정적인 영향을 끼치는 사람들도 있다. 그런 사람을 조직에서 배제하지 않고 함께 일하려면 용서해 주고, 감동을 주어서 그 사람을 변화시켜야 한다.

셋째는 포용이다.

새로운 것을 긍정적으로 받아들여 진지하게 검토하는 자세가 필요하다, 남의 의견을 경청해야 한다. 특히 직언이나 반대 의견에 귀를 기울이고, 자신의 감정을 관리하면서 의사결정이 건강하게 이루어지고 있는지 살펴야 한다. 폭넓게 바라보고, 대범하면서도 세심하게 살피고, 최선의 대안을 강구해야 한다. 그렇게 해서 추진한 일들은 과정과 결과를 온전히 받아들이고 목표를 향하여 묵묵히 전진해야 한다.

넷째는 책임이다.

"공은 부하에게, 책임은 내가"라는 말이 있다. 그러나 조직사회에서의 현실은 그 반대인 경우도 많다. 사람들은 조직의 리더가 든든한 벽이 되고 후원자가 되어주기를 바란다. 리더가 책임을 회피하는 조직에서는 조직원들이 자신에게 직접적인 이익이 되는 일이 아니거나, 조금이라도 실패의 위험성이 있는 일에 창의력을 발휘하는 일은 아무도 시도하지 않으려고 할 것이다.

제시한 3용 1책을 품은 담대한 리더는 어떠한 상황에서도 통합을 이루는 리더가 되려고 노력한다. 매사에 긍정적인 자세로 자신과 부하들에게 자신감을 불어넣어 준다. 진정성을 가지고 부하들이 공감하도록 논리적이면서도 감성적인 설득 능력을 발휘한다. 그래서 상하 동료로부터 신뢰를 얻고, 동고동락하면서 궁극적인 목표(꿈)를 성취할 수 있게 된다.

성취형의 훌륭한 리더 그려보기

저자는 본문에 들어가기 전에, 평소 기본적으로 가지고 있는 '훌륭한 리더의 상'이 있다. 그것은 다음의 3가지 유형을 통합적으로 발휘하는 리더라고 상상해 본다. 즉, '하트형 리더', '오케스트라 지휘형 리더', '창의형 리더'라는 세 가지 개념을 주관적으로 정리하고자 한다.

스탠퍼드 대학 심리학 교수이자 하트폴리니 연구소 창시자인 스티븐 머피 시게마스는 「스탠퍼드식 리더십 수업」에서 "We are leaders" 즉, 우리 모두 리더들이라는 표어를 내걸고 강의를 시작한다고 하였다. 이 말에 공감한다.

그런데 저자는 '우리 모두는 리더이면서 팔로워(조직원)'라고 말하고 싶다. 팔로워도 리더만큼 조직의 성패를 좌우하고, 동전의 양면같이 동일한 가치를 가지고 있다. 리더가 지도자의 역할과 자질을 가진다면, 팔로워는 리더와 조화를 이루면서 자기 주도적으로 직무를 수행하는 태도와 능력을 갖추고 있어야 한다.

우리의 사회적 역할은 리더와 팔로워 어느 한 곳에만 머물러 있지 않다. 국가의 수반이면서 국군통수권자인 대통령조차도 국민의 팔로워이고, 대기업 회장도 이사회와 고객들의 팔로워이며, 어느 조직에서나 리더는 그의 상급자와 하급자가 있기 마련이다. 따라서 조직의 구성원은 리더와 팔로워의 본질과 자세를 동시에 연구하고 실천할 수 있도록 공부해야 한다.

또한 우리는 삶과 일상에서 언제 닥칠지 모르는 위기를 돌파하는 강력한 힘을 갖고 싶어 한다. 위기의 순간에 돌파구를 찾고, 상하 간에 허물없이 자유롭게 소통하며, 반짝이는 아이디어로 업무의 생산성과 효율성을 높이는 비결을 찾고자 한다. 따라서 누구나 직책과 무관하게 평소에 리더십을 공부하고 체득하여 소규모의 조직에서부터 리더십을 발휘하는 습관을 길러야 한다. 그래서 나름대로 '나의 리더십'을 정립해 둔다면, 언제 어떤 조직의 책임자가 되어도 리더의 역할을 성공적으로 수행할 수 있다고 생각한다.

더불어, 이 책에서 다룬 일부 구체적 내용은 광의의 리더십에서 바라보면, 우리 사회의 어떤 조직에서도 용어만 약간씩

다를 뿐, 똑같이 적용될 수 있는 원리라고 믿는다. 포괄적인 이론은 실천하기 어렵다. 이론을 바탕으로 실질적인 실행과 성패를 경험한 리더십의 기록이어야만 실천하는데 더 가치 있는 도움이 될 수 있다고 하겠다.

* 원형 리더와 하트형 리더

원만한 성격의 상징이 원형이다. 모나지 않고 적이 없으며 둥글둥글하게 세상을 살아가면서 대인관계를 잘 유지하는 사람을 일반적으로 "법이 없어도 살 수 있는 사람, 마음씨 좋은 사람"이라고 부른다. 리더도 원만한 사람이 좋다. 이러한 유형을 저자는 '원형 리더'라고 부른다. 그러나 다양하고 광범위한 조직원을 성공적으로 이끌면서 조직의 꿈을 이루기 위해서는 원형 리더만으로는 부족할 수도 있다.

따라서 저자는 원형과 유사하면서 많은 의미를 내포한 특이한 모양인 '하트형 리더'라는 용어를 만들어 설명하고자 한다. 하트 모형의 유래는 여러 가지 설이 있으나, 종교에서 성배를 상징하거나, 심장의 모양을 의미한다는 이야기가 많다. 또 한편으로는 사람의 마음이 원래는 네모인데 나이가 들면서 모서리가 깎여서 하트모양이 되었다고도 한다. 현재는 사랑의 상징으로 전 세계인들이 공용하고 있다. 유래와 무관하게 하트 모양의 오묘함을 리더십 이론에 접목해 보고자 한다.

하트 형태는 그냥 둥근 것 보다 윗부분이 외부로부터 영향을 받아서 일부가 들어가 있다. 상대적으로 밑부분은 날카로운 모양으로 뾰족하게 형성되어 있다. 리더는 바로 하트 모양으로 성장하고 버티는 것 같다. 상하 인접 외부로부터 많은 시련과 충돌을 겪으면서 움푹 파일 줄도 알아야 하고, 필요할 때는 날카롭고 예리한 지성과 감성을 보이면서 상대를 향하여 송곳 같은 강인함과 공격성을 보여야 할 때도 있다.

하트는 원 모양에서 단순히 한 쪽이 찌그러진 것이 아니다. 풍선효과로 한쪽의 충격을 흡수하기도 하고, 다른 쪽은 날카롭고 뾰족하게 돌출된 양면을 보여준다. 상황에 따라서 '내유외강' 또는 '외유내강'의 양면성을 발휘하면서 본연의 올바른 의지 관철을 위한 강직함을 보여 주는 것과 같다고 하겠다.

하트는 원형에 가까우면서 사랑의 징표다. 조직과 부하직원을 사랑해야 한다. 단순한 사랑이 아니라, 상황에 따라서는 뾰족하고 강한 지도력을 보여 주어야 하는 사랑이어야 한다. 하트는 위쪽의 부드러운 모양이 받아들이면서 주는 것을 상징하는 듯하고, 아래쪽의 날카로운 모양은 냉철한 지성과 적시적인 판단·결단·추진의 모습과 같다. 따라서 하트형 리더의 가슴 속에는 부드러움과 강인함이 공존한다고 하겠다.

여기서 주의할 점이 있다. 사랑에 있어 중요한 것은 리더가 사랑을 주는 것이 아니라 팔로워가 사랑을 받는다고 느껴야 한다는 점이다. 역으로 리더도 팔로워로부터 사랑과 존경을 받아야 하는데 두려움의 대상이 되는 경우도 있다. 마키아벨리는 「군주론」에서는 "군주가 백성들로부터 하나를 선택받아야 한다면, 사랑받는 것보다는 두려움의 대상이 되는 편이 훨씬 안전하다."라고 하였다. 동양의 도덕군자와는 상반된 주장을 하고 있다. 마키아벨리는 인간 세상의 불편한 진실을 냉정하게 다루면서 리더가 공포의 대상이 되어서는 안 되지만 경멸의 대상으로 얕잡아 보여서는 안 된다는 점을 강조하고 있다. 결코 공포의 대상이 되어서는 안 되겠지만 공경하면서도 두려워하는 경외감은 필요할 것이다. 즉 부드럽고 친절한 리더이면서 강력한 카리스마가 요구되는 양면성이 동시에 필요할 수 있다.

저자의 하트형 리더와 개념이 유사한 이론이 있다. 하버드대 교수 모식 템킨(Moshik Temkin)은 그의 저서 「다시, 리더란 무엇인가?」(원제 'Warriors, rebels, and saints')에서 "진정한 리더란 공공선을 위해 맞서 싸우고 희생하는 자로 전사·반란자·성인이 되어야 한다."라고 하였다. 다시 해석하면 전사이면서 동시에 성인 같은 천사가 되어야 한다는 의미라고 하겠다. 그는 정치인이나 사회활동가들을 골라 그들의 리더십이 자기 시대의 역사에 어떤 영향을 주었는지, 아니면 반대로 역사로부터 어떤 영향을 받았는지 들여다보면서 강한 리더들에 대한 평가를 하였다.

* 오케스트라 지휘형 리더

학창 시절에 읽으면서 크게 공감하였던 피천득의 〈플루트 플레이어〉라는 수필이 떠 오른다.

> … "지휘봉을 든 오케스트라의 지휘자는 찬란한 존재다. 오케스트라와 같이 하모니를 목적으로 하는 조직체에 있어서는 멤버가 된다는 것만도 참으로 행복한 일이다. 그리고 각자 맡은 바 기능이 전체 효과에 종합적으로 기여된다는 것은 의의 깊은 일이다. 서로 없어서는 안 된다는 신뢰감이 거기에 있고, 칭찬이거나 혹평이거나 '내'가 아니요 '우리'가 받는다는 것은 마음 든든한 일이다."…

그렇다. 우리는 태어나면서부터 가정, 학교, 직장, 단체 등 수많은 공동체에 몸담고 함께 어울려 살아간다. 그 속에서 기쁨과 환희, 슬픔과 분노 등 갖가지 감정을 맛보면서 생활한다. 때로는 오케스트라의 지휘자처럼 앞에 서서 다른 사람들을 이끌기도 하고, 때로는 플루트 플레이어처럼 조직 전체의 화음을 위해 조직원의 일원으로서 자기가 맡은 부분을 연주하기도 한다.

이 수필을 상기하면서 어떤 사회의 조직이나 군 조직도 오케스트라와 흡사하다는 생각이 들었다. 물론 정부와 기업과 군의 리더는 오케스트라 지휘보다 훨씬 더 광범위하고 복잡한 요소를 지휘해야 한다.

예를 들면, 군대의 존재 의의는 전쟁이 일어나는 것을 막고, 불가피하게 일어나는 전쟁에서는 승리하는 데 있다. 전쟁을 수행하기 위해서는 인사, 정보, 작전, 군수 등 수많은 기능 간의 유기적인 협조와 조정 통제가 필수다. 군 조직의 근간인 장교는 때로는 지휘관으로서, 때로는 참모로서 주어진 역할을 하면서 부대 목표를 달성하기 위해 노력한다. 특히, 지휘관은 평시에는 이러한 제 기능들이 조화롭게 작동할 수 있게 실전처럼 훈련 시켜야 한다. 또한, 현대사회의 군은 평시에도 국민의 안전을 보장하는 역할자로서 대민 관련 업무도 조화롭게 해내는 것도 중요하다. 그러나 유사시에는 훈련한 대로 싸워 이길 수 있도록, 훈련된 부대를 작전계획대로 또는 상황 변화에 따른 우발계획으로 잘 지휘하여 승리하여야 한다. 이처럼 군 조직이라는 거대한 오케스트라의 화음이 잘 이루어지도록 지휘할 숭고한 소명과 책무가 지휘관에게 주어진다.

* 창의형 리더

기업들의 성공사나, 인류가 치른 전쟁사를 살펴보면, 타 회사와의 경쟁과 상대국과의 전쟁은 늘 새로운 방식으로 이루어지곤 하였으며, 승리의 여신은 새로운 방식을 도입하지 못하거나 적응하지 못하는 측에는 손을 들어주지 않았다.

잘 알려진 손자병법에 "전승불복 응형무궁(戰勝不復 應形無窮)"이라는 말이 있다. 전쟁의 승리는 반복되지 않으니 무궁한 변화에 유연하게 대응해야 한다는 것이다. 어제 화려한 승리를 가져다준 방법이 오늘 또 사용하면 잔인한 패배를 안겨줄 수도 있다.

이런 점에서 조직의 리더와 군 지휘관에게는 남다른 역량이 요구되기도 한다. 우리가 이용하는 모든 길은 처음부터 있었던 것이 아니라 사람들이 다니면서 만들어진다. 그 길을 따라가기는 쉽지만 새롭게 개척하기는 쉽지 않다. 그래서 리더의 길을 걷게 되는 지도자들은 새로운 안목, 새로운 리더십을 갖추기 위해 항상 깨어있는 정신으로 고심하고 정진해야 한다.

위에서 언급한 하트형 마음을 가지고, 오케스트라를 지휘하듯 조직의 화음을 맞추면서, 미래를 준비하는 창의적인 리더라면 훌륭한 리더의 자질을 잘 갖추었다고 할 수 있다.

그런데 실제 현실 속의 리더십은 그리 단순하지 않다. 현실은 이론보다 훨씬 복잡다단하고, 사회도 급격하게 변화됨에 따라 리더가 갖추어야 할 능력과 자질도 더욱 다양해지고 변화에 적시적인 적응력도 갖추어야 한다.

사람들은 시대적 변화와 트렌드를 따라가며 살아가는 것이 일반적이지만, 리더는 창의성을 가지고 변화를 주도하고 트렌드를 만들어 가며, 부하직원에게 과감하게 전파하면서 성취의 길을 만들어 가는 사람이라고 할 수 있다.

존 맥스웰(John C. Maxwell)은 저서 「누가 최고의 리더가 되는가?」에서 리더십은 정적이지 않고 변화하면서 사람들과 역학관계를 만든다고 하였고, 5단계로 발전해 나간다고 주장하였다. ① 지위 리더십, ② 관계 리더십, ③ 성과 리더십, ④ 인재 개발 리더십, ⑤ 구루(GURU: 산스크리티어 "스승") 리더십을 들었다.

이것을 저자가 재해석해 보면 ①②③은 리더 자신이 위치를 확보해 나가면서 주어진 업무의 성과를 이루어내는 것이고, ④⑤는 후진 양성을 제대로 해내는 것으로서, 능력이 탁월하고 인품을 갖춘 리더가 본인의 성과는 물론이고 후진을 양성할 수 있는 것이라 하겠다.

일반사회의 리더십이 다양하듯, 군 리더십 또한 다채롭다. 기업의 리더나 군 지휘관의 개인적인 특성과 함께 각각의 조직이 처한 상황이 다를 수밖에 없기 때문이다. 리더와 지휘관의 인품과 성향, 그리고 조직의 강점과 약점에 따라 현장에서 구현되는 리더십의 모습은 서로 다른 형태로 나타나기 마련이다. 이런 점에서 이 책은 다음과 같은 의미를 부여할 수 있다고 본다.

첫째, 보편적 리더십 이론을 실제 조직을 지휘 통솔하는 데 직접적으로 적용할 수 있도록 특성화하였다.

리더십은 리더와 조직이 지향하는 비전과 목표, 리더의 개인적 자질과 특성, 조직 구성원들의 특성과 인식, 상황 요인 등으로 구성된다고 할 수 있다. 이러한 리더십의 전체 분야를 포괄할 수 있도록 목차를 구성하였으며, 나아가 이를 사회조직과 군에 적용하는 방향까지 함께 제시하고자 노력했다. 따라서 이 책은 리더십의 일반적 이론을 토대로 하되, 실질적인 지휘관리에 중점을 두어서 이론과 실제를 겸비하고자 하였다.

둘째, 리더와 지휘관에게 실제로 필요한 현장의 리더십을 구체적으로 보여주고 있다는 점이다.

현장 리더에게는 리더십 이론을 섭렵하는 것뿐만 아니라,

'현장에서 이를 어떻게 효과적으로 구현할 것인가?' 하는 적용 능력이 중요한 것이다. 리더들은 연구자가 아니라 조직원을 통솔함에 있어 조직의 역량을 극대화하여 경쟁과 전투에서 이길 수 있도록 만드는 주인공이기 때문이다.

따라서 현장에서 실천되는 리더십의 모습을 보여주고자 노력하였다. 이런 생각에서 사례로 언급된 내용 대부분은 사회와 군의 하급 제대부터 상급 제대에 이르기까지 다양한 규모의 조직을 지휘하면서 직접 경험했던 바를 포함하였다. 이로써 독자들로 하여금 지휘에 곧바로 응용할 수 있을 것으로 생각한다.

셋째, 시대적 변화와 예측되는 미래의 사회 양상을 고려하여 선진적인 조직문화를 발전시키기 위한 장기적 전망을 담고 있다는 점이다. 현재가 과거와 다르듯이, 미래 또한 현재와 다른 양상으로 전개될 것이 확실하다. 현재 근무 중인 조직원들은 과거 조직원들과 다른 특징을 가지고 있다. 그래서 신세대 조직원들의 약점을 보완하고 강점을 북돋아 줄 수 있는 방안을 찾으려 노력하였다.

미래 조직원들은 현재와 또 다른 사고체계와 행동유형을 가지고 있을 것이 분명하다. 따라서 예상되는 미래 변화에 대비하여 다양한 방안을 강구 할 필요가 있다. 그것은 국내외 경제와 안보 환경, 기술과 무기체계의 발전, 인적자원, 조직문화 등 제반 국면에서 나타날 변화를 예측하고, 각 분야의 문제점들을 사전에 식별하여 대책을 마련해야 한다. 모두가 자기 분야에서 미리미리 대비하지 않으면 실기하는 우를 범할 수 있다. 이런 시각에서 이 책은 나름대로 의미 있는 전망을 제시하고 있다.

리더의 10대 함정

리더도 사람이다. 완벽한 인품일 수 없으며, 자제력이 부족하여 본의 아닌 실수를 범할 수도 있다. 부지불식간에 자신의 리더십이 잘못 발휘되고 있는지도 모르고 반복 실수를 범하는 위험한 경우도 있다. 리더십의 손상과 위협으로 몰아갈 수 있는 요소들을 정리해 봄으로써 자신을 돌아보면서 함정에 빠지는 우를 예방하여야 한다. 저자는 여러 부류의 리더들을 보며 느끼고 깨달은 것으로, 누구나 유념하지 않으면 자칫 빠지기 쉬운 리더의 함정을 10가지로 정리해 본다.

- 자기 잘난 맛에 도취 된 리더

- 매사에 성급하고 경솔한 리더
- 소심하여 적기에 결정을 못 하는 리더
- 지나치게 신중한 완벽주의 리더
- 이견을 무시하고 독단적으로 결정하는 리더
- 예스맨과 아부하는 부하를 좋아하는 리더
- 부하에게 책임을 전가하고 화를 잘 내는 리더
- 현상 유지에 안주하는 리더
- 정치성이 강하고 파벌적인 분열의 리더
- 조직의 역사·전통 또는 전임자의 공적을 무시하는 리더

리더십의 위기 및 관리

국가나 사회의 어느 조직이나 위기관리에 관한 많은 연구가 있고, 지속적인 보강을 위해 노력하고 있다. 그러나 언제든지 발생할 수 있는 조직의 위기라고 할 수 있는 것들을 생각해 볼 수 있다.

군에서 생각하는 5대 위기는 전쟁, 국지도발, 테러, 재해 재난, 대형 사고라고 할 수 있다. 전쟁과 국지도발 및 테러는 전투준비의 모든 목표에 해당하고, 재해 재난은 제대별 안전조치를 평시부터 잘 갖추되, 불가피한 상황 발생 시 인명 위주의

대피 계획을 준비하고 훈련해야 한다. 사고는 예방 대책 강구가 핵심이다.

기업은 사건 사고, 매출 감소, 생산성 저하, 파업, 기업가치와 주가 하락, 경쟁사의 급증, 고객 불만, 그리고 부도 위기 등이 있을 수 있다.

공공기관은 안전사고, 국민의 요구 미충족, 국민 불신, 재무위기 등이 발생하는 위기가 있을 것이다.

그 외에도 조직원들이 위기를 느끼는 경우가 발생하는데, 예를 들면, 한국인재경영연구회 편저 「성공하는 사람들의 리더십」에서 여론 조사 결과, 리더가 다음과 같은 언행을 하면 조직원들은 조직의 위기를 느끼고 사기가 떨어졌다고 한다.

- 잘못된 일이 생기면 직원 모두에게 책임을 전가한다.
- 상담이나 제안에 잘 응해주지 않는다.
- 안전성만 강조하고 부하를 들볶는다.
- 일의 목표는 위에서 일방적으로 결정한다.
- 직원들과 인간적인 접촉이 거의 없다.

여기에 대한 해법으로 이런 직장에서는

"첫째, 집단 관리의 방식을 취하라.

둘째, 상호 지지의 원칙을 지켜라.

셋째, 참가 원칙을 세워라."하고 제안하였다.

그런데 어느 조직에서나, 눈에 보이지 않으면서 더 큰 위기는 따로 있을 수 있다. 바로 '리더십의 위기'다. 리더십 연구 분야에 가장 크고 중요한 위기이며, 이를 어떻게 극복할 것인지가 조직관리에 최우선으로 해결되어야 할 대과제가 될 수 있다.

만약에,

"조직원들이 리더의 말을 믿지 않는다."

"리더의 지휘 통솔이 먹히지 않는다."

"지휘 성과가 없다."

"리더의 지휘력에 개선과 향상의 여지가 없다."라고 한다면 이것은 심각한 '리더십 위기'에 봉착한 것이다.

이러한 위기를 극복하기 위한 리더의 활동은, 초심으로 돌아가서 자신의 리더십을 심도 있게 되돌아 보고, 재정립하여 실천하는 길밖에 없다.

다음과 같이 5가지 실행 방안을 제안한다.

첫째, 조직원들이 스스로 성장할 수 있다고 느끼게 하는 꿈을 실어줄 비전을 명확하게 다시 밝혀야 한다. 이 비전은 리더만을 위한 것이 아니고, 대의명분이 있으며, 조직원에게 희망을 주는 것이어야 한다.

둘째, 리더와 조직원이 함께 노력하면 분명히 실현 가능하다고 인정할 수 있는 구체적인 목표를 제시하고 자세히 설명하여야 한다. 뜬구름 잡는 목표는 설득력이 없다. 불가능한 목표는 감동을 주지 못하고 행동하지 않는다.

셋째, 목표에 도달할 수 있는 길을 만들어서 보여주는 전략과 계획을 제시해야 한다. 길을 제시하는 것이야말로 리더의 능력과 진정성을 보여주는 최선의 방책이다.

넷째, 아무리 어려운 여건과 불리한 상황에서도 리더는 조직원을 믿고 끝까지 같이할 것이라는 의지를 보여야 한다. 믿음을 준다는 것이다. 믿을 수 없는 리더를 끝까지 따를 사람은 없다.

다섯째, 하는 일이 잘못되면 모든 책임은 리더가 지겠다는 각오를 보이고 조직원들의 인정을 받아야 한다. 리더가 영광을 자기가 차지하고 책임을 부하에게 돌리는 것은 비겁한 것이고 배신하는 행동이다. 권한의 행사보다 더 중요한 것은 책임지는 자세다.

이러한 5대 실행 방안은 리더십 위기를 극복하고, 나아가 더욱 신뢰받는 리더로 거듭나는 대책이 될 것이라고 믿는다.

그리하여 리더십이 제자리에서 제 기능을 다시 수행할 수 있게 되면, 조직의 지속적인 발전과 또 다른 전진을 위한 변화를 추구할 수 있을 것이다.

「기업이 원하는 변화의 리더」라는 저서에서, 하버드대 경영대학원 교수인 존 커터(John Ketter)는 변화 관리 프로세스 8단계를 다음과 같이 제시하였다.

1. 위기감을 고조시켜라.
2. 변화 선도팀을 구성하라.
3. 비전을 새롭게 정의하라.
4. 참여를 이끌어 내는 의사소통을 전개하라.
5. 권한을 부여하라.
6. 단기간에 눈에 띄는 성공을 이끌어 내라.
7. 변화 속도를 늦추지 마라.
8. 변화를 정착시켜라.

위기의 상황이 도래하지 않는 것이 최선이겠지만, 만약 불가피한 위기 상황이 발생한다면, 신속히 안정시키고, 나아가 조직의 변화를 추구하면 효과적인 결실을 얻게 될 것이다.

"이 세상에 완벽한 사람은 없고, 완벽한 의지만 있다."라는 말이 있다. 곧고 굳은 의지로 리더십 위기를 재도약의 기회로 바꿀 수 있을 것이다.

위험한 일에 앞장서고 책임지는 자세

위험한 상황은 예고 없이 누구에게나 닥칠 수 있다.

사람들이 모이면 여러 가지 간접경험의 기회가 생긴다. 나이와 다양한 경험이 많은 사람들의 모임일수록 그렇다. 의미 있는 삶을 치열하게 살아온 사람들일수록 어려운 고비와 그것을 해결한 지혜도 많다. 그들은 영광과 실패를 많이 경험하였기 때문에, 영화 같은 스토리를 가지고 있다.

예상치 않게 내린 폭우로 하천 산책로를 걷던 사람이 갑자기 불어난 물에 실종되기도 하고, 역주행한 차가 교통사고를 일으켜 선량한 사람이 희생되기도 한다. 이처럼 누구에게나 언제든지 위협이 될 수 있는 일들이 있다. 특히 군인, 경찰, 소방대원, 구급대원 등 목숨과 직결되는 일에 종사하는 사람들의 일과는 위험의 연속이기도 하다. 이런 업무에 종사했던 사람들은 누구나 위험을 감수했던 사건들을 경험하였을 가능성이 높다. 저자 역시 몇 차례나 목숨에 위협을 느낀 사건들이 있었다. 그중에 몇 가지를 정리해 본다.

중대장 때는 여러 차례 위험한 상황을 겪었는데 세 가지만 정리한다. 비무장지대(DMZ) 전담중대가 처음 생기고, 초임으로 저자가 그 중대를 맡게 되었다. 이전에는 사단 수색대대가 맡던 임무를 맡게 된 것이다. 무려 8개 소대를 지휘하게 되니 2개 중대를 지휘하는 셈이다. 남과 북 양쪽 모두 철책으로 봉쇄한 그 틈에 있는 1개 연대 담당 전방 전투지역의 비무장지대에서 최전방 경비 소초인 GP 4개를 운영하고, 비무장지대를 매일 수색·매복하는 책임을 지는 중대장이었다.

DMZ의 주도권을 확대하기 위하여 새로운 수색로 개척 작업이 여러 곳에서 진행되었다. 이 지역은 6.25 전쟁 때 매설하였거나, 그 후에 추가로 매설한 지뢰들이 비에 휩쓸려 위치가 확실치 않아 모두가 두려워하였다. 위험한 일을 시작하는 것임으로 중대장이 먼저 들어가야 분대 단위 조별로 투입하는 소대장, 선임하사, 병사들이 안심할 것으로 생각되었다. 맨 처음 시도하는 작업 지역에 중대장이 앞장서서 개척하며 들어갔다. 개인 간격을 유지하면서 낮게 자란 풀밭의 의심 지역은 대검으로 찔러 보며 나아가는데 갑자기 머리가 쭈뼛하고 등에 식은땀이 났다. 모두 제자리에 멈추게 하고, 막 밟으려 했던 풀 주위를 대검으로 찔러 보고 손으로 더듬었다. 아뿔싸! 대인 지뢰의 삼각뿔이 1cm 정도 올라와 풀 틈에 있었다. 밟으면 반경 10m에 있는 사람은 모두 치명적인 피해를 당할 수 있는 위력을 가진 것이었다. 다행히 저자가 먼저 발견하여, 안전하게 조치하여 부대원들을 모두 지킬 수 있었다.

둘째는, 당시 GP 현대화 작업을 하기 위하여 공간을 확대하는 작업을 우선 해야 하였다. 후방지역에서 많은 병력이 들어와 기존에 설치되어 있는 지뢰를 먼저 제거하는 작업을 하였다. 전담중대는 작업 병력이 투입하기 전에 북쪽을 향한 최전단에 배치하여 작업 병력을 북한군으로부터 보호하기 위하여 실탄을 장전한 총을 겨누고 경계를 담당하였다. 어느 날, 작업 지역마다 경계병을 배치하기 위하여, 1차 지뢰 제거 작업을 하여서 안전하다고 판단되는 지역을 중대장이 앞장서서 가고, 그 발자국을 밟고 5미터 간격으로 따라오도록 하였다.

그런데 두 번째 따라오던 병사가 지뢰를 밟아 폭음과 함께 비명이 들렸다. 전역을 한 달 남긴 모범 병사였다. 환자를 업고 나와서 응급조치하고, 긴급 헬기를 요청하여 통합병원으로 이송하였다. 그는 여러 차례의 수술과 오랜 병원 생활 끝에 다행스럽게 정상적인 생활을 할 수 있게 회복되어 전역하였다. 중대장으로서 이런 사고 발생에 가슴 아프고 미안한 마음이 컸다. 불행 중 다행으로 그 지뢰는 발목지뢰였고, 오래된 것이어서 폭발의 위력이 적었다. 만약 폭풍 지뢰의 성능이 정상으로 발휘되었다거나, 대인지뢰였다면 모두가 큰 피해를 보았을 것이다. 자식을 군에 보내고 날마다 기도하는 부모님과, 최전방에서 근무하는 남편이 안전하기를 기도하는 군인 가족의 기도 덕택에 불행 중 다행의 결과를 가져온 사건이었다.

또 한 사례는, 사단의 가장 우측에 있는 GP는 북한과 아주 근거리여서 성능 좋은 쌍안경으로 보면 북한군의 얼굴을 정확히 인식할 수 있을 정도였다. 겨울에 눈이 쌓였을 때, 제설 작업하는 GP 인원들을 격려하고 작전지역을 순찰하다가 북한 GP를 바라보고 있었다. 그때 갑자기 총성이 들렸다. 북한 지하 벙커의 총안구에서 북한 경계병이 우리를 향하여 쏜 총알이 저자의 옆구리를 스치고 지나가면서 뒷벽에 박혔다. 입고 있던 방탄복 옆구리가 찢겨 나가는 위험한 실탄이었다. 우리가 즉각 전투태세로 진지에 투입하여 보복사격을 하려고 하자, 북한에서 확성기로 오발이라고 사과의 말을 하였다. 지휘관이 올라온 것을 보고 조준하는 장난을 하다가 오발을 날린 것이다. 그 총알의 방향이 조금이라도 달랐더라면 어떻게 되었을지를 생각하면 지금도 아찔하다.

이런 우여곡절의 위험한 상황들이 있었는가 하면, 극적인 사건이 또 있었다.

육군본부 군수기획처장 시절, 한국군 최초로 자국 군수지원에 의한 해외파병인 이라크파병 준비에 국방부 장관 지시로 저자가 '이라크파병 준비 현지 협조 및 조사단장 겸 전투근무지원 준비단장'으로 임명되었다. 당시 이라크는 종전을 선언하였으나 아직도 산발적인 총격전이 난무하는 시기였다. 저자는 12명의 분야별 실무자 영관장교들과 이라크 현지 주둔 미군 부대에 출장을 갔다. 쿠웨이트에서 이라크로 들어가는 방법은 공중기동밖에 없었다. 지상 이동은 사막지대를 통과하게 되어서 십중팔구 적에게 피격당할 가능성이 높은 실태였다.

쿠웨이트에서 미군의 공중기동 수단을 지원받아야 하는데, 쿠웨이트에 주둔하고 있는 미군은 MLSA(한미상호군수지원협정)에 헬기 지원 항목이 없기 때문에 지원이 불가능하다고 하였다. 생각지도 않은 난관에 봉착하였다. 한국과는 통화가 겨우 되다 끊어지다 하는 위성 전화로 우리 국방부, 합참, 연합사 모두 전화를 하였지만 해결 방안이 없었다. 결국 단장인 저자가 어떤 방법이든 해결해야만 하였다. 별의별 노력을 다했으나 쿠웨이트 미군 공항에서 40도가 넘는 폭염을 견디며 텐트 속에서 이틀을 대기할 수밖에 없는 상황이었다. 시간을 낭비할 수 없어서 이때 텐트 안에서 파병을 위한 병력과 장비 이동 계획 초안을 Laundry Plan(세탁소로 이용하는 텐트에서 작성하였기 때문에 붙인 명칭)이라고 작성하였는데 실제 이 초안이 한국군 병력 이동계획의 기초가 되었다.

고심하던 중 갑자기 생각이 난 것이, 그 얼마 전에 이라크파병 준비 전투근무지원 대미 협조를 위하여 미국 플로리다주 탬파에 있는 미군 중부사령부에 가서 만난 사람이었다. 그때 마침 휴가를 나온 웨스트(Scott G. West) 장군을 만나서 많은 의견을 주고받았었고, 우리 계획 수립에 큰 도움이 되었었다. 그는 당시 오랜만에 본국으로 휴가를 나오는 날이었다. 부인이 멀리서 와서 기다리고 있었는데도, 저자와 밤늦게까지 이라크 전황과 전투근무지원 준비 사항에 관련된 이야기를 나누었던 고마운 장군이었다. 그런데 그가 지금 이라크 다국적군사령부(MNF-1) 군수참모로 있다는 것이 생각났다. 공항에 있는 미군용 전화로 통화를 시도해 보았다. 다행히 연결되었다. 그는 대단히 반가워하면서 즉시 사령관에게 보고하여 승인을 얻겠다고 하였다. 한 시간 후에, 미군 헬기 두 대를 지원해 주었다. 타국과의 일도 안면과 인연에 의해 가능한 일이었다.

우리를 태운 두 대의 헬기는 전투비행으로 이동하였다. 전투비행이란 교대로 한 대는 위에서, 한 대는 거의 땅에 닿을 듯 낮게, 최대 속도로, 지그재그로, 이동하면서 상호 엄호하에 교차 지원사격 준비가 된 상태로 기동하는 것이다.

이동 중에 헬기 양쪽 문을 개방하고, 배치된 두 정의 기관총은 사막에서 조금이라도 이상한 것이 보이면 가차 없이 연발사격을 하였다. 적군이 모래밭에 숨어 있다가 언제 저격할지 모르기 때문에, 사막에서 보이는 것은 모두 적으로 간주하고 사격을 가했다. 이것은 억울한 민간인들의 죽음도 있을 것 같았다. 참으로 안타까운 전쟁의 실상이었다.

한참 비행 후, 미군이 주둔한 이라크 동북쪽 키르쿠크 비행장에 도착하였다. 그날 밤, 늦은 시간까지 한국군 파병 시 주둔지 위치 선정과 전투근무지원 문제를 토의하였다. 늦은 밤까지 토의를 마치고 우리 일행에게 주어진 2개의 24인용 텐트인 잠자리로 들어갔다. 피곤으로 지쳐 잠에 빠지려고 할 무렵, 요란한 싸이렌이 울렸다. 키르쿠크 비행장에 주둔 중인 미군부대를 향하여 적이 사방에서 침투하면서 총격전이 벌어졌다. 미군들이 우리를 대형 상수관 같은 원형 콘크리트 대피호로 안내하였다. 예광탄과 박격포탄이 교차로 날아다니는 전투 현장을 바라보고 있는 마음이 착잡하였다.

한참 후 상황이 종료되자 다시 텐트로 들어가서 잠을 청했다. 사막의 먼지가 가득한 텐트에서도 피곤으로 지친 우리는 금방 잠에 빠져들고 있었다. 그때 갑자기 쾅쾅거리는 소리가 다시 요란스럽게 들렸다. 적의 재공격으로 우리 일행이 묵고 있는 텐트 주변에서도 엄청난 쾅 소리가 들렸다. 알고 보니 박격포탄이 텐트 주변에 떨어진 것이다.

천만다행으로 그것은 터지지 않고 불발탄이 되었다고 미군 장교가 내 텐트로 뛰어 들어와 알려주었다. 만약 폭발하였다면 머나먼 중동 사막에 있는 비행장의 미군기지에서 우리 일행은 사라졌을 것이다. 본국과 위성통신 전화로 연락도 잘 안 되는 상황에서 말이다.

당시 언론에서는 이라크군이 한국군 조사단이 도착한 것을 알고, 파병을 방해할 목적으로 우리를 향하여 직접 저격을 시도하였다고 추측 보도를 한 것을 귀국 후에 알았다. 가족들은 연락도 안 되는 상황에서 그런 뉴스를 접하고 크게 걱정하여 잠을 설치며 기도하고 있었다고 하였다.

그 후에도 수차에 걸쳐서 이라크를 방문하였다. 파병부대의 주둔지를 선정하기 위해 위험을 감수하고 헬기와 차량으로 많은 지역을 정찰하였다. 결국 파병군의 주둔지를 선정하였고, 주둔 시설 건설을 하였으며, 지속적인 보급지원을 위하여 주변국 기업들을 상대로 국제계약을 체결하는 일도 총괄하여 마무리하였다.

누구에게나 닥칠 수 있는 위협은 만나지 않도록 대비하는 것이 최선이지만, 어쩔 수 없이 닥치는 위협은 피하는 방법을 터득하는 것이 차선이 될 수 있다. 그러나 피할 수 없다면 어떻게 대응하고 어떤 후속 조치를 할 것인가를 미리 생각하면서 조직을 안전하게 지켜야만 한다. 이것이 준비성이며 대응능력이다. 위험한 상황을 잘 극복하면 오히려 전화위복의 길을 얻는 경우도 우리 주변에서 많이 볼 수 있다. "하늘이 무너져도 솟아날 구멍이 있다."라는 말은 맞는 표현이다. 그리고 하늘은 어떤 상황에서도 결코 무너지지 않는다.

리더가 아무리 노력하여도 대규모 조직에는 크고 작은 문제가 전혀 발생하지 않을 수는 없다. 조직 생활을 하면서 생각지도 않던 일이 갑자기 발생하여서 삶을 위기로 몰아넣는 사건이 있을 수 있다. 조직사회에서 자기만 열심히 잘한다고 되는 것이 아니다. 상급자와 동료와 하급자가 모두 좋은 인연으로 좋은 관계를 유지하면서 서로 돕는 것이 대단히 중요하다. 특히 부하를 많이 둔 군 지휘관은 그중 누군가 한 사람이라도 문제를 일으키면 그것에 대한 전적인 책임을 지게 되기 때문에, 지휘관의 상징인 녹색 견장을 다는 순간부터 보람도 크지만, 긴장하는 시간의 연속이 된다.

세상을 살아가면서, 아주 편안하고 승승장구하는 것처럼 보이는 사람들에게도 오랜 리더의 역할을 하다 보면 이런저런 어려움을 겪기 마련이다. 다른 사람들이 부러워하는 요직을 두루 거치면서 평탄한 길을 잘 나아가고 있다고 보이는 사람들도 험악한 경험을 겪은 경우가 많다.

저자 역시, 부하들이 열심히 일하다가 발생한 본의 아닌 사고를 뒷수습하면서, 본인이 불이익을 감수하고 혼자서 모든 것을 책임지고 부하 장교를 구제해 준 일이 있었다. 또한 힘있는 자가 자신의 공적을 세우기 위해 무고한 사람들을 해치는 일에 대하여 앞장서서 막아 낸 기막힌 사연도 있다. 그런 일에 함께 고생하면서 끝까지 책임지고 해결한 저자를 보고, 그들은 지금도 은인으로 생각하고 고마운 마음을 표하곤 한다.

"아이들이 연못에 있는 개구리를 향하여 돌을 던지면, 아이들은 장난이지만, 그 돌을 맞는 개구리는 생사가 걸려 있다." 라는 이야기와 같이, 외부에서 또는 계급이 높은 사람이 잘못된 돌을 던지면 그것을 맞는 선량하고 힘없는 사람은 생사가 걸리게 된다. 어떤 경우라도, 권력을 남용하는 일은 절대로 있어서는 안 된다. 그래서 공직자 선발의 기준에 정의롭고 공정한 사람인지 인성을 제대로 따져보아야 한다.

그리고 무엇보다도 리더는 좋은 일이나 궂은일이나 끝까지 책임지고 발생한 문제에 대하여 해결책을 마련해야 한다.

여러 분야에서 어려움을 겪은 일이나, 이것을 헌신적으로 해결해 낸 리더들의 사례는 많다. 따라서 리더십을 연구하고 습득하는 사람들에게는 사례연구도 대단히 가치 있는 일이라고 생각한다.

〈반대를 무릅쓰고 진정성 있는 시도로 얻은 성과〉

사단장 시절의 일이다. 2005년 12월부터 이듬해 초까지 호남 지역에, 우리나라에서 기상관측이 시작된 이래 가장 많은 눈이 내렸으며, 추위도 장기간 지속되었다.

모든 학교는 임시휴교하거나 조기방학을 실시했으며, 비닐하우스 붕괴 등 농민들의 피해는 극에 달했다. 정부는 호남 일대를 재난지역으로 선포하는 등 국가 차원의 대응책을 마련하는 데 부심 하였다.

사단에서도 적극적으로 피해 복구 지원에 나섰으나, 사단 자체 인원만으로 기본 임무인 해안경계작전을 하면서 대민 지원을 한다는 것은 매우 어려운 일이었다. 가용자원을 모두 동원하여도 턱없이 부족하였다. 그래서 생각한 것이 타 부대 인원의 지원을 받는 것인데, 모든 부대마다 기본 임무가 있고, 그 지역에도 어느 정도의 폭설 피해가 있어서 지원받기가 쉽지 않은 일이었다. 지원에 받는데 적임 부대는 평시 부대가 집결하여 교육 훈련하고 있는 공수부대라고 생각되었다.

그런데, 5.18 민주화 운동의 앙금이 남아 있는 그 지역 유지들은 공수부대가 들어와서 지원해 준다는 것에 대하여 극구 반대하였다. 여러 가지 생각을 해보았다. 오히려 이러한 재난의 위기가 일부 화합의 기회가 될 수 있다는 확신이 들었다. 지역 기관장들을 찾아가서 먼저 설득하고, 이들과 함께 지역 유지들을 찾아다니며 설득하였다. 그러고 나서 상급 부대에 절실하게 건의해서 3개 공수여단과 1개 특공여단에서 병력을 지원받았다.

야외에서 장갑 낀 손도 금방 얼어붙는 추운 날씨였지만, 장병들 모두가 구슬땀을 흘리며 열심히 대민 지원을 하였다. 대민 지원 역사상 가장 긴 54일간 연인원 14만 명의 고군분투는 눈 더미 속에서 실의에 차 있던 피해 주민들에게 희망을 안겨주었다. 아무런 대가도 바라지 않고 제설 작업과 쓰러진 시설물을 치우고 보강하는 일에 매진하는 장병들의 모습을 보는 주민들은 눈시울을 붉히기도 하였다. 진심으로 우러나는 헌신적인 대민 지원 활동이 지역 주민들에게 감동을 주었고, 나아가 군에 대한 주민들의 인식까지 크게 바꾸어 놓는 결과를 가져왔다.

장기간 대민 지원 활동을 마치고 자대로 복귀하는 장병들을 위해서, 사단장이 주관하고 도지사와 관련 시장들이 함께 참석하여 나주역에서 환송 행사를 하였다. 나주시 전체가 들썩거릴 정도로 많은 주민들이 나와서 꽃다발과 선물을 한 보따리씩 안겨주며 장병들을 환송하는 행사는 영화의 한 장면 같이 주고받는 서로에게 감동이었다.

이 자리에서 사단장이 제안하여, 지원을 받은 지자체와 영남 지역에 위치한 지원부대 사이에 자매결연을 맺었다. 그 후부터 해당 부대의 체육대회에 지자체 대표가 참석하고, 지자체 축제에 부대 대표가 참석하는 등 상호 방문을 하기로 약속하였다. 그것이 지금까지도 호남 지역 주민이 영남 지역 부대를 매년 방문하는 등 긴밀한 친선 교류로 이어지고 있다고 한다.

그때 대민 지원을 나왔던 장병들 중에는 지역민들과 좋은 관계를 만들어 그 후 지속적인 만남을 하기도 하고, 특히 장교 한 명은 목욕탕집 딸과 가연(佳緣)을 맺는 경사도 있었다.

결론적으로 당시 폭설 피해에 군의 대대적인 대민 지원 이후 군을 바라보는 주민들의 시선은 확연히 달라졌다. 군 장병들의 헌신적인 지원에 감명받은 주민들은 그 후부터 성판(星板)을 달고 가는 사단장 지프차를 보면 거수경례를 하기 시작했다. 전방 지역에서도 볼 수 없는 진심 어린 행동이라고 하지 않을 수 없었다.

젊은 시절 육사 국어과 교수로 재직했던 고려대학교 오탁번 교수는 그해 폭설을 소재로 하여 웃음과 해학이 넘쳐나는 〈폭설〉이라는 시를 발표하기도 했다. 이 시를 보면 그해에 얼마나 눈이 많이 내렸고, 호남 지역 주민들의 피해가 얼마나 심각했는지 짐작할 수 있을 것 같다. 1~2연만 인용해 보기로 한다.

三冬에도 웬만해선 눈이 내리지 않는
南道 땅끝 외진 동네에
어느 해 겨울 엄청난 폭설이 내렸다.
이장이 허둥지둥 마이크를 잡았다.
— 주민 여러분! 삽 들고 회관 앞으로 모이쇼잉!
 눈이 좆나게 내려부렸당께!

이튿날 아침 눈을 뜨니
간밤에 또 더 많은 폭설이 내려
비닐하우스가 몽땅 무너져 내렸다.
놀란 이장이 허겁지겁 마이크를 잡았다.

— 워메, 지랄나부렀소잉!
어제 온 눈은 좆도 아닝께 싸게싸게 나오쇼잉! (하략)

어쨌든 폭설로 인한 막대한 피해로 좌절했던 주민들은 장병들의 지원을 받아 다시 재기의 발판을 마련했다. 군과 민이 합심하여 희망의 싹을 살려낸 것이다. 이때 좋은 경험적 수필들을 모은 「폭설 속에 심은 생명의 씨앗」이란 책을 사단장 주간(主幹)으로 발간하여 장병들이 자랑스럽게 보유하였다.

칭찬받는 리더와 존경받는 리더

세상에는 훌륭한 사람들이 많다. 그런 분들이 있어서 우리 사회와 경제가 발전하고 살만한 세상이 되는 것이다. 사업을 설립하여 열심히 일하며 키워서 많은 사람을 먹여 살리는 기업가가 있고, 국토를 방위하여 국민의 안정을 보장해 주는 군인이 있으며, 사회의 안전을 지키는 경찰과 소방 공무원도 있다. 그리고 백년대계를 키우는 교육자가 있고, 우리 사회의 누구 하나라도 불필요한 사람은 없다. 이 모두가 유기적으로 연결되어 살아가고 있다.

열심히 노력하여 돈을 벌어서 가족을 부양하며 행복하게

살아가는 가장, 기업을 일으켜 집안이 풍성한 사업가, 모두가 주변 사람들로부터 부러움과 칭찬을 받을만한 사람들이다. 그러나 자기와 가족을 위하여 일하고 금전적 소유를 늘리는 것만으로 폭 넓은 사회적인 존경을 받기에는 부족하다. 자기를 둘러싸고 있는 이웃, 조직, 사회, 국가, 나아가 세계에 정신적 또는 물질적으로 기여하기 위해, 이타적이고 헌신적으로 살아가는 사람들이 더 크게 존경을 받곤 한다.

리더도 마찬가지다. 수단 방법을 가리지 않고 임무를 완수하여 상급자로부터만 칭찬을 받는 리더를 우리는 존경하지는 않는다. 그는 단지 칭찬은 받을 수 있지만 진정한 리더로서 존경받을 수는 없다. 존경받지 못한 리더가 지휘하는 조직은 극단적인 상황에서는 리더십이 정상적으로 작동될 수 없다. 상관으로부터 인정받으면서 부하들로부터도 신뢰와 존경을 받으며 임무를 완수한 사람만이 진정으로 존경받는 리더의 자격이 있다고 하겠다.

존경을 받으려고 하기보다는 옳은 일을 바른 방향으로 진정성을 가지고 밀고 나가면 될 것이다. 진정한 리더가 결국은 조직을 성공으로 이끈다.

존경받을 리더의 사례를 발굴하여 전파하라.

우리 주위에는 많이 알려지지 않았지만, 평범한 가운데에 비범하고 훌륭한 리더들이 많이 있다. 저자와 직접 관계가 깊은 사람 중에 존경받을 리더 몇 분의 일화를 간단히 소개하고자 한다. 존경받을 만한 리더들의 삶을 엿보는 것만으로도 실질적으로 느끼고 배우는 것이 많기 때문이다.

저자가 연대장 시절에 의무 중대장이었던 김 원장은 전역 후에 고향인 당진에 큰 내과병원을 개업하였다. 그가 군 복무 시절에 의무병과 장교 중에는 특권의식을 가지고 업무에 소홀히 하는 의무장교도 있어서 지휘관들로부터 불신을 받기도 하였다. 그와는 반대로, 김 원장은 당시에 전 연대원의 건강기록부를 만들어 장병들이 근무하는 곳을 찾아다니는 치료를 하였다. 최전방 철책 경계병들은 주간에는 취침 중이기 때문에, 의무 중대장은 야간에 경사로가 심한 순찰로를 따라서 어둠 속에 땀을 뻘뻘 흘리고 다니면서 경계초소에서 상담하였다. 전투병과 장교들과의 관계도 돈독하였고, 부하들 지휘에도 능력이 탁월하였다. 저자는 이 사람은 사회에 나가서도 참다운 의사로 성공하리라고 굳게 믿었다. 그는 전역 후에 최초 취업한 병원에서 돈을 모아서 개인병원을 개업하였다. 그는 친절하고 실력 있는 의사로 지역사회에 널리 소문이 퍼졌다. "원장님한테 진료받고 싶다."라고 요청하는 환자가 많아서 할 수 없이 다른 의사들보다 더 많은 인원을 담당한다고 한다. 그런데 지금도 군인 · 경찰 · 소방관 등 제복을 입은 환자는 무료로 진료해 주고, 가정 형편이 어려운 환자도 거의 무료로 치료해 준다고 한다. 의사로서 뿐만 아니라, 지역사회에서 좋은 일에 앞장서기로 소문난 훌륭한 의사다.

김 사장은 저자가 연대장 때 대대장이었다. 그때 대대장들이 모두 훌륭하였는데, 그중에 김 대대장은 솔선수범하며 뛰어난 리더십으로 대대를 단결시켰고, 하는 일마다 특출한 성과를 올렸다. 그가 지휘하는 부대는 사단의 선봉대대가 되기도 하였다. 어떤 지시를 해놓고 며칠 후에 그의 부대에 가보면, 개념과 진행 과정부터 뛰어난 아이디어로 추진하고 있었다. 그는 상관의 지시에 진심 어린 충성으로 업무를 성취하고, 동료들과도 원만한 관계를 잘 유지하였을 뿐만 아니라, 자신이 어렵게 자란 과거를 생각하면서 부하들을 끔찍이 사랑해 주어서 부하들로부터 존경을 받았다. 그 후에도 인연이 깊어서 저자가 사단장 때 연대장이었고, 또 다른 곳에서도 같이 근무하였다. 장군이 되어서도 중책을 맡았었다. 전역 후 대기업에 선발되어 근무하면서 중역까지 되었고, 그 후에 다른 중견

기업의 회장으로부터 인정받아 실무자에서 사장까지 올라가서 조직관리를 잘하면서 성과를 올렸다. 그는 군에서나 사회에서나 훌륭한 리더다.

저자는 또한 존경할 만한 사회의 리더들을 많이 만났고 가깝게 지내는 분들도 있다. 특히 회사 사장을 역임하고 문화재단 이사장으로 계시는 이 박사님과 대학교수·박물관장·한국박물관협회 회장으로 계시는 조 박사님 부부는 우리 사회의 모범적인 리더분들이다. 특히 조 박사님은 대학생들이나 조직원들을 항상 긍정적으로 대하고 친절하며 용기를 북돋아 주시는 분이다. 타 관계 기관장들과의 협상에서 적군도 우군으로 만드는 탁월한 능력을 가지고 계신다. 대인관계에서 겸손하게 본인을 낮추면서도 부드럽고 당당함을 유지하는 분이다. 또한 주위에 어려운 사람들에게 많은 도움을 주시는 분이다. 선친이 설립한 국내 최대의 자연사 박물관에서 그분들은 유치원생부터 대학생, 성인 최고위 과정까지 운영하는 명실공히 훌륭한 교육기관을 이끄는 역할을 하고 계신다. 박물관 입장료의 수입으로는 부족하여 매년 자비를 투자하면서 선친의 박물관 설립 취지인 "보물을 개인이 가지고 있으면 하나이고, 박물관에 있으면 만인의 것이다."라는 신조와 "한 국가에 있는 자연사 박물관 숫자와 노벨상 수상자 숫자가 비례한다."라는 이론을 존중하고 지켜가고 있는 우리 사회의 헌신적인 훌륭한 교육자이고 본받을 만한 자랑스러운 리더이시다.

또 한 분, 교육계의 조용한 리더인 정 교수님을 소개하고자 한다. 그분은 이화여대를 졸업 후, 200달러만을 가지고 영국으로 유학을 가 한국인 최초의 옥스퍼드대학 교수가 되신 분이다. 영국문화원에서 등록금과 기숙사비를 지원받으면서 실험심리학을 연구하여, 당시 대세였던 지능지수(IQ)나 잭 햄브릭 미시간대 교수 연구팀의 "선천적인 재능이 없으면 아무리 노력해도 대가가 될 수 있는 확률이 높지 않다."라는 대표적인 화재의 이론을 반박하면서 처음으로 제시한 개념인 "인지의 자율성(Free Cognitive Ability)"을 인정받았다. 즉, 인간은 각자 타고난 재능이 다르고, 이 재능을 어떻게 사용하며 시간을 보내는지에 따라 재능을 발현할 가능성이 높아진다는 것이다. 재영한인회에서 한인 돕기 역할을 하시고, 현재 옥스퍼드대 평생 명예교수로서 영국에 유학 중인 한국 학생들을 헌신적으로 돕고 계신다. 매년 한국에 귀국하여 각종 교육기관과 공공기관에서 자녀 교육과 문제아 및 왕따 등의 문제점에 대한 상담과 청소년 교육에 헌신하면서, 누구나 노력하면 가능하다는 용기와 자신감을 심어주고 계신다. 저서 「평범한 10대 수재로 키우기」는 영국과 한국에서 베스트셀러가 되기도 하였다.

그리고 따뜻한 리더십 하면 떠오르는 한 부부가 부산에 계신다. 사업을 하시는 홍 회장님과 대학교수를 역임한 후에 병원을 개업하여 원장으로 계시는 최 박사님 부부이시다. 온화한 성품과 부드러운 카리스마가 저절로 느껴지는 분들이다. 기업과 병원의 리더 자리에 계시면서 늘 직원들과 환자분들에게 진심으로 도움을 주신다. 오랜 세월 변함없이 정직하고 믿음직한 인간관계를 해주셔서 생각하면 늘 마음이 따뜻해지는 것을 느낀다. 홍 회장님과 최 박사님은 항상 긍정적이고, 주위에 덕을 베풀면서 겸손함이 몸에 밴 분들이다. 업무나 인간관계에서 주위 사람들을 먼저 배려하여 부담 없는 편안한 분위기를 만들면서도 잘 이끌어 나가는 사회적 리더의 역할을 하신다. 또한, 어려운 사람들을 돕는 일에 누구보다 앞장서는 분들로 자랑할 만한 우리 사회의 리더분들이다. 이런 분들이 사회를 밝게 만드는 것이라고 생각하게 된다.

고등학교 동창 중에 노 회장이 있다. 우리는 학창 시절이나 지금이나 의사소통이 잘 되고, 의기투합하는 사이이다. 그는 각고의 노력 끝에 회사 대표이사로서 기업을 성공적으로 성장시켜서 경제적 기반을 굳게 다졌다. 지역사회의 발전과 어려운 이웃 돕기에 말없이 행동으로 앞장서서 일하는 대표적인 인물이 되었다. 모교의 여러 복지시설 투자와 학생들 교육여건 개선에도 많은 기부를 하였으며, 고액 기부자 모임인 아너 소사이어티 회원으로 다양한 기부에 참여한다. 사회복지공동모금회 지역 회장, 지역 FC 대표이사, 대학 총동창회장 등을 역임하면서 지속적으로 지역사회 발전과 어려운 이웃 돕기에 앞장서서 행동으로 모범을 보였다. 부인 오 여사님도 넓은 마음의 소유자로 좋은 일에 먼저 나서는 아름다운 성품을 가지고 실천하는 분이다. 노회장은 자랑스러운 사회의 리더다.

고향 친구 중에 박 회장이 있다. 그는 개인회사를 운영하면서 직원들과 주위 사람을 돕는 일에 앞장서고 있다. 그는 자신이 최초에 설정한 경제적 부의 목표가 계획보다 일찍 달성되었기 때문에 감사하는 마음으로 그 후로부터의 수입은 직원의 복지와 주변 사람들을 돕는 좋은 일에 대부분을 사용하겠다는 신념으로 그것을 잘 지키면서 살고 있다. 그는 말보다 행동으로 실천한다. 어린 시절을 어렵게 살아온 자신을 생각하면서 주위 어르신들과 어려운 사람들을 돕고, 후배들의 일에도 직접적인 도움을 주는 일에 앞장선다. 돈이 많다고 아무나 할 수 있는 일이 절대 아니다. 그를 아는 누구나 그를 칭찬한다. 그는 소규모 조직의 성공한 리더로서 대규모의 여러 사람들에게 참 마음으로 베풀며, 매사에 항상 긍정적인 자세로 보람차게 살아가는 자랑스러운 친구이고 사회의 리더다.

또 한 분의 담대한 리더를 자랑하지 않을 수 없다. 그분은 대한민국 최우수 인재들을 선발하여 각 분야에서 세계적인 인물로 성장할 수 있도록 아낌없이 지원하셨다. 그분은 삼영화학그룹 관정 이종환 회장님이시다. 한국인의 노벨상 수상자 배출의 꿈을 위해 1조 7,000억 원을 장학금으로 기부하셔서 너무나 잘 알려진 인물이며 저자하고도 깊은 관련이 있다.

회장님은 여러 분야에 기부를 많이 하였지만, 특히 과학 분야의 인재를 양성하는데 아낌없이 장학금을 투자하신 분이다. 그분 덕택에 세계적인 과학자의 꿈을 안고 해외 명문대학에 유학을 간 인재들이 국내외에서 활약하고 있고, 머지않아 우리나라의 인재가 과학 분야의 노벨상을 받으리라 믿고 있다. 지금까지 국내 최대의 장학기금 기부자이며, 그분의 거룩한 정신과 과감한 기부는 많은 사람들로부터 진정한 존경을 받는 자랑스러운 리더이시다.

그리고, 우리 주변에는 외부로 알려지지는 않았지만, 숨은 영웅들이 많이 있다. 누구나 주변에 아는 인물 중에 리더요 영웅이라고 할 수 있는 사람을 추천하라고 하면 몇 명씩은 이야기할 수 있을 것이다. 어떻게 보면 우리 사회가 원활하게 잘 돌아갈 수 있는 역할을 하는 분들이기도 하다.

또한 잦은 이사와 가족들이 떨어져 사는 기간이 많은 군인 · 경찰 · 소방관 · 공무원 · 해외근무자 등의 가족들, 그리고 묵묵히 가정과 자녀들을 위해 헌신하고 내조하신 분들이 우리 사회의 존경받을 리더라고 할 만 하다.

저자의 경우, 숨은 리더를 이야기하라고 하면 아내를 말하지 않을 수 없다. 40년 군대 생활 동안 29번 이사를 하면서도 노약하신 어머니를 모시고 아이들을 잘 키워주었다. 부드러운 카리스마를 가진 아내는 항상 온화하고 밝은 성격이다. 친화력이 있고 남을 배려하는 마음이 깊어서 많은 사람들이 좋아하고, 따뜻한 마음으로 주위 사람들을 감동시킨다. 그러면서도 필요할 때는 냉철한 기지와 지혜를 발휘하여 비평과 조언을 한다. 표정만 보아도, 목소리만 들어도 가족과 친구들의 마음을 읽어내며, 복잡다단한 여러 상황 속에서도 아내의 현명한 판단은 지혜로운 결과를 만든다. 항상 감사한 마음을 갖는다.

이처럼 자기가 맡은 자리에서 자신의 역할을 충실히 해내며 크고 작은 감동을 주는 진정한 리더들이 곳곳에 자리 잡고 있기에, 우리나라는 여러 분야에서 도약하고 선진국의 위상에 걸맞게 발전할 수 있었다고 생각한다.

조지프 L. 바다라코 하버드대 교수는 저서 「조용한 리더」에서 "시대를 막론하고 우리에게 필요한 진정한 리더는 현실을 탐색, 관찰, 선별, 사고할 수 있는 조용한 리더이다."라고 하였다. 우리 주변에는 자기 자랑을 하지 않으면서 좋은 일을 하는 조용한 리더들이 생각보다 많이 있다. 조용한 리더는 현실주의이면서도 겸손하고 절제 있는 행동을 하는 사람들로 많은 사람들로부터 진정한 신뢰를 받는 사람들이다.

클리프 허드슨은 "크게 성공을 거둔 사람들은 모든 게 '나' 중심으로 돌아가지만, 위대한 리더는 '그들'을 가장 소중하게 여긴다."고 하였다.

어느 조직에서나 리더는, 자신의 주변에 알려지지 않고 훌륭한 일을 하는 사회적 리더들을 발굴하여 널리 홍보할 필요가 있다. 이런 자랑스러운 리더들의 이야기는 학술적인 리더십 이론보다 더 진정성 있게 느껴지고, 현실적인 설득력이 있다는 것에 대부분 동의할 것이다.

제2부

조직을 성공으로 이끄는 리더

1

리더의 자질

리더, 조직에서 책임과 성과의 주역

영국의 사상가 칼라일은 “위인은 하인을 다루는 방법에서도 그 위대함을 나타낸다.”라고 하였다. 조직원을 지휘 통솔하는 데에는 규모와 대상을 막론하고 비슷하다는 뜻이다. 이론적으로 사람을 다루는 데는 통솔력과 리더십이 구분된다. 통솔력은 상사와 부하, 명령과 복종의 상하 관계적인 것이 강하고, 리더십은 리더와 조직원, 설득과 이해, 팀워크 등이 대표적으로 연상되는 인간 존중과 신뢰의 관계를 잘 유지하면서 조직의 목표를 함께 달성해 나가는 것이다. 다양한 성격의 조직들이 성공적인 목표 달성을 위해서는 리더십의 큰 범주 속에 통솔력이 함께 작용하는 것이라고 할 수 있다.

리더와 조직과의 관계를 하나의 예로 들어 보자.

군에서 "사단장은 군대의 꽃"이라는 말을 자주 한다. 그러나 저자는 '사단이 군조직의 꽃'이라고 말하고 싶다. 사단이라는 제대는 제반 전투 요소가 통합적으로 구성되어 있기 때문에, 사단장이 신념을 굳게 갖고 창의적 역량을 발휘하여 지휘한다면 강한 전투력과 탄탄한 단결력을 갖춘 조직으로 최단기간에 만들어 갈 수 있는 최적의 단위이기 때문이다. 사단보다 상급 제대는 전략 전술을 발전시키면서 사단이 잘할 수 있도록 지원과 여건을 조성해 주는 것이 중요하다.

부대의 모든 활동은 지휘관을 중심으로 이루어진다. 지휘관은 부대의 중심이요, 힘의 원동력이다. 그러다 보니 지휘관이 부대를 위해 존재하는 것이 아니라, 부대가 지휘관을 위해 존재하는 것으로 자칫 잘못 생각하기 쉽다. 착각하면 안 된다. 지휘관이 부대의 중심인 이유는 그 부대가 빛나는 꽃으로 피어나도록 만들 책임이 바로 지휘관에게 있기 때문이다. 주어진 임무와 전쟁에서의 승리는 지휘관과 부대원이 한 몸이 되어 이룰 수 있는 것이다. 따라서 승리의 영광으로 빛나는 꽃이 되는 것은 부대이고, 성패에 대한 책임은 지휘관이 지게 된다고 생각하는 것이 맞는 것이다.

조직의 목표는 모든 구성원이 함께 피워내야 할 꽃이다. 그 꽃이 피어나기까지 총체적 책임은 바로 리더가 지는 것이다. 예를 들어 한 송이의 꽃을 피우려면 우선 태양과 물이 있어야 하고, 뿌리와 줄기와 잎이 있어야 한다. 한 조직의 구성 역시 리더와 간부가 있어야 하고, 중간 계층과 하부 구성원이 있어야 하며, 각종 지원과 대내외 환경이 조화를 이루어야 한다.

꽃이 화려하게 피어나면 그 꽃을 피운 주역들은 자연스럽게 빛나는 별이 되고, 굳건한 줄기가 되며, 든든한 뿌리가 된다.

한국군 계급장의 유래를 상기해 본다. 하늘에서 빛나는 별이 장군 계급이고, 영관장교는 지상 최고의 꽃인 천년에 한 번 피고 나서 바로 죽는다는 대나무꽃이며, 위관장교는 땅에서 최고의 가치를 지니는 보석인 다이아몬드, 그리고 부사관은 조직 생명의 원천이며 기초인 나무의 뿌리라는 표현으로 계급장 형태를 만들었다고 알려져 있다.

일찍이 그리스의 철학자인 플라톤은 "한 국가의 통치자는 지혜, 군인은 용기, 국민은 절제를 발휘할 때, 그 국가는 이상국가(ideal state)의 참모습인 정의를 꽃 피운다."라고 하였다.

말하자면 한 국가를 구성하는 각계각층의 사람들이 각자 자신의 직분에 맞는 역할과 본분을 다할 때 그 나라에 '정의'라는 아름다운 꽃이 피게 된다는 것이다. 군 조직이 '승리'라는 빛나는 꽃을 피우기 위해서는 뿌리와 줄기와 잎이 각자 자기의 직분을 다해야 한다. 다시 군의 예를 들어 말하자면 장군은 인과 덕, 영관은 전문성, 위관은 진취성, 부사관은 성실성을 구비하고 그 직분에 충실해야만 제대별 조직의 임무를 성공적으로 수행하고 승리하는 부대가 될 수 있다.

리더는 인간적인 면에서는 부드러워야 하지만 업무에는 강해야 한다. 강하다는 것은 올바른 의지로 임무와 목표를 성공적으로 추진해야 함을 말한다. 리더에서부터 중간 계층과 실무자까지 혼연일체가 되어 각자의 역량을 충분히 발휘한다면 문제가 없겠지만, 조직의 여건과 환경, 그리고 개인 능력에 따라 제 몫을 발휘하지 못할 수도 있다. 이런 상황은 어디에서나 나타날 수 있다. 이런 경우 리더는 조직이 제 기능을 발휘할 수 있도록 부하직원의 부족한 부분까지 채워주는 역할도 담당해야 하는 강인함을 보여야 한다.

예를 들면, 조화와 화합이 생명인 오케스트라의 경우, 유명한 지휘자 중에 베를린 방송교향악단 수석 지휘자였던 마에스트로 마렉 야노프스키가 있다. 그는 자존심 강한 연주자들을 이끌어 최고의 성과를 만들어 내는데 토론이란 전혀 없고 자신의 의도대로 연주하지 않으면 용납하지 않았다. 엄정한 평가가 내려지는 냉혹한 무대에서 연주자들은 각자의 능력을 최대한 발휘할 수 있도록 이끌어 주는 것에 대하여 감사하였고 그 누구도 불만을 나타내지 않았다고 한다. 그는 말년에 작성한 회고록에서 "나는 일생 동안 민주주의자였지만, 음악에서는 독재자였다."라고 하였다.

이처럼 최고 수준의 연주자들로 구성된 조직에서도 강한 리더십을 발휘해야만 하는 예도 있다. 하물며 여러 조직이 어려운 상황과 조직원의 수준이 일정치 않은 하부조직의 현실을 고려할 때, 강인한 리더의 역량이 더욱 요구된다고 하겠다.

리더와 간부들이 갖추어야 할 3정

허수아비는 농촌 들녘에서 영글어가는 농작물에 피해를 주는 새를 쫓기 위하여 사람 형상으로 만들어 놓은 구조물이다. 얼핏 보면 외양이 사람 같아 보이지만, 자세히 들여다보면 사람이 아니라는 것을 곧바로 알게 된다.

기업의 사무실 책상에 있는 직책 명패나, 군 간부의 계급장이 달린 군복을 입고 있으면 일단은 간부처럼 보인다. 그러나 몇 시간 또는 며칠 동안만 접촉해 보면 그가 진정한 간부인지 아니면 허수아비 같은 간부인지를 쉽사리 구별해 낼 수 있다.

이를 구분할 수 있는 기준을 저자는 정직(正直), 정확(正確), 정통(精通)의 3정이라고 정의한다. 3정을 갖추고 있는 간부야말로 진정한 간부이며, 그렇지 못한 간부는 허수아비 간부인 셈이다. 이 세 가지 덕목은 군 간부에게뿐만 아니라 모든 공직자나 리더들에게도 공통으로 요구되는 덕목이라고 생각하며, 그 이유를 세부적으로 언급한다면 다음과 같다.

첫 번째 덕목은 정직(正直)이다.

이것은 어떤 상황에서도 남을 속이지 않고, 자신에게도 거짓이나 꾸밈이 없는 진실을 추구하는 것을 말한다. 예를 들면, 군에서 '허위 보고'가 끼치는 해악이란 이루 말할 수 없다. 1960년대와 1970년대 초 월남전에서 미군은 병력과 무기, 경제력에서 절대적으로 우세하였으면서도 월맹에 패배하였다. 그렇게 된 가장 큰 원인 중의 하나가 바로 간부들에 의한 허위 보고였다고 전쟁 후 분석 결과에 나와 있다. 부정직하게 전과를 확대하여 보고하거나, 실시하지도 않은 작전을 한 것처럼 허위로 보고한 결과, 상급 부대는 전황을 오판하게 되었으며, 결국 미군은 월맹에 패배하는 수치의 원인 중 하나가 되었다. 월남전 후 미국은 군을 대대적으로 개혁하는 계기가 되었다.

1990년대 말 우리나라는 제2의 국치라는 IMF 사태를 맞았다. 이는 경제 분야에 근무하는 관리들이 외환위기 사실을 고의로 보고하지 않거나 사실을 왜곡 보고하여 경제 위기 상황에 효과적으로 대처할 수 없도록 한 것이 주요 이유 중에 하나라고 한다.

순간적으로 잘못을 모면하기 위해 허위 보고를 하면 걷잡을 수 없는 악순환의 늪에 빠지게 된다. 대인관계에서도 정직하지 못한 언행은 금방 그 저의가 드러나게 되고, 그로 인하여 지금까지 쌓인 신뢰감도 실추하게 된다. 보여 주기 위한 위선적인 행위는 위에서도 보이고 옆에서도 보이며, 특히 밑에서는 훨씬 더 잘 보인다. 솔직한 언행만이 사람들로부터 지속적인 신뢰를 얻는 길이다.

두 번째 덕목은 정확(正確)이다.

인간관계에서의 신뢰는 두 가지 요소에 의해 결정된다. 그 하나는 인간적인 신뢰이고, 다른 하나는 업무상 신뢰이다. 인간적인 신뢰는 간부의 첫째 덕목인 정직성을 통해서 쌓을 수 있고, 업무상 신뢰는 정확한 업무 수행에서 비롯된다. 업무 수행에 필요한 직무 지식, 규정, 방침을 모르고 대충대충 하면

안 한 것만도 못하다. 아무리 정직하고 진실한 사람이라 할지라도 덜렁대거나 대충 넘겨버리는 식으로 업무를 하면 누구도 그에게 큰일을 믿고 맡길 수가 없다. 그것뿐만 아니라 참모나 예하 리더와 지휘관이 상부에 부정확한 보고를 하는 것은 상급자를 바보로 만들고 기만하는 행위와도 같다.

정확하지 않은 업무처리는 사고의 원인이 되기도 한다. 포병사격을 할 때 장약의 양을 정확히 적용하지 않으면 낙탄으로 인하여 아군에게 대형 사고를 안겨주는 것과 같다.

세 번째 덕목은 정통(精通)이다.

이것은 실력의 문제이며, 정확과 더불어 업무상에서의 신뢰를 얻는 중요한 조건이다. 자기 업무 분야에서 최고의 권위자가 된다면 신뢰 획득이 가능하다. 낭중지추(囊中之錐), 즉 주머니 속의 송곳이란 뜻으로 유능한 사람은 숨어 있어도 자연히 그 존재가 드러나 인정을 받게 되고, 주요 직위에 선발되어 쓰이게 된다.

자신의 업무에 전문적인 지식과 기술을 가지고 있어야만 부여받은 임무를 완수할 수 있고, 동료들과의 협조와 부하에 대한 지휘가 원활하게 이루어질 수 있다. 리더나 지휘관은 폭넓은 안목과 식견을 갖고 종합적인 판단을 통해 건전한 의사결정을 할 수 있어야 한다. 또한 참모는 자기 분야에 관해서는 리더나 지휘관의 전담 가정교사가 될 수 있을 정도의 전문성을 갖추어야 한다. 리더나 지휘관의 질문에 답변을 못하거나, 늘상 동문서답하는 참모는 그 임무를 수행할 자격이 없다. 리더나 지휘관은 정통성이 부족한 예하 리더나 참모들을 끊임없이 연구하고 노력하도록 자극하고 여건 보장을 해주어야 조직이 탄탄하고 균형 있게 발전할 수 있게 된다.

'정직 · 정확 · 정통'이라는 세 가지 조건을 자신의 덕목으로 삼아 실천하는 자세를 갖춘다면, 어느 조직에서나 인정받으며 자신이 지향하는 목표를 향해 나아가는 길이 자연스레 넓게 펼쳐질 것이라 믿는다.

또한 직장과 군 생활뿐만 아니라 인생을 살아가면서 자신의 꿈을 향해 나아가는 과정에서 좋은 인연을 만나는 것이 대단히 중요하다. 길을 혼자 찾기보다 좋은 인연들과 같이 찾으면 보다 더 쉽게 열린다. 그래서 저자는 자신의 길을 개척해 가는 리더들에게 '정직 · 정확 · 정통을 업무 자세의 기본으로 삼고, 꿈 · 길 · 인연을 찾아가면 좋은 일들이 성취된다.'라는 신념을 가지라고 말하고 싶다.

성공한 리더들의 공통 분모

여러 분야에서 성공한 리더들을 연구하다 보면 공통점들이 많다. 이들의 생각과 행동 속에서 발견한 진수를 요약하고 여기에 저자의 소신을 포함하여 다음과 같이 9가지로 정리한다.

① 자신감과 신념을 갖고 도전하고, 확신을 전파한다.

"하면 된다."의 반대는 "해도 안된다."라는 말 보다는, "되면 한다."로 보아야 할 것 같다. 되면 하겠다는 마음은 하지도 않고 포기하기 위한 변명과 같기 때문이다.

될 것 같으면 하고, 안 될 것 같으면 처음부터 손을 데지 않겠다는 것인데, 해보지도 않고 어떻게 일이 달성되기를 기다릴 수 있겠는가? 리더 자신의 꿈이 생생하고 계획이 분명하다면 자신감이 생기게 된다. 자신감은 신념을 만들고, 믿음이 있으면 열정적으로 도전하게 된다. 그런 자신감과 신념이 있어야, 조직원들에게도 리더와 함께 반드시 성취할 수 있다는 확신을 줄 수 있게 될 것이다.

② 일을 즐길 줄 안다.

자신이 담당한 일을 하다가, 상황에 따라 예상치 못했던 업무가 부가되면 담당업무와 관련성이 있음에도 가능하면 피하려고 하는 사람이 있다. 매사에 업무의 책임 소재를 깐깐하게 따져서 가능하면 다른 부서로 업무를 '핑퐁'하는 스타일도 있다. 이런 사람은 어느 조직에서나 인정받기 어렵다. 조직 생활 중에 예상치 못한 일들이 많이 생기고, 어떤 부서가 처리해야 하는지 명확하게 구분하기 어려운 일도 많다. 리더조차도 교집합 부분의 업무에 대해 확실하게 조정해 주기 어려운 일도 있다.

그런 일이 있을 때 자발적으로 그 일을 담당해 주는 부하가 있다면 리더는 얼마나 고맙게 생각할 것인가? 때로는 분명 타 부서의 업무임에도 불구하고 자신에게 그 과제가 부여 되는 수도 있다. 이는 상급자가 하급자를 시험해 보기 위함일 수도 있고, 당사자가 누구보다도 그 일을 깔끔하게 처리할 것으로 굳게 믿는 경우일 수도 있다.

어떤 경우라 할지라도 업무가 부여되면 일단은 그 업무를 받아들여야 한다. "피할 수 없으면 즐기라"는 말도 있지 않은가!—물론 요즈음 젊은이들 사이에 유행하는 말로는 "즐길 수 없으면 피하라!"며 전업한다는 말도 있다.—시간이 지나면 일들은 자연스럽게 소관 부서로 돌아가게 되거나, 내가 수행한 만큼 나의 성과가 되기도 한다.

그러나 생각지도 않는 일들을 추가로 부여받게 되면 사람들은 대부분 스트레스를 받게 된다. 만약 그런 스트레스를 받게 된 경우에도 여유를 잃지 않도록 해야 한다. 여유를 찾는 방법 중 유머를 사용하는 것도 기분을 전환 시켜줄 뿐만 아니라, 업무 성과를 높이는 촉진제가 되기도 한다. 그러나 싱거운 유머나 격에 맞지 않는 유머는 어떤 상황에서도 금물이다.

③ 일희일비(一喜一悲)하지 않는다.

인생과 마찬가지로 직장이나 군의 조직 생활도 긴 마라톤이다. 기나긴 마라톤의 여정 속에서 다양하게 좋은 일과 어렵고 힘든 일, 성공과 실패가 교차하기 마련이다. 이 여정 속에서 작은 일들에 일희일비하는 사람은 심리적 에너지가 쉽게 고갈된다. 그리고 주변 사람들에게도 변덕스럽다는 나쁜 인상을 심어주게 된다. 단기간의 성과와 실패에 연연하기보다는 장기적인 안목으로 관조하고 당당하게 자신의 목표를 향하여 전진하는 것이 긴 마라톤에서 최후의 승자가 되는 길이다.

한 번 진급이나 승진에서 누락 되었거나, 동기생보다 뒤졌다고 하여 세상을 다 잃은 것처럼 해서는 안 된다. 전화위복으로 다음 단계에서 역전되는 경우가 허다하지 않은가. 그래서 "인생은 마지막에 웃는 자가 가장 멋있게 웃는다."라고 하였다. 그렇다고 마지막에 웃으려고 중간에 웃을 수 있는 기회를 상실해서는 안 된다. 항상 자신의 운명은 타고난 행운이라 여기며, 과정을 즐기면서 여유를 찾고, 웃는 태도를 견지하는 것이 일희일비하지 않는 방법이다.

④ 항상 미래를 준비한다.

준비하지 않은 사람에게는 좋은 기회도, 좋은 결과도 주어지기가 어렵다. 좋은 성적을 받기 원한다면 학기 초부터 공부를 열심히 해야 한다. 직장에서나 군에서 더 공부할 기회를 얻고 싶으면 관심 분야의 공부를 꾸준히 해두어야 한다. 유학을 가고 싶으면 전공 분야뿐만 아니라 어학 공부를 계속하고 있어야 한다. 중요한 기회를 얻길 원한다면 꾸준히 준비해야 한다. 행운조차도 준비한 사람에게 돌아갈 확률이 더 높다고 한다.

인생에서 성공하기를 원한다면 성공에 필요한 조건이 무엇인지를 파악하고 그 조건들에 대해 차근차근 꾸준히 준비해야 한다. 미래에 대한 투자와 자기 계발만이 미래의 성공을 보장할 확률이 높아진다. 특히, 명예를 지키는 일과 꾸준한 건강관리는 미래를 위한 준비 중에서도 가장 중요한 요소라고 할 수 있다. 이 두 가지는, 얻기는 어렵지만 잃기는 한 순간이기 때문이다.

⑤ 시간 관리를 잘하고 자투리 시간도 잘 활용한다.

이 세상을 살아가고 있는 사람 중에 미래를 준비하도록 별도의 시간을 부여받은 사람은 없다. 보통 사람들은 "이 바쁜 시간이 좀 지나고 나면, 내년이나 몇 년 뒤에는 내가 정말 하고 싶은 일들을 할 수 있는 시간이 있겠지."라고 생각한다. 그러나 그 어떤 사람에게도 이런 시간은 따로 오지 않을뿐더러 실상은 그와 정반대인 경우가 많다. 해야 할 일은 시간이 흐를수록 더 많아지는 법이다.

특히 젊고 활발한 사회적 활동 시기에, 미래를 준비하기 위한 별도의 할당된 시간은 누구에게도 따로 주어지지 않는다. 따라서 기본 업무를 수행하면서도 자투리 시간을 효율적으로 활용하는 것이 중요하다. 단 몇 분이라도 시간이 나는 대로 부단히 미래를 준비해야 한다. 기나긴 인생 역시 자투리 시간이 모여서 이루어진 것이다. 미래의 행복과 결실을 구상만 하고 기대하면서 현재를 허송세월한다면 귀중한 삶이 허무와 낭비로 점철될 수도 있다.

⑥ 강한 실천력을 행사한다.

충남 예산에 소재한 덕숭산 수덕사의 만공탑에는 "천사불여일행(千思不如一行)"이라는 만공 스님의 글귀가 새겨져 있다. 아무리 훌륭한 생각이라 하더라도 머릿속에만 담은 채 실행되지 않는다면 아무 소용이 없다는 뜻이다. 크고 어렵게 느껴지는 일이든 사소한 일이든 반드시 완수하겠다는 의지와 실천이 필요하다. 실천이 없는 자는 공상가에 불과하다.

생각이 행동을 지배하고, 행동은 운명을 지배한다고 했다. 또한 영국의 철학자 프란시스 베이컨(Francis Bacon)은 "아는 것이 힘"이라고 했다. 그러나 아는 것만으로 끝난다면 '아는 힘'은 발휘된 것이 아니기 때문에 인생에 도움이 되지 못한다. 아는 것을 행동화해야만 '아는 힘'이 발휘될 수 있으며, 이러한 힘이 운명을 지배하게 되는 것이다.

⑦ 재충전의 시간을 갖고 주위를 둘러본다.

어떤 조직 생활이든 해야 할 일은 끊임없이 생겨나고, 시간이 지나면서 누적되는 일들이 생기기 마련이다. 일 년 중 마음 편안하게 휴가를 갈 수 있는 날은 손가락으로 꼽아도 될 만큼 적다. 더구나 한창 일할 시기에 중책을 맡게 되면 일의 홍수 속에 빠져든 느낌을 받을 수도 있다. 이런 현상이 지속되면 심신이 지치고 피폐해질 수 있다.

장거리 마라톤과 같은 인생을 건강하고 활기차게 지속하려면 바쁜 업무 중에도 휴식을 가져야 한다. 특히 공직이나 군의 특성상 긴 휴식을 얻기는 어렵고, 리더와 지휘관의 경우는 더욱 그렇다. 짧은 휴식을 긴 휴식처럼 활용해야 한다.

휴식은 다음 일을 시작하기 위한 창조의 준비 기간이다. 휴식과 업무를 적절히 조화시킴으로써 생활의 활력을 찾고 에너지를 재충전할 수 있을 뿐만 아니라, 주위를 보다 더 정확히 확인해 볼 수 있는 기회가 될 것이다.

⑧ 인간관계를 원만하게 유지한다.

지휘란 사람들 간의 관계 속에서 상호영향을 미치며 진행된다. 관계의 본질은 배려와 인내다. 현대의 개인화 · 다원화 · 수평화의 사회에서 개인들을 결집시키고, 다양한 욕구를 충족시키며, 공평하게 통솔하면서 신뢰를 구축하는 것이 관계의 지름길이다.

지휘 통솔은 자신의 부하직원만 잘 관리하고 이끌면 된다고 생각할 수 있으나, 지휘 통솔의 궁극적인 효과는 부여된 임무를 얼마나 성공적으로 완수하였는가를 보면 알 수 있다. 크고 중요한 임무를 부여받았을 때, 이를 성공적으로 완수하기 위해서는 부하직원들이 잘하는 것만으로는 부족하다. 상관의 지원이 있어야 하고, 동료들의 지지가 있어야 하며, 지역 주민을 비롯하여 조금이라도 관련 있는 사람들의 성원이 있어야 한다.

리더는 직속 부하직원에게는 상관이지만, 그의 직속상관에게는 부하이며, 동급 제대 다른 리더에게는 동료다. 성공적인 리더가 되기 위해서는 상관, 동료, 부하 그리고 지역 주민과 관계자 모두로부터 두터운 신망을 받을 수 있어야 한다.

⑨ 교육 능력을 갖추고 발휘한다.

교육의 어원은 educate로 “끄집어내어 불러일으키는 것”이다. 인간이 본래 가지고 있던 인성과 능력을 끄집어낸다는 것이다. 그래서 리더십을 발휘하는 것은 조직원들이 갖고 있는 의욕을 불러일으켜서 최대한 능력을 발휘시킴으로써 리더와 함께 조직의 목표를 성취할 수 있게 하는 것이다. 곧 리더의 교육 능력은 중요한 부분을 차지한다고 봐야 할 것이다. 또한 필요에 따라서는 조직원들에게 리더의 역할을 잠정적으로 체험해 볼 수 있는 기회를 만들어서 자발적인 참여를 유도하는 것도 좋은 방법이 될 것이다. 그것뿐만 아니라, 부하직원을 장차 중책을 맡을 수 있는 인재로 양성한다고 생각하고 부하 육성에 힘을 써야 한다. 그래서 진정한 리더는 리더 · 참모 · 교관의 세 가지 능력을 고루 갖추기 위한 다양한 직책의 경험을 쌓으면서 끊임없이 공부하고 연구하는 노력을 해야 한다.

위의 9가지 이 외에도, 제임스 M. 쿠제스 산타클라라 대학 교수는 「리더십 첼린지」에서 최고의 리더들이 갖고 있는 5가지 공통점을 다음과 같이 들었다. “가치와 원칙을 명확히 한다. 비전을 가슴으로 뛰게 한다. 새로움에 도전한다. 스스로 행동하게 만든다. 열정이 우러나게 한다.”

이처럼 리더가 참고할 만한 좋은 연구 결과들은 많이 있다. 중요한 것은 이것을 얼마나 잘 받아들여 '자기화'하는가에 달려 있다고 하겠다.

중국의 유학자인 왕양명은 지행합일론(知行合一論)을 제창하였다. 아는 것은 실천되었을 때 비로소 가치를 갖게 된다는 말이다. 실용주의 철학자로 널리 알려진 미국의 존 듀이(John Dewey) 역시 "지식은 행동을 위한 도구"라고 주장하였다. 말하자면 아는 것도 행하지 않으면 의미가 없다는 점을 역설한 것이다. '생각하면 행동하라.' 이것은 저자의 행동 철학이며, 리더로서 옳다고 믿는 일을 실천하는 지름길이라고 믿는다.

리더에게 필요한 7가지 덕목

리더가 갖추어야 할 덕목에 대해서는 다양한 이론이 많이 있다. 본 저서에서는 기존 이론 몇 가지를 참고하면서 저자의 의견을 제시하고자 한다.

「무지개 원리」를 저술한 차동엽 작가는 "21세기 리더의 요건은 성찰 능력, 결단력, 의욕, 지속적인 노력, 불굴의 집념"이라고 하였다. 그중에 "결단력"과 "불굴의 집념"에 대한 사례 제시가 흥미롭고 시사하는 바가 많아서 간략히 요약하여 인용해 보고자 한다.

… 카네기의 성공 철학을 엮은 「놓치고 싶지 않은 나의 꿈 나의 인생」에 나오는 일화가 있다. 신출내기 잡지사 기자였던 나폴레온 힐이 카네기의 성공담을 듣기 위해 인터뷰를 하러 갔다. 카네기는 자신의 성공 철학을 논리적으로 완성할 적임자를 찾고 있었는데, 이미 250명이 면담을 끝낸 상태였다. 적임자인지를 테스트하기 위해서 카네기가 질문하였다.

"이 일을 맡아서 끝까지 완성할 수 있겠느냐?"

"예"하고 대답했다.

두 번째 질문이

"내 성공 철학을 완성할 기회를 준다면, 아무런 보수도 받지 않고 당신의 힘으로 생활하면서 20년이라는 세월을 성공과 실패의 원인 연구에 기꺼이 바칠 수 있겠느냐?"

힐은 충격을 받았으나

잠시 후 "예"라고 답변하였다.

카네기는 질문하는 동안 스톱워치를 손에 쥐고 있었고, 대답을 듣기 위해 정해놓은 시간은 60초였다. 힐의 대답은 29초였다. 카네기는 결단력이 있으며 보상을 생각하지 않고 목표를 달성하려는 천부적인 그릇을 찾았다고 생각하였다.

나폴레온 힐은 카네기로부터 많은 지식을 얻었다. 그 결과 탄생한 책이 2천만 부 이상 팔렸으며, 그는 돈방석 위에 올라앉았다. 그 책을 쓰는 데 걸린 시간은 단 4개월이었다…

…극동지방 사람들은 중국산 대나무를 심는다. 물과 거름을 잘 주지만 4년 동안 대나무는 거의 성장하지 않는다. 그러나 5년째 되는 해에 놀랍게도 5주일 동안 높이가 90피트나 자란다. 이 현상을 보고 "이 대나무는 5주일 동안에 90피트 자란 건가? 아니면 5년 동안 자란 건가?"라고 묻는다. 답은 당연히 5년이다. 5년 중 어느 한 시기라도 물과 거름을 주지 않았다면 죽고 말았을 것이다.…

세상에 널리 알려진 중국 병법의 대가 손자는 리더가 갖추어야 할 5가지를 지(智), 신(信), 인(仁), 엄(嚴), 용(勇)이라고 하였다.

토마스 맬나이트는 저서 「리더의 신기술」에서 불확실성 시대에 대응할 수 있는 중요한 리더는 "유능함으로 업무 관련 지식을 갖추어야 하겠지만, 사람을 잘 상대하고, 정확한 업무 처리와 관리능력이 있어야 한다. 그리고 그 유능함을 오랫동안 지속하고자 할 때 반드시 수반되어야 할 것이 인간적인 됨

됨이다."라고 하였다.

그리고, 전자부품 제조업체 교세라 창업자이며, 파산 위기에 놓인 일본항공(JAL)을 일본 수상의 간곡한 청으로 77세에 회장으로 취임하여 8개월 만에 24조 원의 부채를 청산하고 흑자로 돌려세운 경영의 신으로 불리는 이나모리 가즈오는 저서 「왜 리더인가?」에서 "사업의 위기를 넘기고 사업을 키우는 것은 인재도, 돈도, 능력도 아니었다. 가장 중요한 것은 '사람의 마음'이었다. 단단한 리더의 마음은 순식간에 주변에 퍼져 거대한 파장을 일으킨다. 회사는 바로 그 힘으로 성장한다."고 하였다. 또한 그는 "어떤 리더는 처음에는 별 볼 일이 없었지만, 시간의 흐름 속에서 고요히 스스로 단련해 어느 날 갑자기 우뚝 솟아오르는데 그 이유가 늘 궁금하였다. 답은 사람의 마음에 있었다. 그 마음은 곧 한 사람의 격(格)을 뜻하는 데, 우리는 이것을 인격이라고 부른다."라고 하였다.

미국 경영협회장인 헤이즈는 리더가 갖추어야 할 조건으로 9가지를 들었다. "① 부하 위주로 생각하라. ② 요망 사항과 수준을 분명히 말하라. ③ 잘 들어 줘라. ④ 문턱을 낮춰라. ⑤ 참고 기다릴 수 있어야 한다. ⑥ 약속을 지켜라. ⑦ 지시만 하지 말고 해결하는 방법과 과정을 눈여겨보라. ⑧ 진실을 말하

라. ⑨ 아이디어나 실적에 대한 평가를 즉시 시행하고 자부심을 갖게 하라."

나폴레온 힐은 부와 성공으로 사는 길 14가지를 "헌신과 봉사, 철저한 계획과 목표, 꿈과 도전, 통제된 집중력, 시간 배분, 팀워크, 황금률, 끌어당기는 힘, 긍정적인 마음 자세, 돈의 가치, 행운, 자기암시, 믿음, 자제력"이라고 하였다.

이처럼 리더의 덕목은 연구자마다 다양하게 제시하고 있지만, 저자는 군과 사회의 조직에서 경험하고 스스로 선택하여 결정한 다음과 같은 7가지를 제시하고자 한다.

그러나 이런 요소를 다 갖춘 사람은 세상에 많지 않을 것이다. 갖추려고 노력하는 사람을 리더라고 할 수 있을 것이다.

1. **충**(忠): 인간 대 인간으로서 배신하지 않고, 참다운 정성으로 대하는 마음을 가져야 한다. 정의에 충성하고 합리적이고 합법적이며 인격적인 상관에게 충성해야 한다. 궁극적으로 조직의 가치에 충성하고 조국에 충성해야 한다. 부하는 상관의 충성스러운 언행을 보고 배운다.

2. **통**(洞): 이것은 밝을 통. 즉 사물의 이치 · 지식 · 기술 등을

훤히 아는 능력임과 동시에 능숙함을 의미한다. 그러기 위해서는 대관소찰(大觀小察), 그리고 대관세찰(大觀細察) 해야 한다. 즉 큰 것과 작은 것, 전체를 보는 것과 숨겨진 세부 사항을 보는 통찰력을 키워야 한다. 통 큰 리더라고 개략적으로 두리뭉실 넘어 가서는 안된다. 큰 그림을 먼저 파악한 다음에 디테일에 집중해야 한다.

3. 용(容): 용은 얼굴과 몸가짐을 의미하면서, 포용력과 상하좌우의 거리낌 없는 의사소통도 포함된다. 조직원을 끌어안을 수 있는 폭넓은 마음 씀씀이를 길러야 한다. 부하가 실수를 저질렀을 경우 앞뒤를 잘 살펴보고서 억울하지 않도록 용서하거나, 본인의 잘못을 인정하는 경우 그것으로부터 배워서 더욱 발전할 수 있도록 기회를 주어야 한다. 의사소통은 "함께 나눈다."라는 뜻의 라틴어인 Communicare에서 유래한 커뮤니케이션으로 표현하면 본래의 뜻이 더 명확히 드러나는 것 같다. 즉 자신의 의도를 전달하는 것뿐만 아니라 다른 사람의 공감을 만들어 가는 과정이라는 느낌을 받을 수 있기 때문이다.

4. 중(重): 말은 무게와 힘을 가지고 있다. 특히 리더의 언행은 아무리 부드럽게 표현한다고 하여도 태산과 같은 장중함이 내포되어 있어야 한다. 부하직원에게는 실천이 가능한 것을

약속해야 하며, 약속은 반드시 지키려고 노력해야 한다. 리더의 지시가 자주 번복되면 그만큼 무게와 신뢰가 손상된다. 상황에 따라 지시 및 약속이 바뀔 수밖에 없는 일이 발생하면, 그렇게밖에 될 수 없는 상황의 설명을 분명히 하고, 기존 지시를 합리적으로 바꾸어 주어야 한다.

5. **강(剛)**: 리더의 마음이 강직하고 올곧음을 의미한다. 불의에 타협하지 않고, 올바른 일에 대해서는 어려움이 있더라도 끝까지 극복하며 반드시 실행하는 자세를 가져야 한다. 불굴의 의지와 정의롭고 올바른 마음으로 사람을 대하면서 업무 성취를 위한 노력에 집중하면 크고 작은 곤경들도 충분히 물리칠 수 있다.

6. **융(融)**: 모든 상황은 수시로 바뀐다. 대규모 조직의 지휘일수록 유연성과 융통성이 있어야 한다. 하나만 알고 완고하게 밀어붙이는 것은 더 큰 실수와 실패를 자초하는 우를 범할 수 있다. 상황의 변화에 능동적이고 적시적으로 대응할 수 있는 유연함과 융통성이 필요하다.

7. **간(諫)**: 불의와 잘못을 보면 대항하고, 상급자에게 직언할 줄 알아야 한다. 상급자는 부하의 직언을 기꺼이 들어줄 준비

가 되어 있어야 한다. 리더 자신도 모르고 있었던 잘못을 지적하거나, 뜻을 달리하는 부하들의 의견도 존중할 줄 아는 아량을 가져야 한다. 리더는 자신의 부족함을 인정하고 남의 지혜를 배우겠다는 자세를 견지해야 한다.

리더가 구비 해야 할 기술

리더십 이론의 대가이며 유명한 심리학자인 카츠(Katz)는 리더에게 필요한 세 가지 기술—기능적 기술, 대인관계 기술, 지능적 기술—을 제안하였다. 이것은 리더의 능력, 인간관계, 그리고 지혜를 말한다. 이것을 현실적 리더십 발휘의 측면에서, 저자의 논리대로 재정리해 본다면 다음과 같다.

기능적 기술은 자기가 종사하고 있는 분야에 작동하는 구실이나 작용과 관련된 구조적·기술적·실용적인 능력이고, 대인적 기술은 사람을 대하고 다루는 능력이며, 지능적 기술은 사색·관찰·경험 등을 통해 조직이 처한 문제들을 효과적으로 처리하는 예지(銳智)를 말한다.

먼저, 기능적 기술은, 리더가 해당 직위와 직책 수준에 필요한 기술을 습득하고 축적하는 자세가 필요하다. 이러한 기술을 축적하기 위해서는 각종 교육기관에서의 교육훈련과 실무에서의 경험, 그리고 지식을 얻기 위한 끊임없는 자기 계발 노력이 필요하다.

예를 들어, 군인으로서의 기능적 기술은 각종 전술 전기에 대한 지식, 무기체계와 장비를 다루고 운용하는 능력을 말한다. 이런 기능적 기술을 갖추기 위해서는 기본적으로 각종 양성교육과 보수교육 과정에서 충실하게 군사학을 공부하고, 이에 부가하여 끊임없이 교범을 탐독하고 연구하는 것이 필요하다. 또한 습득한 지식을 실무 현장에서 직접 적용하고 활용함으로써 몸으로 체득하여 자기 것으로 만들어야 한다. 이러한 과정에서 기존 군사교리의 부족한 부분을 보충하고 문제점을 발견하여 수정하는 등 군사교리의 발전도 기대할 수 있을 것이다.

대인관계 기술에서 가장 중요한 요소는 주변 사람들로부터 신뢰를 얻는 일이다. 이 신뢰는 인간적인 신뢰와 업무적인 신뢰를 모두 포함한다. 신뢰를 얻기 위해서는 사람들에게 정직하고 성실하게 대하는 것이 기본적인 요소이다. 앞서 제안한 '리더와 간부들이 반드시 갖추어야 할 3정'과 '리더의 덕목'에 나와 있는 내용을 다시 한번 되새겨 볼 필요가 있다.

지능적 기술은 단순한 지식의 습득이나 지능의 개발에 관한 것이 아니라, 지혜 또는 예지라는 말로 더 잘 설명될 수 있는 능력이다. 여기서 지혜는 단순한 암기 능력이 아니라, 잡다한 현상 속에서 핵심을 찾아내고 통찰력을 통해 본질을 꿰뚫어 보는 능력을 말한다. 제2차 세계대전 영웅인 영국의 몽고메리(Montgomery) 장군이 강조했듯이 "지혜는 깊은 사색을 통해서만 길러질 수 있는 것"이다. 그는 부하들에게 자신감을 불러일으켜 주기 위한 노력을 많이 하였다.

지혜는 지식과는 달리 다른 사람에게 말해 주거나 가르쳐 줄 수 있는 것이 아니다. 지휘관은 업무에 정통한 군사 전문가의 능력을 발휘하면서, 항상 냉철한 이성을 가지고 판단하는 습성을 기르고, 깊이 사색하며 예리하게 통찰하는 자세로 핵심을 간파해야 한다.

이러한 세 가지 기술은 리더와 지휘관의 직급에 따라 각각의 비중과 중요성이 다르다고 할 수 있다. 카츠의 세 가지 기술을 군에서 적용하자면, 아래 그림에서 알 수 있듯이 대인관계 기술은 지휘관의 직급을 불문하고 그 중요성과 비중이 비슷하다. 그러나 기능적 기술은 하위 직급 지휘관일 때 중요도가 더 크고, 상위 직급 지휘관으로 갈수록 비중이 작아진다. 반면에 지능적 기술은 하위 직급 지휘관일 때는 그 비중이 상대적으로 작지만, 상위 직급 지휘관으로 올라갈수록 그 비중이 더 커진다고 할 수 있다.

고급지휘관(사단장 이상)	지능적 기술	대인관계 기술	기능적
중간지휘관(연·대대장)	지능적 기술	대인관계 기술	기능적 기술
일선지휘관 (중대장)	지능적	대인관계 기술	기능적 기술

지휘관은 부대를 지휘하는데 대관소찰(大觀小察) 해야 한다고 알고 있는 내용이지만 이를 실천하기는 쉽지 않다. 숲도 보고 숲속의 나무 하나하나도 세심하게 본다는 것이 말처럼 쉽지는 않다. 그러나 실제 업무에서 숙달해야 한다. 대관을 통하여 전체적인 계획을 수립하고, 소찰을 통하여 세부적인 사항을 파악하고 점검해야 한다. 직급이 낮은 지휘관은 소찰 부분에, 직급이 올라갈수록 대관 부분에 더 중점을 두어야 한다.

또한 리더는 부하직원들의 욕구가 무엇인지를 잘 파악하는 기술을 가지고 있어야 한다. 욕구는 상황에 따라 변하겠지만, 꾸준히 확인해 보면 반드시 조치해 주어야 할 핵심을 파악할 수 있을 것이다. 일반적인 기업 직원들의 욕구를 조사한 언론 보도를 따르면,

"공평하게 취급받고 싶다."라는 것이 제일 먼저다.

"인정받고 싶다."

"확실한 일을 하고 싶다."

"일에 대한 보람을 느끼고 싶다."라는 순서로 심리적 욕구가 많다고 한다. 그래서 리더의 위치에 있는 사람들은 지능적 기술을 잘 인식하고 활용하여야 한다.

특히 조직 내에 불공정(unfair)하거나 억울한 일을 겪는 사람이 있을 수도 있다. 이것을 확실하게 해결해 줄 수 있는 사람은 힘 있고 정의로운 리더의 몫이고 의무라고 하겠다.

우수한 조직원을 잘 알아보고, 잘 선택하고, 잘 활용하기 위해서 오노 다케히코의 저서 「리더의 안목」에 언급한 내용을 참고할 필요가 있다. 그는 "격변하는 사회와 시장의 유일한 해결책은 우수한 사람들을 곁에 두는 것으로써 사람을 알아보는 눈을 가져야 한다."라고 하였다. 그는 사람을 깊이 있게 알아보기 위하여 사람을 구성하는 것을 4개의 층으로 보아야 한다고 하였다. 전체적인 내용을 요약해 보면 다음과 같다.

…1층은 경험 · 지식 · 기술 등으로, 소위 스펙이라는 것인데 이것은 타인에게 잘 보이고, 알기 쉬운 데다, 바뀌기도 쉽고, 마음만 먹으면 얼마든지 날조가 가능한 얄팍한 정보다.

지하 1층은 역량으로, 어떤 상황에서 어떤 행동을 취하는가 하는 고유의 행동 패턴으로서 성과 · 전략 · 변혁 · 협조 등 사람마다 지향하는 바가 다르다.

지하 2층은 잠재력으로, 그릇이자 성장 가능성을 가늠할 수 있는 것이며, 호기심·통찰력·공감력·담력 등과 신체 능력, IQ, EQ 등을 들었다.

지하 3층은 정신력으로, 사명감과 열등감으로 굉장한 노력을 이끌어 내는 힘이라고 하였으며, 사명감과 열등감 모두 방향이 자신을 향하여야 한다고 하였다. 환경을 탓하지 않고 열등감까지 소화해 내는 것이 인재라는 것이다…

말을 잘하는 리더

리더는 말을 잘하는 능력이 있으면 좋다. 말을 잘한다는 개념은 유창한 미사여구를 의미하지 않는다. 리더의 말은 꼭 필요할 때 꼭 필요한 것을 언급하면 된다. 말을 많이 하면 핵심이 흐려지고, 실수가 생기며, 불필요한 사족이 늘게 되는 경우가 생긴다. 말에 관한 이야기를 할 때 황희정승의 예를 종종 든다.

…길을 가다가 두 농부가 싸우는 것을 본 황희정승이 연유를 물었다. 두 사람 말을 다 듣고는 한 농부에게 말하였다.

"자네 말이 맞네"

다른 사람이 이 말을 듣고 불쾌해하며 자신의 입장을 말하기 시작하였다. 황희정승은 그를 보며 말했다.

"자네 말도 맞네"

황의정승의 이 말에 두 농부는 말도 안 된다며 동시에 따지고 들었다. 그러자 그는 이렇게 말하였다.

"누구나 옳은 면이 있다네"…

제2차 세계대전 시 연합군 최고사령관으로 노르망디 상륙작전을 성공시킨 미국 아이젠하워 장군은 반대의견이 많은 여러 국가의 장군들 의견을 통합시키는데 뛰어난 포용력과 융화력을 발휘하였다. 모두의 의견을 잘 들어주었고, 특히 말을 잘 하였는데 그의 말은 공정성과 배려가 깊었다. 전쟁에 참여한 타국 장군들이 그를 존경하면서 지휘에 적극 참여하여 작전을 성공시킨 것으로 유명하다.

요즈음은 상대 의견을 흠집 내지 않으면서도 나의 의견을 관철시키는 Win-Win화법을 연구하고 사용하려는 사람들이 많다. 좋은 현상이다. 그래서 "나도 옳고 너도 옳다(I'm OK. You're OK)."는 이야기를 적절하게 사용하려고 한다. 인간관계에서 이러한 말의 태도는 좋은 현상이라 하겠다. 좋은 말은 사람에게 감동과 용기를 북돋아 주지만, 반대로 잘못된 말은 아무리 사소해도 상대방에게 깊은 상처를 주게 되는 경우가 많다. 경영학자 피터 드러커(Peter Drucker)는 "인간관계에서 가장 중요한 것은 자기표현이며, 현대의 경영이나 관리는 커뮤니케이션에 의해 좌우된다."라고 하였다.

'스피치'라고 하면 말을 잘하는 기술로 여겨진다. 그리고 그 정의는 "여러 사람 앞에서 자기의 주장 또는 의견을 진술하는 연설의 의미, 서로 이야기를 주고받는 담화의 의미, 그리고 언어능력"으로 되어 있다. 그래서 말을 잘한다는 것은 자신의 의사를 효과적으로 전달하고, 원활한 인간관계를 형성하며, 다양한 상황에서 자신감을 가지고 대처할 수 있는 능력을 보유한 것이라고 할 수 있겠다.

리더는 말을 잘해야 하는데, 어떤 말을 어떻게 해야 잘하는 것인지를 오랫동안 사람들과의 관계 속에서 검토해 보았다. 연구자마다 "말을 잘하는 사람들의 특징"이라고 하여 여러 가지를 제시하기도 한다. 공통으로 나오는 이야기들을 요약해 보면 다음과 같다.

…짧고 명확한 표현, 자신 있는 태도, 잘 듣고 말하기, 겸손한 말, 칭찬의 말, 듣기 불편한 말 안 하기, 상황에 어울리는 말

하기, 유머 감각 발휘, 자신감 있는 태도, 적절한 비언어적 표현, 지적인 표현, 피곤하거나 자극적인 말 안 하기, 단답형의 기계적인 대화 피하기 등…

원만한 대인관계를 유지하면서 의사를 정확히 전달하기 위한 좋은 방법들이다. 그런데 리더로서 말을 잘하는 것에 대해서 저자는 다음과 같이 제시한다.

리더는 대화를 통하여 조직원들을 설득하여 마음을 얻고 그들의 행동을 유발시키는 역할을 하여야 한다. 따라서 리더의 말 속에는 ① 논리와 정곡 ② 감성과 정서 ③ 진정성과 설명 ④ 이해와 배려가 화학적으로 잘 녹아들어 가 포함되어 있어서 상대방에게 ⑤ 감동을 주어야 한다. 그 감동을 받은 사람은 ⑥ 설득되게 되어 있다. 설득된 부하직원들은 자발적으로 ⑦ 행동으로 실천하게 된다. 이 7가지의 일련의 과정을 잘 진행하고 유지할 줄 아는 사람을 저자는 '말을 잘하는 리더'라고 정의한다.

말과 행동이 일치하는 리더

인류가 살아가는 세상에는 수많은 관계가 얽혀있다. 가족, 친구, 학교의 동창과 선후배, 직장동료, 조직의 상하관계, 그리고 사회생활에서 만나는 모든 관계 속에서 끊임없이 소통하고, 복잡한 이해관계가 형성된다. 여기에서의 기본 정신은 신뢰이고, 신뢰의 본질은 말(생각, 약속)과 행동(실천)이 어떻게 이루어지는가를 가지고 증명받게 된다.

개인과 개인의 관계뿐만 아니라, 사회 전체적으로 신뢰의 중요성은 커진다. 기업의 사회적 책임, 정치인의 공약 이행, 정부의 정책 집행 등 모든 시스템을 움직이는 요소들이 리더의 말과 행동에 의하여 신뢰성을 확보하게 되고, 그것이 이행되었을 때 정당성을 인정받게 된다.

그런데 완벽한 언행의 일치가 불가능하게 되는 상황도 있을 수 있다. 이런 상황의 변화에 대해서는 분명한 해명을 통하여 이해를 구하는 것이 필요하다. 이것은 변명이 아니라 어느 누가 그 일을 시행하려고 하여도 어쩔 수 없는 그 사유를 상세히 설명하고 동의를 구해야 하며, 만약 책임을 져야 할 일이 있다면 책임지면서 다음 단계로 나아가야 한다.

즉, 그 동의를 바탕으로 대안을 제시하여 다시 시행할 방안을 마련하고, 이것 역시 동의를 구하여 시행하는 것이 중요하다. 말과 행동의 일치란 단순한 도덕적 요구가 아니라 인간관계의 안정적 바탕을 만드는 필수적인 요소이며, 리더 자신이 조직원과 세상으로부터 신뢰를 얻게 되는 값진 자산이며 보배이고 버팀목이 될 수 있는 것이다.

그런데 실제로 조직과 사회에서 일어나고 있는 말과 행동에 관한 사람들의 행태를 4가지로 분류해 볼 수 있겠다.

① 말만 하는 사람 (말 > 0)
② 말이 많고 행동으로의 실천은 적은 사람 (말 > 행동)
③ 말은 적고 묵묵히 행동으로 보여주는 사람 (말 < 행동)
④ 말과 행동이 일치하는 사람 (말 = 행동)

여기에서 ①②형의 사람은 리더로서 자질을 갖추지 못한 사람이라고 할 수 있겠다. 그 이유를 다음의 격언들에서도 느끼게 될 것이다.

"행동이 말보다 더 크게 말한다(서양 격언)."
"잘하는 것이 잘 말하는 것보다 낫다(벤자민 프랭클린)."
"말이 가벼운 사람은 책임을 지지 않는다(맹자)."
"말만 하고 행동하지 않는 사람은 잡초로 가득 찬 정원과 같다(하우얼)."

"말은 한 사람의 입에서 나오지만 천 사람의 귀로 들어간다(E. 리스)."

말과 행동이 다른 리더들의 사례를 들어 보면 다음과 같다.

- 이상적인 비전을 제시하지만, 실제로는 권위주의적 행태를 보이며, 조직원들의 의견을 묵살하고 반대의견을 제시하는 조직원에게 불이익을 주는 리더
- 공정성과 투명성을 강조하면서도, 본인은 친분 · 학연 · 지연 등 일부 측근에게 특혜를 제공하는 리더
- 사회적 책임을 강조하면서도, 내부적으로는 노동환경을 소홀히 하여 과도한 업무량을 부여하고, 열악한 근무 환경을 개선하지 않고, 심지어 규정과 법을 위반하는 리더
- 약속과 신뢰를 강조하면서도, 상황에 따라 말을 바꾸며 약속을 저버리고 책임을 회피하는 리더

이처럼 리더의 말과 행동의 일치 여부는 조직원과 리더 사이에 신뢰의 원천이 되고 조직의 성패에 지대한 영향을 미치는 요소가 된다.

리더의 자기관리 방법

훌륭한 리더는 자기관리에 성공한 사람이라고 말할 수 있다.

리더는 많은 조직원을 지휘하고 통솔하기 전에 먼저 자신을 잘 관리하는 사람이 되어야 한다. 동양의 고전인 대학(大學)에서도 군자(君子)가 되기 위한 첫걸음은 수신(修身), 즉 자신을 다스리는 것이라고 하였다. 자신을 잘 다스린 연후에 가정을 잘 다스릴 수 있고, 그런 연후에야 비로소 나라를 다스리고 천하를 평안하게 할 수 있다는 것이다. –수신제가치국평천하(修身齊家治國平天下)–

자기관리의 시작은 육체적이고 본능적인 욕구를 정신적이고 윤리적인 자세로 극복하는 데서 비롯된다. 아무리 졸음이 쏟아진다고 하더라도 경계 근무자가 졸면 안 된다. 불법적인 이득이나, 직책 관련 비정상적인 대가로 주어지는 것은 절대로 취해서는 안 된다. 부당함을 알면서도 눈앞의 이익에 눈이 어두워서 취한 행위나, 신중하지 못한 언행은 머지않아 중요하고 결정적인 일을 하는 데에 발목을 잡는 가시가 될 수 있음은 명약관화(明若觀火)한 일이다. 수신(修身)은 평천하(平天下)의 출발이며 기초이기 때문이다.

그 이외의 자기관리는 건강관리, 경력관리, 시간관리, 금전

관리, 지식관리 등도 함께 고려할 대상이다. 특히 개인의 명예는 얻기 힘들고 어려운 일이지만, 그것을 스스로 잘 지키기 위한 언행은 더욱 중요한 일이라고 할 수 있다.

훌륭한 리더는 반성적 사고와 냉철한 판단력을 구비한다.

공자의 문하생으로 대학(大學)을 저술한 증자(曾子)는 자신의 덕성을 쌓기 위해 매일 3회 반성(一日三省)을 하였다고 한다. 날마다 자기 스스로 행한 일 가운데서 남의 일을 얼마나 정성을 다하여 도와주었는지? 친구에게 믿음이 없는 행동을 하지 않았는지? 스승의 가르침을 잘 배웠는지? 반성했다는 것이다.

반성은 자신이 한 일의 잘잘못을 스스로 평가하는 것이다. 그러므로 반성의 결과가 자신의 덕성을 쌓는 데 도움이 되기 위해서는 냉철한 판단력이 있어야 한다. 옳고 그름을 제대로 판단할 수 있는 능력과, 판단한 결과를 있는 그대로 받아들일 수 있는 냉철함을 함께 갖추어야 한다.

높은 덕목과 넓은 도량을 갖춘 리더와 지휘관은 칭찬을 들어도 크게 기뻐하지 않고, 모욕을 받아도 바로 성내지 않는다. 여러 사람의 의견을 두루 묻고, 아랫사람의 역량을 존중하며, 온화한 자세로 일을 이루려고 한다. 이런 리더가 되기는 결코 쉬운 일이 아니다. 그렇다고 하여도 조직의 성패를 책임지는 리더나, 부하들의 생명을 책임지는 녹색 견장을 달고 있는 군 지휘관은 그렇게 되고자 끊임없이 반성하며 노력해야만 한다.

리더는 조직과 부하직원을 위해 자신이 무엇을 해줄 것인가를 먼저 생각하여야 한다.

미국의 지도자였던 케네디 대통령은 1960년 대통령 취임 연설에서 "국가가 나를 위해 무엇을 해줄 것인가를 생각하지 말고, 내가 국가를 위해 무엇을 할 것인가를 생각하라."고 말하였다. 이 연설은 국민 전체에 대한 당부일 수도 있지만, 자신을 비롯한 각계각층의 지도자 위치에 있는 사람들에게 리더로서 가져야 할 기본적인 자세를 제시한 표현으로 볼 수 있다. 케네디 자신이 대통령의 지위와 권세를 이용하여 개인의 영달을 꾀하기보다는, 혼신을 다 바쳐 국가를 위해 헌신 봉사하겠다는 강한 의지를 밝힌 것이라고 보는 것이 옳을 것이다.

리더는 언어를 잘 다스려야 한다.

미국 전 대통령 윌슨은 의견 차이가 심하여 서로 감정이 좋지 않은 정적에게 다음과 같이 말하였다.

… "만약 당신이 두 주먹을 불끈 쥐고 날 찾아와서 화를 낸다면, 나 역시 절대로 약한 모습을 보이지 않을 것이다. 하지만 당신이 내게 와서 우리 의견이 어떻게 다르고, 어떻게 해결할 것인지를 잠깐 앉아서 이야기해 보자고 한다면, 나는 기꺼

이 마주 앉아 인내심을 가지고 당신의 의견을 들을 것이다. 서로가 솔직히 이야기한다면 합의점을 찾을 것으로 생각한다." 고 하였다. 말의 힘은 부드러운 목소리와 지혜로부터 나온다. 훌륭한 리더는 언어를 다스릴 줄 아는 사람이다.

유대인의 지혜서 탈무드에 이런 이야기가 있다.

어떤 왕이 광대 2명을 불러서 한 명에게는 이 세상에서 '가장 악한 것'을 찾아오라고 하였고, 다른 한 명에게는 '가장 선한 것'을 찾아오라고 하였다. 며칠 지나고 두 사람이 답을 찾아왔다. 그런데 그 답은 둘 다 '혀'라고 하였다.

이처럼 좋은 말과 격려의 말은 모두에게 아름다운 힘이 되지만, 물고기는 입을 잘못 열어 낚시바늘을 물게 되고, 사람은 입을 잘못 열어서 일을 그르치는 경우가 허다하다.

리더는 조직의 성패와 부하관리에 책임을 지는 사람이다.

리더는 아침에 눈을 뜨면서부터 저녁에 잠자리에 드는 시간까지 조직과 조직원을 위해 무엇을 할 것인가를 부단히 생각할 수밖에 없는 위치에 있다. 그리고 이러한 생각은 직위가 올라갈수록 더욱더 필요한 마음가짐이다. '1·2·3·4 이론'이라는 것이 있다. 이는 직위가 올라갈수록 해야 할 중요한 일도 더 많아지고, 그에 따르는 책임도 그만큼 더 많아지기 때문에 더 크고 넓게 생각하고 행동해야 한다는 것을 의미한다.

리더의 행동은 가을하늘처럼 청명하고 투명해야 한다.

청명한 하늘 아래에 있는 모든 세상은 맑고 투명하고 밝게 빛나는 법이다. 아랫사람들은 윗사람이 하는 것을 보고 배운다. 윗물이 맑아야 아랫물이 맑다는 속담처럼, 자기도 모르는 사이에 직속상관의 잘잘못을 부하직원은 따라 배운다. 높은 제대의 리더나 군 지휘관일수록 리더 한 사람의 과오가 미치는 영향의 폭이 크다는 점을 인식해야 한다. 리더는 조직의 얼굴이며, 부하직원에게 이정표가 될 수밖에 없는 것이다. 리더의 잘잘못을 가장 투명하게 볼 수 있는 사람은 아래에서 쳐다보는 부하직원들의 눈이다.

지휘의 성공적 실행

성공적인 지휘를 원한다면 미래에 발생할 수도 있는 최악의 사태에 대비한 비상계획을 수립해 두어야 한다.

세기의 명장인 나폴레옹은 전장에서 승리의 비결을 이렇게 말하였다. "나는 언제나 일하고 있다. 그리고 늘 생각한다. 내가 항상 어떠한 일을 당면했을 때, 당황하지 않고 즉시 처리하는 것은 미리 여러 가지 경우에 대해서 생각해 두었기 때문이다. 다른 사람이 예상조차 할 수 없는 일을 내가 하는 것은 내가 천재이기 때문이 아니라, 평상시에 준비를 해놓은 결과인 것이다. 식사할 때나 혹은 극장에서 오페라를 구경할 때도 머릿속은 늘 움직이고 있다."

일상적인 부대 지휘에서도 모든 일이 계획된 대로만 진행되는 것이 아니며, 다양한 형태의 우발사태(偶發事態)가 발생하기 십상이다. 때로는 그 우발사태가 최악의 상황일 수도 있다. 그러므로 지휘관은 항상 우발사태에 대한 대비계획을 염두에 두어야 한다.

리더는 민첩하게 행동하여야 한다.

완전무결한 것을 추구하다가 시기를 놓쳐서는 안 된다는 것을 강조하는 말이다. "쇠는 달구어졌을 때 처라."는 우리나라의 속담처럼 서양에도 이와 유사한 내용의 "햇볕이 났을 때 풀을 말려라."는 속담이 있다. 모든 일에는 적기(適期)가 있다. 이 시기를 놓치면 아무리 많은 시간과 자원을 투입해도 효율성이 떨어지거나 소용이 없게 되는 일이 있다.

100% 옳은 것을 추구하느라 기회를 잃기보다는 기회가 왔을 때 90%만 옳은 것을 추구하여 변화를 일으키는 것이 더 나을 수도 있다. 그리고 어느 때가 가장 좋은 시기인지 잘 판단

이 되지 않을 경우, 지금이 바로 그 시기라고 생각하고 즉각 행동으로 옮겨야 한다.

고정관념·고집·아집을 깨고 새로운 사고를 긍정적으로 받아들여야 한다.

물병에 물이 반쯤 들어 있는 것은 보기에 따라서 반이 차 있는 것으로 볼 수도 있고, 반이 비어 있는 것으로도 볼 수 있다. 어느 곤충학자의 의미 있는 실험 결과가 있다. 벌을 빈 병에 집어넣고 병 입구를 밑으로 두면 벌은 위로만 날아오른다고 한다. 아래쪽의 병 입구가 터져 있는 데도 아래로 내려갈 생각을 하지 못하는 벌은 절대 병 밖으로 빠져나가지 못한다. 그러나 파리는 밑을 통하여 빠져나간다. 이것은 누구나 한번 실험해 볼 가치가 있는 것 같다.

또 한 가지, 어느 어류학자의 실험 결과가 있다. 남아메리카 강에서 사는 피라니아라는 물고기를 수조에 가두어 놓고, 물고기가 먹이를 받아먹기 위해 한쪽 끝으로 몰려들 때, 수조 한가운데를 투명한 유리판으로 막았다. 먹이를 먹고 다른 곳으로 가려던 피라니아가 계속 머리를 부딪혀서 나아가지를 못한다. 끊임없이 반복하다가 몇 주일 후가 되면 결국은 포기하게 된다. 이제는 가운데 유리를 제거해 버려도 피라니아는 다른 반쪽 수조로 건너가지 못하고 수조의 반쪽에서만 생활한다고 한다. 이처럼 잘못 길들여 지면 능력과 본질을 망각한 채 현실에 안주하게 된다. 코끼리 길들이기도 이와 비슷하게 큰 쇠사슬로 묶어서 못 빠져나가게 하다가, 가느다란 줄로 매달아도 도망가지 못하는 것과 동일한 원리다.

저자는 미국의 사막 지역을 차로 지나가면서, 까마귀가 왜소하고 무척 여윈 모습을 보았다. 반면에 샌프란시스코의 까마귀는 먹을 것이 많아서 살이 토실토실하고 큰 덩치를 자랑하며 나무에서 노래하는 대조적인 모습을 보았다. 까마귀가 날개가 있으면 무엇하겠는가? 날아서 사막을 벗어나면 먹이가 풍성하고 좋은 숲이 있는데도 불구하고 태어난 곳을 벗어나지 못하고 맴돌며 어려운 삶을 살고 있는 것이다.

고정관념에 사로잡히지 않고 새로운 시각으로 바라보면 해결책이 보인다. 세상을 다각도로 관찰하고 다양한 방안을 모색하려는 마인드가 중요하다. 고집을 버리고 아집을 깬다는 마음가짐으로 생각하면 어려운 문제가 쉽게 해결될 수도 있고, 기존보다 훨씬 더 나은 방안이 나올 수도 있는 것이다.

조직의 업무는 조직원 모두가 적극적으로 동참할 때 달성

가능하다. 아무리 능력이 뛰어나고 훌륭한 사람이라도 집단으로 해야 하는 일을 혼자서는 해낼 수 없다. 리더로서 조직의 임무를 완수하고 일을 성취하는데 조력을 해줄 사람은 다름 아닌 그 리더의 부하직원들이다. 그래서 리더에게 있어서 진정한 자산은 은행 계좌의 예금이나 부동산이 아니라 부하직원인 것이다.

부하직원이 자신을 적극적으로 돕게 하려면 의사소통이 되어야 한다. 조선시대 연암 박지원은 의사소통이 되지 않는 것을 이명과 코골이에 비유하였다. 이명은, 나는 들리지만 남은 들리지 않고, 코골이는, 남은 듣지만 나는 듣지 못한다.

리더가 무엇을 원하는지 부하직원들이 알도록 하는 것이 중요하며, 리더가 원하는 바를 적극적으로 수행하도록 동기부여를 시키는 것도 매우 중요하다. 부하직원들을 변화시키려면 그들과 단절 없는 소통이 필요하다. 대화거리와 장소를 제공함은 물론, 분위기를 조성하고, 대화 중에 나온 내용들은 조치결과를 명확히 제시할 수 있도록 가시적인 노력을 기울여야 한다. 지휘를 통해 조직이 성공적으로 변화하기 위해서는 리더 자신이 먼저 변해야 하고, 이러한 자신의 변화에 부하직원이 부응해 주어야만 한다.

리더는 조직과 부하직원을 우선으로 생각하고 행동하는 것에서 행복감을 느껴야 한다.

리더는 조직의 업무를 어떻게 완수하고, 발전시키며, 조직을 강하게 만들 것인가를 진지하게 고민하게 된다. 그리고 부하직원을 위해 해줄 수 있는 일이 무엇인지 깊이 생각한다. 이런 생각은 심지어 꿈속에서도 나타나는 경우를 경험하게 될 것이다. 당연한 일이다. 지성이면 감천이라고 했다. 성공한 기업의 리더나 군 지휘관은 이러한 의식으로 부단한 노력을 기울이고 있는 것이 사실이다. 다만 차이가 있다면, 부대는 24시간 관리해야 하는 작전 책임 지역과 집단 병영생활까지 관리해야 하는 병사들이 있다는 점이 다를 뿐이다.

2

존경받는 리더의 철학

조직 생활은 바로 내가 주인공이다.

리더는 주인의식을 가져야 한다.

조직을 지휘하는 리더는 매사에 "나부터, 지금부터"라는 자세를 견지해야 한다. 수처작주(隨處作主)라는 말이 있다. 중국 당나라의 선승인 임제 선사가 남긴 선어(禪語)인데, 원래는 수처작주 입처개진(隨處作主 立處皆眞)으로, 언제 어디서 무엇을 하든 항상 주인의식을 갖고 행동하라는 뜻이다. 리더는 현 직책에 감사하고, 주어진 권한을 잘 행사하는 주인일 뿐만 아니라, 조직원들도 주인의식을 가지고 각자 부여된 임무와 책임에 적극적인 자세를 가질 수 있도록 리더십을 발휘해야 한다. 주인의식은 권한보다는 성패에 책임진다는 당당한 자세라고 보아야 한다.

리더는 매사에 솔선수범해야 한다.

솔선수범해야 할 첫 번째는, 조직의 기강을 확립하는 일이다. 기강 확립을 위한 솔선수범의 본질은 리더 자신이 개인(私)보다는 공익(公益)과 조직을, 조직보다는 국가(國家)를 더 우선하는 차원에서 의사결정을 하고 실천해야 한다.

임진왜란의 영웅인 이순신 장군은 부하를 남달리 사랑했고 부하들과 동고동락했던 인물로 널리 알려져 있다. 그러나 이순신 장군도 전장에서 왜란의 소식을 듣고 군무를 이탈한 수군 황옥천을 잡아다가 전장으로 출전하기 전날 군기를 확립하는 차원에서 가차 없이 목을 베었다. 사사로운 정에 얽매이지 않고 대의를 세우는 이순신 장군의 공사 구분 정신과 준법정신을 알 수 있는 일화다.

솔선수범의 두 번째는, 높은 계급일수록 정의를 기반으로 공익을 앞세우고 대의를 위해 언행을 해야 한다.

평소 국민과 조직원들 앞에서 정의의 사자처럼 언행 하던 리더가 난관이 닥치자, 자신의 안위와 자신이 속한 소조직의 이익만을 최우선으로 행동하는 사례를 우리는 역사 속에서나 현실에서도 많이 보아왔기 때문에, 믿음이 가는 진정한 리더를 원하고 있다.

행운을 믿고 배짱을 가지고 끈기 있게 전진해야 한다.

저자는 운명과 운은 다르다고 생각한다. 운명은 좋을 수도 있고 나쁠 수도 있으며, 태어나기 전부터 정해진 굴레인 것으로 여긴다면, 운은 행운을 상징한다고 믿는 것이다. 따라서 운은 내가 만들어 갈 수 있는 긍정의 대상이요, 좋은 결과물이라고 생각하는 습관을 유지하는 것이 좋다고 생각한다. 따라서 리더는 행운을 믿고 배짱을 가지고, 옳다고 생각하는 일을 수행하는 데 있어 포기하지 말아야 한다. 이런 자세의 리더는 조직 전체를 앞에서 끌고 뒤에서 밀어주는 힘과 매력을 보여줄 수 있다.

영화 오즈의 마법사(The Wizard of Oz)에 나오는 세 명의 캐릭터는 두뇌를 찾는 허수아비, 가슴을 찾는 양철 나무꾼, 배짱이 없는 겁쟁이 사자가 나온다. 이들은 자신들이 불완전하다는 것을 인식하고, 자신들에게 없는 부분들을 찾아 완전해지려고 노력한다. 이처럼 리더는 자신에게 없거나 부족한 부분이 있다고 느껴지면 그것이 무엇인지를 먼저 인식하고, 찾아서 자기 것으로 만들고 사용해야 한다.

포기하지 않고 끈기가 있어야 성공한다는 사례들은 많다.

…미국의 서부 개척 시대에 전 재산을 투자하여 금광을 사서 금을 찾던 한 사업가가 있었다. 그런데 금맥을 찾지 못하여 도저히 더 이상 지탱할 수 없어서 그것을 팔았다. 다음 사람도 부지런히 파다가 지쳐서 그만두었다. 세 번째 금광 주인은 금광을 사서, 처음 확인하기 위하여 굴속에 들어가서 보니, 파다가 그만둔 막장에 곡괭이가 널려있었다. 시험 삼아 곡괭이를 한번 힘껏 휘둘러 보았다. 이게 웬일인가? 눈앞에 금맥이 나타난 것이다. 앞 주인이 그만둔 자리에서 불과 15cm 앞에 거대한 금맥이 나타난 것이다…

…에베레스트 정상을 정복하기 위해 한 산악인이 정상 부근에 대피소가 있는 것을 알고 눈보라 치는 극한상황에서 올라갔다. 그런데 그날은 눈보라가 워낙 심해져서 눈앞도 볼 수 없어 대피소를 찾지 못하였다. 며칠 후에 구조대가 올라가 보니 그는 대피소에서 불과 5m 앞에서 얼어 죽어 있었다…

이와 비슷한 일들이 우리 주변에서 사실 많이 일어나고 있다. 간과하고 넘어간 실수나 포기가 일생에 결정적인 영향을 미치고, 조직의 성패를 좌우하게도 된다. 핵심은 포기하지 않는 불굴의 의지와 끈기에 있다고 하겠다.

리더는 법과 규정을 정확히 알고, 준수해야 한다.

필수적인 법규와 규정을 정확히 알고 실천하는 것을 습성화하여야 한다. 몰라서 규정을 어긴 것도 면책사유가 될 수 없다. "악법도 법이다." 그러나 요즈음 세상에 악법을 만들어서 지키라고 강요하는 일은 민주주의 사회에서 있을 수 없다. 물론 불합리한 법과 규정이 있을 수 있다. 그러면 이것을 고치는 노력이 선행되어야 한다.

직책과 업무에 관련된 법규, 규정, 규범, 관습을 적극적으로 파악해서 알아야 할 의무가 있다. 그리고 상관의 지시는 법이나 규정에 준하며, 이를 최우선으로 이행한다는 자세로 실천해야 한다. 물론 불합리하거나 법과 규정에 위배 되는 지시를 하는 상급자가 있다면, 그것 자체가 위반이라고 볼 수 있다. 그런 상황에서는 상급자에게 문제점을 건의하고 직언을 할 수 있어야 한다. 그리고 시대와 상황에 따라 합리적이지 못한 법규와 규정은 반드시 바꾸도록 해야 한다.

우리 사회에는 법을 잘 아는 사람이 법망을 피하면서 정의롭지 못한 일을 하는 경우도 있고, 힘 있는 자가 법 적용까지도 악용하는 경우도 종종 있지만, 그런 불법으로 추진한 일들이 결코 오래갈 수는 없는 것이 진리다.

성과를 달성하는 자세를 습성화해야 한다.

"열심히 했으니까, 정성을 보였으니까, 결과가 잘 나오지 않더라도 어느 정도 봐주겠지" 하는 식의 자세로 일을 하면 좋은 결과를 얻을 수 없다. 임무가 부여되면 그 임무를 달성할 수 있는 길이 무엇이며, 어떤 방식으로 일을 해야 결과가 확실하게 나올 것인가를 생각하여 일을 준비하고 시행해야 한다. 믿음과 뚝심을 가지고 한 발씩 전진해야 한다. 업무 추진은 처음부터 끝까지 좋은 결과를 머릿속에 그리면서 매진하는 것이 바람직하다. 조직을 정확히 평가하고, 끊임없이 변화와 발전을 시도해야 한다. 현재의 결과에 만족해서는 안 된다. 미래의 분야별 목표를 명확히 하고, 추진 과업을 설정해야 한다. 따라서 실속 있는 사업계획을 수립하고 단계적으로 꾸준히 추진하여 성과를 내는 것이 리더가 주인공이 되는 길이다.

"탁월한 사람에게 규칙적인 습관이란 야망의 또 다른 표현이다."라는 말이 있다. 성과를 달성해 본 사람이 또 다른 성과를 보다 더 쉽게 얻을 수 있다.

리더는 조직원들이 성취감을 가질 수 있도록 유도하되, 성취에 대한 보상은 분명히 해야 한다. 임무를 완수하고, 소기의 성과를 거두면 누구나 일한 보람을 느끼고 성취감을 얻게 된다. 부하가 성취감을 느끼면 사기가 저절로 올라가고 자신감이 생기며, 소속된 조직에 대한 자부심도 가지게 된다.

논공행상을 분명하게 하여 공이 있는 부하에게는 반드시 상을 주어야 한다. 상은 노고에 대한 충분한 보상이 되도록 평가에 반영해 주고, 가시적인 것을 병행하는 것이 좋다.

"죄송합니다."라는 말을 사용할 상황을 만들지 않아야 한다.

삶 속에 말이 차지하는 위력에 대해서는 누구나 실감하였을 것이다. 그런데도 수시로 망각하면서 생각과는 다른 말을 하기도 한다. 상하관계가 뚜렷한 조직사회에서 성과 위주로 평가받으며 열심히 일해야 하는 힘들고 어려운 상황일수록 우리는 말의 깊이를 더 생각해 보아야 한다. 기쁨의 말, 칭찬과 격려의 말, 축복의 말, 행복의 말, 이런 매력적인 말이 우리의 삶을 따뜻하게 만들어 주고 근무 의욕을 북돋아 주는 것은 누구나 공감할 것이다.

이해인 수녀의 시 중에 '나를 키우는 말'을 저자는 자주 암송해 보곤 한다.

행복하다고 말하는 동안은
나도 정말 행복한 사람이 되어
마음에 맑은 샘이 흐르고

고맙다고 말하는 동안은
고마운 마음 새로이 솟아올라
내 마음 더욱 순해지고

아름답다고 말하는 동안은
나도 잠시 아름다운 사람이 되어
마음 한 자락 환해지고

좋은 말이 나를 키우는걸
나는 말하면서 다시 알지

"감사합니다."와 "죄송합니다." 이 두 가지 말만 잘하여도 대인관계에서 문제가 생기지 않는다고 한다. 사회를 평화롭게 만들고, 조직의 분위기를 부드럽게 해주는 것이 바로 이 두 마디의 말이다. 다른 사람에게서 조금이라도 도움을 받았을 때는 "감사합니다."로 감사의 표시를 하고, 상대방이 누구든 조금이라도 불편하게 만들었을 때 "죄송합니다."로 미안한 마음을 전달한다면 서로 화를 내고 다툴 일이 거의 없을 것이다.

그러나 조직 생활에서 업무 수행 관련해서는 기본적으로 "죄송합니다."라는 말이 나오지 않도록 자신의 업무를 추진할 필요가 있다. 부여된 임무는 완벽한 수준으로 완수하는 것이 기본이기 때문에 여기에서는 "죄송합니다."라는 말이 끼어들었다는 것은, 업무에 실수하였거나 실패하였음을 의미하는 것이기 때문이다.

나폴레옹의 사전에 '불가능'이라는 단어가 없다면, 나라와 국민을 지키고 국가 발전을 보장할 임무를 갖고 있는 군인의 사전에는 "죄송합니다."라는 단어가 나올 상황을 만들지 않도록 해야 한다. 국가의 중책을 담당하는 공직사회나 직장생활에서도 마찬가지다. 회사의 사활이 걸린 거금을 투자한 사업의 일부를 책임진 담당 관리자가 노력이 부족하였거나 실수로 인하여 부여된 임무를 완수하지 못하고 "죄송합니다."라고 말한다고 해서 책임이 면제되는 것은 아니다.

사자가 조그마한 토끼를 잡을 때도 최선을 다하듯, 일을 할 때는 역량을 집중해서 목표를 달성하여 이 말이 나오지 않도록 해야 한다.

변명거리를 만들지 말아야 한다.

심리학 용어 중 "변명거리 만들기(self handicapping)"라는 말이 있다. 실패할 것에 대비하여 미리 변명거리를 만들어 둠으로써 실패에 대한 책임감에서 벗어나겠다는 인간 심리를 말한다. 예를 들면, 어떤 학생이 중요한 시험이 있기 바로 전날 친구들과 파티에 참석했다. 시험점수가 낮게 나오면 그 파티에 갔기 때문에 공부할 시간이 없었다는 식의 실패에 대한 구실을 마련하기 위한 것이다. 이러한 변명거리는 자신의 상처받은 마음에 위안을 주기는 하겠지만, 시험에 실패한 것을 되돌려 주는 것은 아니다. 변명은 변명일 뿐이다. 변명거리를 만드는 시간에 공부를 조금이라도 더 하는 것이 현명한 처사다.

먼저 잘하는 것이 최선의 방책이다.

잘못하여 문제가 불거지고 나서 죄송하다고 말하는 것은 소 잃고 외양간 고치는 격이다. "죄송합니다."라는 말을 해야 할 상황을 만들지 않는 것이 최선이다. 인명사고, 보안사고, 대민 물의 사고 등 제반 사고가 발생하지 않도록 사전에 철저히 대비함으로써 상급 리더와 부하직원에게 떳떳할 수 있어야 한다.

죄송하다는 말은 자신의 언행이 잘못되었음을 인정하는 말이다. 만약 잘못한 것이 있다면, 확실하게 인정하고, 구체적으로 "지금 무엇이 잘못되었음을 깨달았고, 이 문제는 어떻게 해결하겠으며, 향후 이와 같은 실수를 예방하기 위해 이렇게 하겠습니다."라고 말해야 한다. 사전에 잘하는 것이 최선이며, 일이 잘못 된 경우에는 잘못의 구체적인 내용과 그 문제의 해결 방안, 그리고 차후 대비책을 말하는 것이 차선이다.

"죄송합니다."라는 말은 자신의 잘못을 확실히 인정하고 다음의 일을 더 잘하겠다는 각오의 말이 되어야 한다. 그러나 죄송하다는 말만 반복되면 상관, 동료, 부하직원 모두에게 무능하다는 인상을 주게 될 뿐만 아니라, 스스로 자신감 저하와 심리적 위축감을 느끼게 된다. 당당하고 자신감 있는 리더나 지휘관이 되고자 한다면 이런 말이 나오지 않도록 사전에 업무를 잘 수행하는 것이 최선이다.

준비하는 자만이 승리한다.

"평화를 원하거든 전쟁을 준비하라(Si vis pacem, para bellum)."라고 했다. 이것은 우리에게 너무나 귀에 익은 말로, 4세기경 로마의 유명한 전략가였던 풀라비우스 베게티우스(Vegetius) 레나투스의 말이다. 무엇이든 원하는 목표가 있으면 사전에 준비해 놓아야 한다. 준비가 되지 않은 상태에서 무엇이 될 수 있겠는가? 선조가 이율곡의 10만 양병설에 귀를 기울이고 대비를 했다면 임진왜란도 초기에 쉽게 극복했을 것이다. 미래에 대한 철저한 준비는 모든 리더의 사명이자 생명이다.

권모술수(權謀術數)와 정글의 법칙이 난무하는 세상에서의 생존 원리는 준비성이다. 준비가 되어 있다고 반드시 기회가 오는 것은 아니지만, 기회가 왔을 때 준비되지 않은 사람은 그 기회를 잡을 수 없다. 그러므로 준비된 자만이 기회를 잡을 수 있다. 역사는 준비된 자의 것이었다. 리더가 자신의 리더십 역량을 얼마만큼 준비했느냐에 따라 결과의 질과 수준이 결정한다.

준비하는 것도 습관이다. 약속 장소에 늦는 사람은 항상 정해져 있다. 심리학에서 사람의 습관을 바꾸어 자리 잡는 데는 21일간의 반복된 연습이 필요하다고 하였다. 2차 대전 때 공군 조종사가 전투에 투입하기 전에 모의 훈련을 몇 번 하는 게 가장 효과적인가를 알아내기 위해 조사한 결과 21번 이상 훈련을 받아야 생존율이 높았다고 하였다. 어떤 아마추어 골퍼가 21일간 연속 필드에 나갔더니 싱글이 되더라는 이야기도 들었다. "반복이 천재를 만든다."라는 말처럼 연속되는 훈련이 남기는 효과는 크다고 하겠다. 바로 습관을 바꾸는 방법이다.

준비하지 않고, 자신의 능력만을 믿고 일을 시작하다가 그르치는 경우를 우리는 주변에서 흔히 볼 수 있다. 이처럼 개인의 일에도 철저한 준비와 연습이 필요하거늘, 하물며 대 조직이 임무를 완수하기 위해서는 더욱 많은 준비와 연습이 필요한 것은 당연지사다.

준비에는 단계가 필요하다.

제1단계는 조직이 추구하는 목표를 설정하는 것이다.

목표가 설정되었을 때부터 시작되는 활동이 조직의 목표 달성의 시발점이다. 목표는 꿈과 비전을 형상화한 작품이다.

제2단계는 리더와 참모에게 필요한 것이 무엇인지 확인하고 준비하는 것이다.

준비의 기본이며 핵심은 항상 A안(기본계획), B안(예비계획), C안(우발계획)을 모두 준비하는 것이다. 완벽한 준비란 현재 처한 상황을 잘 이해하고, 장차 발생할 상황을 예측하여 대비하는 것이다. 정확한 예측은 위험 요소와 불필요한 노력의 낭비를 없앨 수 있다. 미래 예측을 위해서 필요한 자료수집과 정리, 계획 작성 및 하달, 반복 연습 및 숙달, 그리고 적용의 과정이 있게 된다.

예비계획과 우발계획은 같은 유형의 실패 사례를 수집하여 실패 확률을 줄여나가는 방법이다. 이런 과정들이 설정된 목표에 견실하게 다가가는 길이다. 모든 조직의 업무가 마찬가지이겠지만, 특히 국가 간의 전쟁은 기계획된 작전계획대로 되지 않는다. 상황이라는 기본전제가 계속 유동적이기 때문이다. 따라서 예비계획, 우발계획 등을 만드는 연습도 평상시 숙달시켜 두어야 한다.

제3단계는 전략적인 준비를 하는 것이다.

이는 시스템적으로 미래를 대비하는 방법이다. 미래 경영 분야의 국제적 권위자인 페로 미킥(Pero Micic)은 그의 저서 「프리즘-미래를 읽는 5가지 안경」에서, 복잡하고 불확실한 미래를 정확하게 예측하고 효과적인 대책을 마련하기 위한 방법으로 5가지 종류의 안경을 사용하라고 한다.

첫 번째는 '푸른 안경'으로, 앞으로 일어날 가능성이 있는 모든 일을 찾아보는 것이다.

두 번째는 앞에서 찾아낸 문제들을 비교 평가하여 그중에서 일어날 가능성이 가장 높은 문제를 '초록 안경'으로 선별하는 것이다.

세 번째는 둘째에서 선별된 문제를 '노란 안경'으로 구체화하는 것이다. 이것이 앞서 말한 조직 활동의 시발점이 되는 구체적 목표를 설정하는 것이다.

네 번째는 '붉은 안경'으로 예기치 못한 돌발 사태나 위험 상황에 대한 대비책을 강구하는 것이다. 앞서 말한 예비계획, 우발계획, 리스크 관리인 것이다.

마지막 다섯 번째는 '보라 안경'으로 지금까지의 상황을 종합하여 최종적으로 실행계획을 수립하는 것이다.

리더는 조직의 과업을 성취하기 위해 심사숙고하는 시간을 가지면서 단계적인 준비를 해야 한다. 그러면 우리도 훌륭한 기업가들이나 유능한 지휘관들의 업적에 조금이라도 더 근접할 수 있을 것이라 믿는다. 나폴레옹은 "내가 철저한 예방조치를 취하는 이유는 적에게 어떤 기회도 남겨 놓지 않겠다는 내 습관 때문이다."라고 말하였다.

부드러운 것이 강한 것이다.

갈대는 강풍에 흔들리지만 부러지지 않는다. 동양의 리더십 고전인 삼략(三略)에 "유능제강 약능제강(柔能制剛 弱能制强)"이라고 하였다. 부드러운 것이 단단한 것을 이기고, 약한 것이 강한 것을 이긴다는 말이다. 무언가 비논리적인 말처럼 들린다. 어떻게 하여 약한 것이 강한 것을 이긴다는 말인가? 그 해

답은 이렇다. "유자덕야 강자적야, 약자인지소조 강자인지소공"(柔者德也 剛者賊也, 弱者人之所助 强者人之所攻)이다. 부드러운 것은 덕이 있는 것으로 보이고, 강한 것은 사람들에게 위협적인 것으로 비친다. 그래서 약한 사람은 다른 사람들이 동정하여 도와주고, 강한 사람은 다른 사람의 공격 표적이 되기 때문이라는 것이다.

부드러운 말은 상대방의 마음속으로 녹아 들어가나, 강한 말은 남의 심장을 찌르고 거부감을 불러일으킨다. 강압은 상대방의 거부감을 불러일으키지만, 관대함은 상대방의 진정한 복종을 가져온다. 이런 내용을 이론적으로 잘 안다고 할지라도 실천하기는 쉽지 않다. 산전수전을 겪으며 가슴 아프게 당해보기도 하면서 절실히 공감하는 사람이 자연스럽게 실천하게 되는 삶의 진리라고 생각된다.

중국 삼국시대에 촉나라의 명재상 제갈량이 남만(지금의 베트남)을 정복할 때의 일이다. 막강한 촉나라 군대는 남만의 군대를 격파하고 그 장수인 맹획을 사로잡았다. 제갈량은 맹획에게 항복을 종용했다. 맹획은 부하의 사소한 잘못 때문에 자신이 잡힌 것이지, 자신이 부족하여 잡힌 것이 아니므로 항복할 수 없다고 하였다.

그러자 제갈량이, 그러면 이번에는 놓아줄 터이니 다음에 다시 싸워서 잡히면 항복하겠느냐고 물었다. 맹획은 그렇게 하겠다고 약속했다. 다음 전투에서 맹획이 다시 사로잡혔다. 그러나 이번에도 이런저런 이유를 대면서 항복하지 않았다. 제갈량은 그를 다시 놓아주었다.

이러기를 일곱 차례나 하였다. 일곱 번째 사로잡힌 맹획은 제갈량에게 진심으로 항복할 것을 맹세하였다. 여기에서 칠종칠금(七縱七擒)이라는 고사성어가 나온 것이다. 제갈량은 강압으로 적의 굴복을 받게 되면, 촉나라 군사가 회군하자마자 맹획이 배반할 것을 잘 알고 있었기 때문에 관용을 베풀어 맹획으로 하여금 진정으로 복종하게 만든 것이다.

부드러운 인간관계 중시의 대표적인 사례로 전설적인 여성 기업가 메리 케이 애시(Mary Kay Ash)가 있다. 그녀는 5,000달러로 메리 케리 화장품회사를 설립하여 수십억 달러의 대기업으로 성장시켰다. 그녀는 사람을 진심으로 사랑하는 비즈니스 리더로서 P/L이 Profit & Loss(손익계산서)가 아니라 People & Love(사람과 사랑)라고 하였다. 대통령 리셉션에 초청받고도 신입사원과 미팅이 먼저 계획되어 있어서 약속을 지켜야 한다며, 누구나 부러워하는 백악관 초청을 거절한 것으로도 유명한 일화가 있다. 그녀의 부드러운 리더십은 존중과 배려, 격려와 칭찬, 경청과 인정을 잘하기로 유명하였고, 자신이 대우받기를 원하는 대로 다른 사람을 대하라는 황금률(Golden rule system of management)을 경영 방침으로 회사를 운영하였다.

외피가 부드러우면 강한 내부를 보호한다. 외피가 강하면 부드러운 내부는 더 심하게 흔들린다. 외피가 강하고 내부도 강하면 부서진다. 부드러움은 한발 물러서는 용기이고, 어떤 것도 수용할 수 있는 완충력이다. 리더의 부드러움에는 용수철처럼 강력한 탄력이 잠재된 강인함이다.

동화책의 이야기처럼, "길 가는 사람의 외투를 벗길 수 있는 것은 차고 거센 바람이 아니라 따뜻한 햇볕이다." 찬바람이 거셀수록 그 사람은 외투를 더 단단히 여민다. 따뜻한 햇볕을 내리쬐면 그 사람은 스스로 외투를 벗게 된다. 조직원들의 마음을 움직이는 것은 강압과 호통이 아니라 따뜻한 관심과 배려다.

손자병법에도 "장수가 평소에 부하를 자식같이 대하면 부하는 그 덕에 감동하여 천 길 낭떠러지의 계곡으로 뛰어내리는 것과 같은 위험한 일에도 행동을 같이하며, 평소에 부하를 자식처럼 사랑하면 위기에 직면했을 때 부하들이 용감하게 장수와 생사를 같이한다."라고 하였다.

제2차 세계대전의 명장 마샬 장군도 "따뜻하고 관대한 품성은 규율이나 통제를 필요로 하지 않는다. 성공적인 지휘관은 골육지정으로 지휘 통솔한다."라고 하였다. 지휘관의 힘은 완력에서 나오는 것이 아니라 부드러움에서 나오는 것이다.

걸림돌을 디딤돌로 만들자.

삶의 여정에는 수많은 걸림돌과 디딤돌이 있다. 걸림돌은 우리를 걸려 넘어지게 만드는 돌이고, 디딤돌은 우리가 딛고 올라설 수 있게 해주는 돌이다. 그래서 걸림돌이 나오면 무조건 피해 가거나 멈추려고 한다. 그런데 잘 살펴보면 어떤 사람에게는 걸림돌인 것이, 다른 사람에게는 디딤돌이 되기도 하고, 그 반대의 경우도 될 수 있다. 그렇다면 모든 돌은 걸림돌이 될 수도 있고 디딤돌이 될 수도 있다는 말이다. 또한 사람이 걸려 넘어지는 건 산처럼 큰 바위가 아니고, 작은 돌부리에 걸려 넘어지는 경우가 많다.

〈짚신 장수와 우산 장수〉라는 우리가 잘 아는 옛날이야기가 있다. 두 아들을 둔 어머니가 있었다. 큰아들은 짚신 장수이고 작은아들은 우산 장수였다. 이 어머니는 비가 오는 날이면 짚신이 팔리지 않으니까, 큰아들을 걱정하고, 날이 맑으면 우산이 팔리지 않으니까, 작은아들을 걱정하였다. 이러다 보니 이 어머니는 하루도 근심 걱정이 없는 날이 없었다. 그때 지혜로운 이웃 사람이 조언을 해주었다. 비 오는 날에는 우산이 잘 팔릴 테니 작은아들이 좋고, 맑은 날에는 짚신이 잘 팔릴 테니 큰아들이 좋을 거라고. 이 말을 들은 후부터 그 어머니는 매일 행복한 마음으로 살았다는 이야기이다.

결국 걸림돌을 디딤돌로 만드는 방법은 마음가짐에 있는 것이다. 일체유심조(一切唯心造)라고 하지 않는가. 길을 가다가 앞에 돌이 나타나면 이것이 걸림돌일까? 디딤돌일까? 그 돌에 걸려 넘어지는 사람에게는 그것이 걸림돌이고, 그 돌을 딛고 더 멀리 도약하는 데 활용한 사람에게는 디딤돌이 된다. 그래서 모든 돌은 걸림돌도 되고 디딤돌도 되는 것이다. 다만 쉽게 포기하는 자에게는 걸림돌이 되고, 현명하게 극복하는 자에게는 디딤돌이 된다.

플라시도 도밍고, 루치아노 파바로티와 함께 세계 3대 테너 가수로 유명한 호세 카레라스가 가수로서 승승장구하던 중

1987년에 급성 백혈병에 걸렸다. 의사로부터 "이제는 끝이다."라는 진단을 받은 그는 절망에 빠졌다. 그러나 그는 병마를 이기고 1년 반 후에 다시 무대에 섰다. 그러면서 자신의 고향인 바르셀로나에 호세 카레라스 국제백혈병재단을 설립하였고, 이 사업이 자신의 제2의 인생임을 천명하였다. 걸림돌을 디딤돌로 바꾸어 많은 백혈병 환자들에게 생명과 희망을 안겨준 것이다.

또한 캐나다 출신이면서 미국에서 활동 중인 세계적인 팝가수 셀린 디옹은 2022년 전신이 빳빳하게 굳는 희귀 신경질환인 '강직인간증후군'을 앓으면서 가수 활동을 중단하였다. 저자는 그녀의 뛰어난 실력을 라스베가스 공연장에서 관람한 적이 있다. 그때 그녀는 자신의 소설 같은 삶과 가족 이야기를 무대에서 하여서 그것을 듣고, 마음속으로 그녀의 삶을 응원하고 있었는데, 그녀가 건강을 상실하였다는 소식에 몹시 안타까운 마음이었다. 그런데 그녀는 각고의 노력으로 건강을 어느 정도 회복하여, 2024 파리올림픽 개막식에서 '사랑의 찬가'를 불어로 불렀으며, 어려움을 극복한 이야기가 세계인을 감동시켰다. 또한 자신의 이야기를 다큐멘터리로 제작하여 몸이 아픈 많은 사람들에게 희망의 메시지를 전달하고 있다.

유대인 레비 스트라우스(Levi Strauss)는 미국으로 이민을 가 뉴욕에서 주택을 돌아다니면서 직물을 판매하는 장사를 하였다. 1853년에 샌프란시스코로 이주하여 금광 주변에서 천막 만드는 일을 하였다. 어느 날 군납업자가 군용 대형 텐트 10만 개 분량의 천을 납품하도록 주선해 주겠다고 자신 있게 이야기하였다. 뜻밖의 행운을 잡았다고 생각한 그는 밤을 지새우면서 주문량을 만들었다. 그런데 갑자기 군납의 길이 막혀버려 파산으로 몰리게 되었다. 실의에 빠진 그는 금광 주변의 주점에서 술에 취해있다가 광부들이 옹기종기 모여 해진 바지를 꿰매고 있는 것을 보았다. 순간 번쩍이는 생각이 떠올랐다. 그가 만든 두꺼운 천으로 광부의 옷을 만들면 오래 입을 수 있겠다는 생각이었다. 바로 이것이 최초의 청바지가 되어 그는 세계적으로 유명한 청바지의 탄생자가 된 것이다. 부자가 된 것은 말할 것도 없다. 그는 위기의 걸림돌을 진정 큰 디딤돌로 만든 사람이다.

지휘 통솔의 핵심 중 하나는 이처럼 불리한 상황을 유리하게 만드는 것이다. 걸림돌을 디딤돌로 바꾸는 능력이다. "막는 것 산이거든, 무느곤(무너뜨리고) 못 가랴."라는 말은, 어느 학교 교가의 한 구절이다. 저자는 어려운 일이 닥칠 때마다 마음속으로 이 구절을 외치곤 하였다. 그러면서 혼자 중얼거리기를

‘막는 것 산이거든 터널을 뚫고, 막는 것 계곡이거든 다리를 놓고 간다.’라고 하면 마음이 편해졌다.

리더의 지혜와 부단한 노력이 상황을 반전시킨다. 인간만사 새옹지마(塞翁之馬)라는 말이 있지 않은가? 좋은 일인 줄 알았는데 시간이 지나고 보니 나쁜 일일 수도 있고, 나쁜 일인 줄만 알았는데 시간이 지나 나중에 좋은 결과를 가져다 주기도 하는 것이 인간사다. 그러나 유능한 리더의 역할은 새옹지마의 운명에 자신을 맡기는 것이 아니라, 행운을 믿고 끈기 있게 노력하여 좋은 일은 더 좋은 일로, 나쁜 일은 그것을 계기로 좋은 일로 만들어 가는 것이다.

미국의 유명한 희망 전도사인 로버트 슐러(Robert H. Schuller) 목사는 걸림돌에 관하여 보다 더 적극적인 견해를 말한다. “모든 장애물이 더 큰 발전을 가져오게 하는 기회라는 것을 명심하고 장애물을 오히려 적극적으로 찾자.”라고 권한다. 담금질은 쇠를 더 단단하게 만들어주고, 시련을 잘 극복한 사람은 보통 사람에서 위인으로 탈바꿈하기도 한다. 우리 앞의 장애물은 그것을 극복하고 나면 우리를 더 높은 결승점으로 이끌어 줄 것이다.

순간의 위기를 기회로 바꾼 유머 같은 이야기도 있다. 날아가는 새도 떨어뜨린다는 막강한 권세를 가진 대원군과 그에게 자리를 청탁하려고 찾아간 어느 선비의 이야기다.

… 출셋길을 알아보려고 대원군을 찾아간 선비가 법도대로 정중하게 대원군에게 인사를 올렸다. 그러나 대원군은 붓을 들고 난을 치고 있으면서 본체만체하였다. 선비는 대원군이 절하는 자신을 못 본 것으로 생각하고, 한 번 더 큰절을 올렸다. 그런데 그때 대원군의 불호령이 떨어졌다.

"네 이놈! 네놈이 들어올 때부터 유심히 보았는데, 어째서 산 사람에게 두 번의 절을 하느냐? 나보고 빨리 죽으라는 뜻이겠다!"

아차, 이제 출세는커녕 목숨조차 부지하기 어렵겠다는 생각이 들었으나 선비는 순간 다음과 같이 말하였다.

"무슨 말씀이십니까? 제가 두 번 절을 한 것은 그런 뜻이 아닙니다. 첫 번째 절은 '처음 뵙겠습니다.' 하는 뜻이고요, 두 번째 절은 저를 본체만체하시기에 '그냥 물러가겠습니다.'라는 뜻이었습니다." 하고 능청을 떨었다. 대원군은 이런 위급한 상황에서도 당황하지 않고 대응하는 선비의 말솜씨를 보고 그를 범상치 않은 인물로 여기고 크게 기용하였다는 이야기가 있다…

이처럼 어떤 위기와 악조건의 상황이 부지불식간에 닥쳐도 그것을 기회로 변화시키는 실화들이 우리들 일상의 삶 속에서도 자주 일어나기도 한다.

인시아드대 교수 맨프레드 케츠 드 브리스는 「리더십, 롤러코스터」 저서에서 “리더는 다른 사람보다 우여곡절, 성공과 실패, 그리고 기쁨과 슬픔을 경험하기 더 쉬운 자리다. 물론 그 강도는 리더에 따라 차이가 있을 수 있지만, 롤러코스터를 타는 것 같은 변화에 대해 비명을 지를 수도 있고 속도를 즐길 수도 있다. 또한 두 가지 모두를 할 수도 있다.

리더는 시작과 끝, 그리고 좋은 시기와 안 좋은 시기들을 견디고 최고의 성과를 낼 수도 있지만, 그것들에 압도당할 수도 있다. 그래서 리더십은 ‘좀 더 흥미진진한 길을 가기 위해 절벽에 서는 것’ 혹은 ‘평범하지 않은 인생을 사는 것’ ‘좁고 곧은 길을 걷는 것’이라고 정의 된다.”라고 하였다.

인생에 쉬운 길만을 걷는 사람은 별로 없을 것이다. 더욱이 대조직을 지휘 관리하는 리더의 길이 쉬울 수만은 없다. 테슬라의 일론 머스크는 “리스크는 인생의 연료이며, 이것을 성공으로 향한 동력으로 삼았다.”라고 하였다.

그러나 리더는 롤러코스터를 타던, 걸림돌이 앞에 놓여 있던, 그것을 디딤돌로 만들어 자신과 조직원이 함께 딛고, 앞으로, 그리고 위로 나아가면서 승자로서 우뚝 서야 한다. 그 방법의 핵심은 마음가짐이라고 할 수 있다.

꿈꾸는 사람은 불가능도 가능으로 만들 수 있다.

리더의 꿈과 열정, 그리고 이러한 꿈을 실현하고자 하는 결단은 조직을 발전시키고 사회를 진보시키는 원동력이 되어왔다. 리더가 열정을 가지고 조직이 나아갈 올바른 방향을 보여주고 설득하면 소극적이던 부하들도 리더의 결단에 따르게 된다. 나아가 더 높은 목표를 갖게 만들고, 더 큰 성과를 달성하게 만든다. 등산가들의 최고봉 중 하나인 에베레스트 정상에 도전하는 사람들의 공통된 특징은 "열정, 믿음, 결단, 인내"로 요약된다고 한다.

한 가지 예를 들자면, 너무나 잘 알려진 발명왕 에디슨의 이야기다. 그의 말과 불굴의 의지가 감동적이어서 여기에 요약한다.

…에디슨이 전구 발명에 성공하자 한 기자가 찾아가서 "2,000번의 실패를 거듭한 기분이 어떤가?"라고 물었다. 그는

"실패라니요? 나는 단 한 번도 실패한 적이 없습니다. 나는 단지 전구가 빛을 내지 않는 2,000가지의 원리를 알아냈을 뿐입니다." 과연 위인다운 말이다. 그는 기업에도 성공하였다.

미국 산업의 혁신가이며 자동차 왕인 헨리 포드는 1914년 근로자의 일당을 2.34달러에서 5달러로 대폭 인상하고, 노동시간을 하루 9시간에서 8시간으로 줄인다는 정책을 선언했다. 포드가 이런 파격적인 정책을 구상하게 된 배경은 저임금의 노동자들에게 가난이라는 틀에 박힌 삶에서 벗어나, 중산계층의 삶을 영위할 수 있도록 만들어주어야 한다는 그의 평소 생각이었다. 이런 생각은 자신을 항상 아일랜드 출신 농부의 아들이자 노동자라고 공언했고, 술과 담배, 사치를 멀리했으며, 금융 소득으로 살아가는 사람들을 경멸했던 그의 평소 가치관에서 나온 것이었다. 포드의 이러한 파격적인 정책에 대하여 회사 내의 간부들은 회사파산을 가져올 정책이라고 반대했고, 경쟁 회사들은 산업의 자살이며 사업의 파괴 행위라고 비난했다.

그러나 그 이후 포드 회사의 노동자들은 근로 의욕이 증가하여 생산성이 높아졌고, 포드사는 타 회사의 추종을 불허하는 최고의 자동차 회사로 그 지위를 굳혔다. 사회경제적 차원에서도 포드 회사 노동자의 임금 상승은 이들의 구매력 증가를 가져왔고, 이것은 다시 다른 산업의 구매력을 높였으며, 그 결과 다른 산업 근로자들의 임금을 인상하게 만드는 연쇄효과를 가져왔다. 헨리 포드의 이 '복지 자본주의' 정책은 미국 경제에서 블루칼라 중산층의 등장을 가져오게 했고, 이들이 제2차 세계대전 이후 1970년대까지 꾸준히 미국의 경제 성장을 이끌어 온 동력원이 되었다.

조직에서 부하직원들을 쓸모 있는 사람으로 변화시킬 수 있는 사람은 리더 자신임을 알아야 한다. 어떠한 어려운 상황도 극복 가능하다는 정신력을 갖고 그것을 보여 주는 게 필요하다. 일을 추진함에 목표, 명분, 가치 부여는 발전을 위한 전제적 요소이다.

포드 회사의 예로 다시 돌아가 보면, 임금 인상을 위한 회의를 하는데, 중역들이 모여 격론이 벌어졌다. 한 중역이 칠판에 3달러라고 적었다. 2.34달러에서 0.66달러를 인상한 것이다. 포드는 고개를 가로저었다. 3달러 50센트, 3달러 75센트, 4달러, 마침내 4달러 50센트까지 올라갔지만, 포드는 여전히 고개를 가로저었다. 드디어 5달러가 칠판에 적혔다. 포드는 "됐소. 근로자 일당은 5달러요. 내일부터 즉각 시행합니다."라고 했다. 중역들은 회사가 파산할 것이라고 반발했다. 그러나 포드는 자신의 '복지 자본주의'에 대한 굳은 신념을 갖고 밀고 나갔다. 포드의 목표, 명분, 가치는 결국 좋은 결과를 낳았고,

부하직원들의 동참을 이끄는 데 성공했다.

성공적인 조직의 지휘는 가치 있는 일에 대하여 믿음을 확고히 하고, 인내심을 갖고 구현하는 것에서 시작된다. 조직원들에게 가치 있는 변화를 긍정적으로 받아들이도록 하는 훈련을 시켜야 한다. 도태되는 조직은 변화를 싫어하고 두려워하는 조직이다. 그리고 실패한 사람 중에는 성공의 문 앞에서 포기하는 사람도 있다. 성공한 사람은 대부분 현명하게 참을 수 있는 사람이다. 그리고 실패의 진솔한 사례연구는 다음 시도자들에게 교훈이 될 수 있다.

큰 꿈을 이루려면 먼저 행동하라.

중학교 영어 시간에 나오는 "Boys, be ambitious!"(소년이여, 야망을 가져라!)를 누구나 들어 보았고, 멋진 문구로 기억할 것이다. 자신의 목표를 꿈이라는 단어로 표현하면서 꿈꾸고 또 꿈꾸게 된다. 그러나 그 꿈은 단순히 꿈꾸기만 해서는 이루어지지 않고, 가슴에 깊이 품고, 머리로 계획하면서, 손발로 차근차근 실천해야만 자신의 것으로 이루어질 것이다.

"생각하면 행동하라!"

이것은 저자의 행동 철학이기도 하다. 그렇다고 무턱대고 행동하지는 않는다. 시간상으로는 짧지만, 깊은 고심과 신속한 워게임 과정을 나름대로 거친다. 그리고 시각화할 수 있는 계획을 신속히 수립한다. 그런 연후에는 워게임 결과와 일정 계획을 비교 평가해서 "이 일은 하지 않는 것이 낫겠다."라고 결심하면 바로 버린다. 만약 "하겠다."고 결단을 내리면 전광석화의 자세를 견지한다.

생각만 하고 행동을 미루면 처음에 가졌던 굳은 의지가 점차 약해진다. 완전무결한 계획보다 철저한 실천이 더 많은 실적을 올리게 한다.

일본의 노무라 홀딩스 증권회사의 CEO인 와타나베 겐이치는 스피드를 경영의 키워드로 삼고 있다. "1시간 걸려서 100점을 받는 것보다, 10분에 60점을 받는 것이 더 낫다. 10분에 60점이면 1시간에 360점이다. 그러니 100점의 3.6배나 된다. 실패는 용서할 수 있지만, 시도조차 하지 않는 것은 용서할 수 없다."라는 것이 그의 경영 철학이다. 계획이 있으면 즉각 그 계획을 실천에 옮기는 행동으로 들어가라는 것이다.

2024년 파리올림픽에서 금메달감으로 유망한 한국 여자 공기총 모 선수가 조준 시간을 초과함으로써 한발이 영점 처리 당하여 탈락하고 말았다. 그녀의 냉정하고 침착한 조준 자세에 대하여 그 전날 언론에서 칭찬이 자자하였다. 더 신중한 자세를 보이려다가 시간 내에 발사조차 하지 못하고 만 것이다. 방아쇠를 당기기만 했어도 결승에 갈 수 있는 실력이었다. 아쉬운 결과다.

강한 자만이 승리하는 것이 아니다. "나는 할 수 있다!"라는 생각으로 먼저 행동하는 자가 결국 승리한다. 낙관적인 견해를 갖는 습관은 꿈의 실현 속도를 배가시킨다.

나폴레옹은 "어떤 상황에서도 사람이 확실하게 지배할 수 있는 단 한 가지는 그 상황에 대한 자신의 반응이다. 모든 상황에서 낙관적인 생각을 갖는 습관을 들이면 당신의 모든 말과 행동으로 좋은 결과를 만들 수 있다."라고 하였다.

어떤 상황에서 어떤 사람을 만나도 긍정적이고 낙관적인 생각으로 행동하고 반응할 수 있도록 자신을 훈련하는 것이 좋다. 마음의 눈을 통해 주어진 상황의 긍정적인 결과를 그려봄으로써 목표하는 것이 이루어진다는 생각을 갖도록 해야 한다. 하지만 이렇게 하는 것이 결코 쉬운 일이 아니다.

셰익스피어는 “미덕을 지니지 못했으면 그것이 있는 것처럼 가장하라.”고 했다.

괴테는 “무엇인가를 잘하기 위해서는 먼저 그것이 되어야 한다.”라고 하여 스스로 변화시켜야 함을 이야기하였다.

미국의 심리학자인 윌리엄 제임스는 “어떤 자질을 원하거든, 마치 그것을 갖고 있는 것처럼 행동하라. 마치 그런 것처럼 하는 테크닉을 시도해 보라.”고 했다. “Fake it until make it.”이라고 종종 표현된다.

미국의 작가인 찰스 가필드는 “최고의 성취자들은 어떤 상황에 대해서도 그것을 자기가 원하는 방식으로 바꾸어 놓을 수 있다는 태도로 접근한다. 그들은 자신을 믿는 것이다.”라고 했다. 이러한 명언들이 낙관적인 생각을 기르는 방법과 행동으로 옮길 줄 아는 습관을 제시한 것이다.

꿈을 꼭 이룰 수 있다는 자신감을 가지고 행동으로 옮기려 노력하면 매사에 용기가 생길 뿐만 아니라 좌절감도 없앨 수 있다. 역으로 이러한 용기는 좌절감을 자신감으로 바꾸는 힘이 된다. 이것은 리더 자신만이 아니라 조직원들도 그렇게 할 수 있도록 만드는 것이다. 드와이트 D.아이젠하워는 “리더십이란 당신이 원하는 바를 다른 사람들도 원하도록 만들어, 그들로 하여금 그것을 행하게 유도하는 기술이다.”라고 하였다.

당랑거철(螳螂拒轍)이라는 말이 있다. 춘추 시대 제나라 장공이 수레를 타고 가는데 사마귀가 앞발을 치켜들고 수레를 가로막고 있었다. 수레가 지나가면 바퀴에 깔려 흔적도 없이 죽을 미물이 겁도 없이 덤벼드는 것이다. 장공은 그 사마귀를 보며, "저 벌레가 인간이면 틀림없이 천하무적의 용사가 되었을 것이다."라며 수레를 돌려 피해서 갔다는 일화에서 나온 것이다. 때로는 이것이 만용을 표현하는 말로도 인용되지만, 만용에 가까운 이런 용기가 사태를 바꾸는 힘이 되기도 한다.

자신에 대한 의심을 자신감으로 바꾸는 습관이 몸에 배도록 스스로 갈고 닦으려고 노력해야 한다. 꿈은 실천해야 이루어지는 것이다. 실천하지 않았는데 꿈이 이루어질 수는 없다. 시작하기도 전에 실패할 것에 대해 생각할 필요는 없다. 실패에 대한 불안감이 자신감과 용기를 위축시킨다. 두려움을 무릅쓰고 일단 행동으로 시작하면 두려움은 사라지게 된다. 사람에게는 자신도 모르는 용기와 배짱이 잠재되어 있다. 행동하면 그 잠재되었던 용기와 배짱이 살아나게 되고, 일이 진행되면 용기는 더욱 커지고, 두려움과 불안은 반비례해서 작아진다. 용기와 행동은 꿈을 현실로 만들어 내는 모체이고 원동력이다.

배우자의 지지와 비판은 중요하다.

사람들은 대부분 존경하는 은사님이 있고, 롤모델이 있고, 가까운 친지나 친구가 있어서 그들로부터 자신의 언행과 하는 일에 대한 평가와 조언을 듣곤 한다. 그중에서도 가족은 가장 가깝고 확실한 신뢰와 강한 믿음이 있기에 후원자임과 동시에, 자신의 문제점을 직접 발견하거나 외부로부터 듣게 되는 평가를 직접 이야기 해줄 수 있는 사람들이다. 그중에 배우자는 적극적으로 격려하고 후원하는 지지자임과 동시에 가장 신랄한 평가와 조언을 해줄 수 있는 위치에 있는 귀한 비평가이며 조력자라고 할 수 있다.

일반적으로 배우자에 대한 내조 또는 외조라 하면, 얼핏 생각하기에 상대 배우자가 못하는 일을 대신 해주거나, 하고 있는 일을 보완해 주거나, 더 잘하도록 도와주는 것으로 생각할 수 있다. 말하자면 상대 배우자가 담당하는 업무 일부를 같이 하는 것으로 생각할 수도 있다는 것이다. 그러나 이것은 일부는 맞는 말이지만, 일의 성격에 따라서는 맞지 않는 말이다.

배우자는 상대 배우자가 못하는 조직의 일을 대신 해주거나 도와주는 것보다는, 당사자가 자기 조직의 일을 잘할 수 있도록 마음으로 지원해 주면서, 밀어주는 것이 더 맞다는 논리에 공감하는 사람들이 훨씬 많다. 그래서 배우자의 조직 생활에 관해서는 직접적인 간섭과 참여보다는 객관적인 조언을 해 주는 마음 자세를 가지는 것이 더 현명한 경우가 많다. 특히 군인의 경우는 대부분의 업무가 군사 비밀과 관련된 것이기 때문에 더욱 유의해야만 한다.

그렇다면 배우자는 구체적으로 어떠한 방법으로 내조와 외조를 할 것인가? 그 답은 배우자에게 힘을 실어주는 것이라는 Em-powering 하는 것이다. 저자는 임파워링 리더십 이론을 배우자의 자세에 적용해서 정리해 보았더니, 평소 저자의 이론과 딱 맞는 논리가 되었다. 이것은 내조와 외조를 통하여 배우자의 잠재력을 최대한 발휘하도록 기운을 북돋우어 주는 것으로써 Em-powering을 세부적으로 나누어 놓은 세 가지 요소인 Em-trust, Em-free, Em-passion에 적용하여 정리해 보고자 한다.

Em-trust는 신뢰를 통하여 잠재 역량을 육성하는 것이다.

배우자는 상대를 믿어줌으로써 모든 일에 자신감을 갖게 만들고 든든한 벽이 되어줄 수 있는 것이다. 배우자의 신뢰와 존경을 받는 사람은 조직 생활에서 자신의 업무에 매진하여 좋은 성과를 이루어낼 수 있다. 가화만사성(家和萬事成)이라고 하지 않는가! 가족의 신뢰를 받는 사람은 자신감이 충만해져서 모든 일을 긍정적이고 적극적으로 하게 된다. 또한 따뜻한 가정 분위기는 편안한 휴식을 제공해 주고, 생활의 에너지를 충전해 준다.

Em-free는 제약으로부터 해방시켜 주는 것을 의미한다.

이것은 배우자의 일상생활에 대하여 지나치게 간섭하지 않고, 직장의 일에 관해서는 지나치게 참견하지 않는 것이다. 일상생활에서는 배우자의 조언이 건전한 판단이나 문제 해결에 도움이 되겠지만, 업무의 성격에 따라서는 배우자와 공유할 수 없는 성격의 비문 사항도 많을 수 있다. 특히 공직자와 군의 업무는 대부분 기밀 사항이어서 더욱 그렇다. 배우자로부터 이러한 문제에서 자유로워질 때 사람은 진취적이고 적극적으로 행동할 수 있다. 배우자의 판단과 행동이 자신의 생각과 달라서 불만족스러운 부분이 있더라도, 대화를 통해 서로 간에 충실한 지지자이며 지원자로서 응원의 마음을 가져야 한다. 공직사회에서 배우자의 간섭에서 벗어나지 못하고 문제를 야기하고 확대된 사건들이 실제로 종종 발생하는 안타까운 사례들이 있다.

Em-passion은 지식과 열정을 제고시켜 주는 것이다.

배우자는 서로가 상대방의 정신적 · 체력적 · 재정적 · 아이디어 등의 부족함을 채워주는 동반자가 되어주어야 한다. 리더는 다양한 사람을 만나고 복잡한 업무를 담당해야 하므로 다방면의 상식과 지식이 필요하다. 독서, 방송, 지인들과의 만남에서 얻은 귀한 정보들을 식사 시간이나 함께하는 시간에 대화하는 가운데 서로 나누면 지식과 상식도 풍부해지고 업무를 하는 데도 큰 도움이 될 것이다. 또 힘들 때 위로와 격려를 해주고, 일을 잘할 때는 찬사를 보내주며, 건강식을 서로 챙겨주어서, 맡겨진 직책에 대한 열정을 잃지 않도록 독려해 주는 진정한 동반자 역할을 배우자는 잘할 수 있다.

원만한 가정생활은 즐겁고 보람된 사회생활의 기초가 된다. 상대방이 잠재력을 최대한 발휘하도록 기운을 북돋우는 것이 바로 내조와 외조이며, 보이지 않으면서 도움을 주는 손이 아름다운 손이다.

배우자뿐만 아니라 자녀들의 역할도 대단히 중요하다고 하겠다. 어느 부모나 자식의 일에 자유로울 수는 없다. 그러나 일그러진 가족 사랑으로 빚어지는 사회적 문제도 종종 메스콤에 회자되는 일들이 있다. 부모가 이룩한 영광을 자녀들이 송두리째 무너뜨리는 경우를 우리는 종종 보곤 한다. 역으로, 자녀들이 어렵게 이룩한 성취를 부모의 잘못된 처신으로 일그러지는 모습도 볼 수 있다. 이처럼 가족이란 일심동체로서 서로의 도움이 어디에서나 절대적으로 필요하다고 하겠다.

진급과 승진이란?

테레사 에어빌과 스티븐 크레이머의 「2010년의 가장 파격적인 아이디어들」에 나오는 이야기다.

…600명의 매니저들에게 설문조사를 실시하여, 직원들의 사기를 북돋우는 5가지를 순서대로 꼽도록 하였다. 그 결과 "인정, 보상, 개인적인 지지, 일이 진행되도록 돕는 것, 분명한 목표"의 순서였다. 그런데 무엇이 직원들에게 가장 큰 동기부여가 된다고 생각하느냐의 질문에는 "보상"이었다. 보상은 여러 가지 방법이 있겠지만, 가장 효과가 크고 좋은 방법은 진급과 승진이라고 할 수 있다.

어느 조직이든지 매번 진급과 승진의 발표 시기가 되면, 이것을 학수고대하는 이들과, 이를 주변에서 지켜보는 사람들의 초조한 마음을 절실히 느끼게 된다. 대부분이 자기 직분에 최선을 다했다고 자부하며 진급과 승진을 기대한다. 그리고 이를 곁에서 지켜보는 동료와 후배들도 자신에게 곧 닥치는 미래를 그리며 한마음 한뜻으로 응원의 마음을 전한다.

그러한 의미에서 진급과 승진은 과거에 대한 보상이자 미래에 대한 기대이다. 어느 조직에나 전반적으로 비슷한 분위기이고, 당사자들은 간절한 심정이겠지만, 특히 군은 진급의 결과가 눈에 보이는 계급장이 바뀌기 때문에 더욱 절실하게 느껴지기도 한다.

어떤 사람이 진급과 승진을 하게 되는가?

국가 전체적으로 보면 여러 조직 중의 하나이기는 하지만, 군의 경우를 예를 들어 보겠다. 저자는 5번이나 장군 및 영관장교 진급 심사위원 또는 심사위원장으로 참여한 적이 있다. 고급장교로 갈수록 정치적인 변수도 작용할 수 있지만, 기본적으로 진급에 대한 저자의 견해는 다음과 같다.

인간적으로 훌륭한 인품을 갖추고 있어서 꼭 진급될 것으로 예상하였지만 진급이 안 되는 사람도 있다. 반대로, 부하들로부터는 원성을 많이 받는 데도 진급이 되는 사람도 있다. 두 가지 모두 의외의 결과로 비춰지게 된다.

그런데 인품은 훌륭하지만, 업무능력이 부족한 사람과 인품상에서는 문제가 있지만 업무능력이 뛰어난 사람이 있다면 어떤 사람이 진급하게 될 것인가?

인품과 업무능력 모두가 꼭 필요한 중요한 자질임이 틀림 없다. 오랜 기간 많은 상급자와 주변인들의 평가를 누적하여 놓은 개인 자력표를 기준으로 하되, 최근의 공적도 중요시한다. 진급에는 군을 위해 헌신한 사람 가운데 다양하고 복합적인 요소들을 종합적으로 고려하여 삼심제(독립된 3개의 심사그룹에서 각각 별개로 평가하고, 그것을 통합하여 다시 최종 심의를 거치는 진급 심사 제도)를 통하여 선발된다고 할 수 있다.

진급 관련한 여러 중요한 요소들이 있다고 하겠다. 인성, 성실성, 업무능력, 결단력, 충성심, 그리고 때로는 안배와 행운까지… 조직의 리더가 성인군자는 아니지만 인간적인 신뢰와 착한 성품을 가진 사람을 원한다. 자신의 직분에 성실한 자세로 임하고, 효율성 있게 업무를 처리하는 능력을 보유한 사람은 상하의 신뢰를 받기 마련이다. 인간적이고 성실한 사람은 자신의 단점조차 장점으로 만든다.

그러나 좋은 인성과 성실성만으로 좋은 결과를 얻지 못할 때도 있다. 다시 말해 업무에 꾸준한 노력과 더불어 효율적인 업무처리 능력을 보유해야만 한다. 장기적인 관점에서 처리해야 하는 업무가 있는가 하면, 즉각적인 조치가 요구되는 업무도 있다. 그러므로 업무의 중요성과 우선순위를 따져서 효과적으로 처리할 줄 알아야 한다.

이러한 능력을 배양하기 위해서는 부단한 자기 계발을 통해 진취적이고 창의적인 자세로 업무에 임할 때 그만큼 진급과 승진의 가능성도 높아진다고 봐야 한다. 진급과 승진이 한두 가지 반짝이는 업무 성과로 되는 것이 아니다.

진급과 승진에 있어서 전체와의 조화로운 관계도 중요하다. 조화로운 관계는 업무 수행에 통합성과 대인관계에 유연성을 동시에 내포하고 있다.

본인의 업무만을 최우선으로 생각하여 다른 사람이나 조직을 배려하지 않는 이기적인 사람은 설령 자신의 분야에서 훌륭한 성과를 내더라도, 전체 조직의 융화 측면에서는 좋은 평가를 받기 어려울 것이다. 상급자는 자기 업무만 잘하는 간부보다는 조직의 업무 전체가 잘되도록 노력하고 협조하는 간부를 더 우수하게 평가한다.

포용력을 가진 사람과 독불장군식의 외골수적인 성향의 사람 중 누가 더 높게 평가받게 될지는 명약관화한 일이다. 포용력을 기르기 위해서는 사고의 유연성이 선행되어야 한다. 사고의 유연성은 다른 사람들이 나와 다른 생각이나 다른 행동을 할 수 있다는 가정하에, 그들이 가지고 있는 환경과 특성을 인정하고 이해하려고 노력할 때 길러질 수 있다. 이러한 성격을 가진 사람은 조직과 국가에 더 효율적으로 헌신할 수 있는 사람으로 평가받는다. 명령과 복종이 엄격하게 요구되는 군대

집단에서 이러한 유연성을 기르고 유지하기란 쉽지 않다. 그러나 노력을 통해 이러한 유연성을 기르는 데도 힘써야만 한다.

리더와 엘리트는 유사어로 생각되지만, 실상은 상당히 큰 차이가 있다. 엘리트는 리더가 될 수 있지만, 모든 엘리트가 다 리더가 되는 것은 아니다. 또한 리더라고 해서 모두 엘리트는 아니다. 엘리트는 자기 자신만의 발전을 위해 노력해도 되는 사람이지만, 리더는 부하와 조직의 발전을 위해 자신을 헌신해야 하는 사람이다. 상급 기관의 리더는 조직 내에서 엘리트 의식이 충만한 사람보다는 진정한 리더의 자질과 모습을 보이는 사람을 선호한다.

진급과 승진은 본인의 노력과 업적의 결정체라고 할 수 있다. 진급과 승진이란, 파도처럼 밀려오는 무수히 많은 과제를 성공적으로 수행하는 가운데, 고난과 역경을 헤쳐 나가면서 뒤로 밀쳐놓은 자신의 성과 위에 올라와 있는 모습이라고 보아야 할 것이다. 이처럼 진급과 승진은 현재까지 노력한 결과에 대한 보상임과 동시에, 차후 활용할 곳이 분명히 있는 그 분야의 전문가에게 주어지는 것이다.

아이젠하워는 "아침에 해가 뜨는 것이 당연하듯이 일을 잘하는 사람이 진급되는 것은 당연하다. 허울뿐인 명성과 겉만 그럴듯한 행동, 말만 앞서는 언행, 그리고 내실 없는 업적 등은 금방 밝혀진다."라고 말했다.

앞에서 언급한 인성, 성실성, 업무능력, 조화로운 관계 등의 요소 이외에도 많은 특성들이 진급과 승진에 영향을 미칠 수 있을 것이다.

조직의 성격에 따라서, 때로는 임명권자의 독단적인 결정에 의한 것도 있을 수 있지만, 일반적이고 상식적인 진급과 승진은 노력과 열정의 결과물이라는 것에는 이의가 없을 것이다. 여기에 행운이 더해진다면 금상첨화가 될 것이다.

물론 비합리적이고 불공정한 진급과 승진의 사례도 광범위한 우리 사회의 어느 곳에서는 이루어지고 있는 곳도 있다고 생각한다. 그러나 대다수의 조직에서는 진급과 승진 관련하여 합리성과 공정성이 주류를 이루기 때문에, 조직원들의 장래가 결정되는 진급과 승진이라는 중대한 결정에 있어서, 비록 당장 안 되는 일이 생기더라도, 노력과 열정의 결과는 어떤 방식으로든 그 사람을 성공의 반열에 놓이게 만들어 줄 것이다.

위의 예들은 군의 사례를 위주로 언급하였지만, 모든 공조직에서도 대동소이하리라고 생각된다.

합리적인 체계가 갖추어진 사기업에서도 이와 같을 것이다. 만약 불합리한 경우를 당하였거나, 그러한 것을 주변에서 보았다면 실망이 클 것이다. 그래서 자신이 임명권자가 된다면 어떻게 하겠다는 자기의 신념은 분명히 정립하고 있어야 한다. 그래야 사회가 건강하게 발전할 수 있을 것이다.

세계적인 대기업들이 사적인 인사보다는 능력 있는 경영인을 후계자로 양성하여 임명하는 사례는 점차 늘고 있다. 우리나라 기업이나 사립대학 중에는 아직도 공과 사가 분명치 않은 사례가 잔존하고 있는 것이 사실이다. 그러나 선견지명이 있는 기업가들은 합리적이고 현대화된 조직문화를 만들고자 노력하고 있다.

3

강약을 조절하는 지휘 통솔법

인간공학자 카벳 로버트(Cavett Robert)는 "당신이 종사하고 있는 분야가 어떤 종류이든, 당신이 직업을 얻고, 그 일을 계속하며, 그 분야에서 남보다 앞서갈 수 있는 이유의 15%는 당신이 알고 있는 기술과 지식 덕분이다. 그러나, 당신이 직장을 얻고, 그 직장에서 승진되는 이유의 85%는 사람을 다루는 기술과 지식에 있다."라고 하였다. 개개인의 사람을 다룰 줄 아는 것도 어려운 일인데, 하물며 다양한 많은 사람들로 이루어진 조직을 다루는 문제는 더욱 어렵고 힘든 일임이 분명하다.

미국 생물학자이며 농업경제학자인 조지 워싱턴 카버(George Washington Carver)는 "인생이 얼마나 멀리 뻗어나갈 것인지는 자신이 젊은이들을 얼마나 부드럽게 대하고, 나이든 사람들을 얼마나 자비로 대하며, 애쓰는 사람들을 얼마나 칭찬의 말로 대할 것인지, 그리고 약자와 강자를 얼마나 관대하게 대할 것인지에 달려 있다. 왜냐하면 당신도 사노라면 언젠가는 이런 사람이 될 것이기 때문이다."라고 하였다.

영국 소설가 조지 오웰(George Orwell)은 "모든 세대는 자신이 이전 세대보다 더 똑똑하고, 다음 세대보다 더 현명하다고 생각한다."라고 하였고, 헤밍웨이는 "나이가 들었다고 현명해지는 건 아니다."라고 하였다. 이처럼 특별한 노력 없이 나이와 경험만으로 똑똑해지고 현명해지기는 어려울 것이다.

리더는 조직원들이 어떤 사람이든, 조직의 목표를 향하여 같이 힘을 쏟도록 만들기 위해 장점을 발견하여 칭찬해 주고, 부족한 점을 찾아 보완시키면서 함께 나아가는 역할이 중요하다. 그래서 모든 조직은 리더십을 잘 갖춘 리더를 필요로 한다. 없는 기술과 지식을 남에게 줄 수는 없는 것이다.

동맥과 정맥이 힘차게 계속 뛰는 조직

리더는 자신이 지휘 통솔하는 조직을 시스템에 의하여 업무가 추진되는 조직, 지휘 조직과 참모 조직이 동시에 가동되는 조직, 말단 하위관리자가 함께 뛰는 조직으로 만들어야 한다. 곧 전체 조직이 유기적으로 살아서 움직이도록 리더십을 발휘해야 한다.

기계 시스템은 접촉선 중 어느 한 곳만 단절되어도 작동이 중지된다. 그래서 기계는 고장 난 것을 금방 알게 되고 그 원인을 찾게 된다. 이처럼 고장 사실과 그 원인을 즉각적으로 파악이 가능하도록 업무 채널을 기계적 시스템처럼 구성해 놓아야 한다. 조직체는 많은 인원과 부서로 구성된 시스템이기 때문에, 각 인원과 부서가 제자리에서 제 몫을 다 할 때에만 효과적으로 작동한다. 어느 한 부서라도 역할을 하지 못하면 조직의 유효성은 떨어진다. 따라서 고장 난 부서가 생겼을 때 이를 즉각 발견할 수 있는 장치가 마련되어 있어야 한다.

그러한 장치 중의 하나가 보고 체계의 확립이다. 일상적인 업무 이외의 주요 상황은 리더에게 최단 시간에 보고되도록 해야 한다. 즉각 보고 체계 확립을 위해 주요 직위자들의 통신 수단은 항시 대기하는 것을 생활화해야 하고, 리더에게 가감 없이 보고되어야 한다. 상황에 따라서 '선조치 후보고'할 것도 있지만 그것은 응급조치이며, 위임된 권한 범위 내의 결정과 행동이고, 전체적인 판단과 조치는 리더와 지휘관이 보고자의 의견을 참고하여 결정하는 것이다.

리더 또는 참모만 열심인 조직은 결실이 없고 힘들기만 하다. 어떤 부서 인원들은 밤샘 근무를 하는 데, 다른 부서 인원들은 손을 놓고 있어도 되는 조직은 업무 분담 편성이 잘못된 조직이다. 조직의 일은 어느 한 부서의 노력으로만 되는 것이 아니다. 필요해서 여러 부서가 만들어진 것이므로 직무분석을 하여 부서 간의 업무를 정밀하게 분담해 놓아야 한다. 리더는 잠들어가는 조직을 찾아서 깨워야 한다. 맑고 명석한 눈과 두뇌로 자기의 업무에 집중하도록 만드는 것이 리더의 역할이고 능력이다. 조직원을 일깨우는 방법은 얼마든지 있다. 경쟁의식을 높이고 사기를 올려주면서 성과에 따른 보상을 해주면 일하는 자세가 빠르게 변한다.

조직은 모든 구성원이 동참 의식을 갖고 적극 참여할 때 일이 잘 되고, 일할 맛도 나게 된다. 동맥과 정맥이 모두 힘차게 뛰는 조직을 만들어 놓으면 일을 잘 하자는 분위기가 조성된다. 대화와 토의를 통해 같이 결정하고, 함께 행동하는 동참 의식도 증가한다. 합리적으로 조직을 운영하면 불평불만이 줄어들고 맡은 일에 대한 책임감이 증가한다. 리더가 멸사봉공의 정신으로 솔선수범하면 조직원들은 자기가 속한 조직을 사랑하는 마음이 증가한다. 조직원의 동참 의식과 책임감이 증가하면 자연히 일에 적극적으로 참여하게 된다.

예를 들면, 군에서는 중대장 이상을 지휘관이라 하고, 그 이하 제대의 간부는 지휘자라고 한다. 하급 제대 리더인 지휘자들이 자신감을 가지고 적극적으로 활동하게 만들어야 하는데 이들의 활동은 지휘관의 활용도에 따라 결정된다. 이들에게 업무 부여는 창의적 재량을 바탕으로 하되 구체적이어야 한다. 그렇게 되기 위해서는 육하원칙에 따라 임무를 부여하고, 부여할 과제가 결정되면 요망 목표와 수준을 설정하여 로드맵을 제시해야 한다. 그런 다음 결과 보고를 받고, 다시 재확인하는 절차를 준수해야 한다. 분대장은 준(準) 부사관으로 활용하는 것이 좋다. 분대장은 병사들의 세계를 가장 자세하게 파악하고 있으며, 내무생활에 있어서 가장(家長)의 역할을 담당하는 존재다. 따라서 병영생활의 악·폐습 근절의 핵심 역할을 할 수 있다.

시스템이 강한 조직이 곧 생산성이 높고 전투력이 강한 조직이 된다. 모든 부서가 빠짐없이 가동되고, 구성원들이 자신의 역할에 대한 가치와 보람을 갖고 적극 동참할 때 승리하는 조직이 된다.

이것의 대표적인 성공 사례가 있다.

저자가 군수사령관으로 재직 시, 군수의 7대 기능과 군수 관련 7개 병과의 업무를 획기적으로 향상시킨 사례다. 일명 "군수 세븐 업 운동"을 전개하였다. 군수사령부 예하 **사령부와 수 개의 **창, 종합**창과 특수**창, 종합 **창과 지역별 **창 등 전국에 분산 배치 운영되고 있는 다양한 조직의 구석구석에 알게 모르게 업무의 침체된 부분을 찾기로 하였다. 전 부대원들이 자기가 하고 있는 업무에 대한 분석평가 후 제시한 의견과 아이디어를 받아서 구체적인 과제로 만들어 냈다. 참신한 과제와 아이디어를 제시한 장병과 군무원들에게 적절한 포상을 하였다. 그리고 도출되어 선정된 과제에 대한 혁신적인 해결 방안을 토론하고, 구체적 방법을 결정하였다. 사령관부터 말단 실무자까지 한마음으로 과감히 추진함으로써 생산성을 크게 높이면서, 예산을 획기적으로 절감하는 효과를 거두었다. 그 결과 군에서는 최초로 국가 생산성 본부로부터 "국가생산성향상 미래경영부분 대상"을 수상하였고, 추가하여 대통령 부대표창도 수상하였다.

모든 조직에는 에코 시스템(Echo System)이 필요하다.

메아리 없는 아우성은 의미가 없다. 한쪽에서 말을 꺼내면 상대방의 응답이 있어야 대화가 된다. 집단은 구성원들 간에 상호작용이 활발해야 살아 있는 조직체가 된다. 상호작용이란 주고받는 것이다. 위에서 아래로, 또 아래에서 위로, 그리고 인접 부서 사이에 서로 주고받는 활동이 활발한 집단이 생동감 넘치며 활기차고 발전성이 있다.

기업이나 부대 지휘에서도 마찬가지이다. 명령이나 지시가 하달되었으면 전달 여부와 시행 결과가 보고되어야 한다. 우리나라의 전통 예절에도 "외출하기 전에 부모님께 행선지를 고하고, 돌아와서는 반드시 귀가했음을 뵙고 말씀드려야 한다(출필고 반필면, 出必告 反必面)."라고 했다.

상부의 지시는 정확하게 해당 부서와 담당자에게 전달되도록 하고, 리더의 지시는 시행 후에 반드시 종결 보고가 이루어지도록 하는 피드백 시스템이 가동되도록 해야 한다.

리더의 결재가 난 지시 사항이 사문화(死文化) 되어 방치한다든가, 시행되었지만 리더에게 종결 보고 없이 자체 종결되는 일이 일어나서는 안 된다.

1단계 하급 제대 리더는 상급 제대에서 보낸 지시 사항에 대해서 반드시 에코 시스템이 적용되도록 해야 한다. 예를 들어 주요한 과제나 시급한 과제는 접수하여 시행 중임을 보고하고, 시행 결과를 즉각 유선 지휘 보고와 차후 문서 보고를 해야 하며, 보통의 시간이 요구되는 과제는 시행 후 정상적으로 지휘 보고가 이루어지도록 해야 한다.

에코 시스템은 전방위적이어야 한다. 상부에서 내려간 지시는 하부에서 이행 결과 보고가 상부로 되돌아와야 하고, 마찬가지로 하부에서 상신된 건의 사항은 상부에서 조치 결과가 하부로 내려가야 한다.

또한 조직 내에서도 필요한 정보를 적시에 관련자에게 공유하는 것을 잊지 않아야 한다. 인접 부서에서 전파된 협조 사항은 협조 결과를 반드시 보고해 주어야 한다.

이와 같이 사통팔달의 상호작용이 이루어지는 조직은 정보 공유와 의사소통에서 막히는 것이 없고, 조직 활동이 활발하여 동력이 넘치게 된다.

민원이 제기된 사안을 실무자가 본인의 책상 서랍에 넣어두고 잊어버리거나 묵살하는 사례들이 공직사회에 종종 있다. 이것은 국민의 신뢰를 저버리는 대표적인 사례가 되는 것이다. 막힘없는 상하 인접의 의사소통과 협조는 조직의 신뢰 유지와 발전에 대단히 중요한 몫이다.

즐거운 마음으로 일할 수 있는 조직

어려운 일이라도 마음이 통하면 즐겁게 할 수 있다. 자발적인 동기가 형성되면 하는 일이 힘들게 느껴지지 않는다. 임무를 부여할 때는 동기유발을 위해 심리적인 면을 백분 활용하는 것이 좋다. 일의 성격과 상황에 따라서 기계적으로 임무를 부여할 수도 있지만, 심리적으로 임무를 부여하면 더 효과적이다.

기계적 임무부여는 조직의 상부에서 주도해서 일을 시작하는 것이다. 즉 상부에서 비전을 만들고, 계획을 세우며, 작업을 할당하는 것이다. 이것은 정보와 자원을 제공하고 장애를 극복해 나가는 과정이 중심이 되는 임무이다. 이런 임무는 통상 조직의 목표와 일치하는 방향으로 권한을 위임하는 것이 좋다.

심리적 임무부여는 구성원이 갖고 있는 자발적 욕구에 대한 인식과 자극에서 시작한다. 사람은 자기가 좋아하는 것, 잘하는 것, 중요하다고 생각하는 것을 할 때 자발적인 동기가 유발된다. 따라서 다양한 심리적 메커니즘을 동원하여 자발성을 자극해야 한다. 자기 효능감을 가지고 잘할 수 있다는 확신을 키워나갈 때 사람들은 능동적으로 임무에 임하게 된다.

여러 사람이 함께하면 어려운 일도 쉽게 할 수 있다. 그것은 같은 배를 탄 동료, 그리고 조언자가 있기 때문이다. 이것이 곧 팀워크이다. 어렵고 힘든 임무를 수행할 때 리더와 참모는 방향을 잡아주고, 구성원은 열심히 노를 젓거나 자기 앞의 상황을 처리하면서 고난과 역경을 극복하여 목표를 달성하는 기쁨을 함께 나누어야 한다.

동고동락하면 팀워크가 강해진다. 오자병법을 저술한 오기 장군은 부하들과 생사고락을 몸소 실천한 장수로 유명하다. 그는 가장 말단의 병사가 입는 군복을 입고, 그들과 같은 음식을 먹었으며, 잠자리도 별도로 마련하지 않았고, 행군할 때는 같이 걸었다. 부하의 몸에 종기가 나자 자기 입으로 고름을 빨아주었다. 부하들은 오기 장군에게 충심으로 일심동체라는 생각을 가졌고, 오기 장군이 이끄는 부대는 백전백승하였다. 이런 사례가 모든 경우에 적용될 수는 없겠지만, 리더의 솔선수범과 인간적인 따뜻함을 보여주면, 조직원들이 감동하여 팀워크를 잘 발휘할 것이다.

기업, 공공조직, 그리고 군대라는 배를 타고 항해하는 공동 운명체의 일원으로 일할 경우, 리더가 칭찬하는 것은 부하의 임무 수행에 윤활유가 된다. "칭찬은 고래도 춤추게 한다."라고 하지 않는가? 냉철한 지시를 하면서도 상황에 맞게 칭찬하여야 한다.

미국의 소설가이며 신문과 월간잡지 편집자인 에드거 워슨 하우(Edgar Watson Howe)는 "인생의 가장 큰 불행은 열화같은 박수갈채를 기대하고 열심히 일했지만, 칭찬은 커녕 비난만 받는 것이다."라고 하였다. 칭찬받는 조직은 전투력과 생산성이 우수하다. 즐거운 마음으로 웃으면서 각자의 임무를 수행할 때 활기 넘치는 분위기 조성이 가능해진다.

그런데, 칭찬하는 데에 있어서 대단히 중요한 점이 있다. 칭찬은 받아야 할 사람에게 진정성 있게 하면 효과가 크지만, 만약 그것이 의도적인 기교라는 것을 느끼게 되면, 오히려 역효과를 보게 될 것이다.

감정은 전염성이 강하다. 행복감도 전염되고 공포심도 전염된다. 특히 리더의 감정은 순식간에 조직 전체의 분위기를 좌우한다. 리더가 침울하면 조직 분위기가 가라앉고, 리더가 화를 내면 조직 전체가 불안해지며, 리더가 즐거우면 조직 분위기가 살아난다. 신바람 나는 조직원들은 어려운 일도 즐거운 마음으로 하게 된다. 그러므로 리더가 팀의 분위기를 이끌고 가는 것이 중요하다.

건전한 불평불만은 잘 활용해야 한다.

암(癌)이라는 한자에 대하여 분석적으로 뜻풀이를 해놓은 것을 어느 칼럼에서 본 적이 있다. 입이 3개가 모여서 이루어진 글자인 품(品) 자와, 질병이란 뜻의 녁(疒) 자, 그리고 사람이 죽어서 가는 곳인 산(山)자로 구성되어 있다는 것이다. 그래서 불평불만을 많이 하는 것은 좋지 않다는 의미였다.

조계종 제9대 종정인 노천당 월하 대종사의 유영집인 「무영수(無影樹)」라는 책에 "입 밖으로 나온 말은 화살과 같으니 경솔하게 함부로 내뱉지 말라. 한 번 사람의 귀에 들어가고 나면 힘이 있다고 하더라도 빼내기 어렵다(언출여전 불가경발 일입인이 유력난발, 言出如箭 不可輕發 一入人耳 有力難拔)."라는 글이 있다.

좋은 말이건 나쁜 말이건 일단 입 밖으로 나와서 남의 귀에 들어가면 그 사람의 뇌리에서 지울 수가 없다. 특히 불평불만이나 나쁜 말은 더더욱 사람들의 뇌리에 깊이 박힌다. 그러므로 불평불만만 하기보다는 불만이 있으면 이를 해결할 방안을 찾아서 건설적으로 건의하여 함께 해결하는 것이 좋다. 또한 조직의 지도층에서는 이것을 긍정적으로 수용하고 검토하여 좋은 대안을 만드는 문화를 조성해야 한다.

사공이 많으면 배가 산으로 간다고 했다. 말만 많고 실천이 없는 것, 즉 NATO(No Action Talk Only)는 세상을 변화시킬 수 없고 어떤 일도 이루기가 어렵다. 리더 자신은 물론이고, 조직원들이 건설적이지 못한 말만 많이 하는 분위기는 바람직하지 않다.

말이란 생각과 감정을 그대로 전달하는 수단이므로, 리더 자신이 상관이나 동료 또는 하급자에 대해서 조직원들 앞에서 순화 과정 없이 불평불만을 해서는 안 된다. 특히 하급자들은 리더가 말하고 행동하는 모습을 보면서 그대로 따라 배우기 때문에, 비생산적인 불평불만보다는 항상 대안을 제시하며 토론하는 문화가 요구된다.

어려운 상황일수록 리더는 올바른 방향을 제시하면서 조직원들의 자발적인 참여를 유도하는 합리적인 문화를 만들어주어서, 부하들에게서 불평불만이 나오지 않도록 해야 한다. 일관성이 없거나 불명확한 지시는 조직원들이 불평불만을 하게 된다. 따라서 명령과 지시는 분명해야 하고, 사안에 따라서는 구체적이어야 한다. 리더는 몸소 언행일치를 실천하면서 명령과 지시의 이행 상태를 확인 점검 해야 한다. 대안 없는 불평불만은 조직이 방향 감각을 잃게 된다. 방황하는 조직은 생산성이 저하되고 전투력만 손실된다.

불평불만을 하지 않도록 하는 캠페인을 벌이는 것도 좋은 방법이다. 독일에는 "No Whining" 캠페인이 있다. Whining이라는 말은 칭얼거린다는 뜻의 독일어이고, 영어로도 투덜댄다는 의미다. "말단 직장인은 상사나 마음이 안 맞는 동료에 대해 불평과 불만을 하면서 커간다."라는 말도 있기는 하다. 그러나 불평불만은 결국 조직을 붕괴시키는 촉매제 역할을 한다. 독일의 한 기업체는 과거부터 관습처럼 자행되어 오던 직장 내 동료나 상사에 대한 불평불만을 하지 말자는 캠페인을 벌여 새로운 기업문화를 창출하였다.

아무리 잘하려고 하여도 불평불만이 전혀 없는 조직이란 상상할 수 없다. 누구에게는 기쁨이 되는 일도 누군가에게는 불편한 일이 될 수 있는 것이 인간사이기 때문이다. 따라서 불평불만의 근본적인 원인을 만들지 않는 것이 최선이지만, 그래도 생기는 불평불만에 대해서는 리더가 귀를 기울여야 한다. 원인과 과정을 잘 살피고, 그것을 해소해 주려는 노력과 함께 자초지종의 성의 있는 설명이 필요하다. 불평불만 속에는 리더가 미처 파악하지 못한 건설적인 사항들도 많이 있을 수 있다. 이것을 놓치면 리더의 무관심이 되고 불평불만은 더욱 쌓이게 될 것이다.

의지도 중요하지만, 결과가 더 중요하다.

기업가이면서 작가인 메리 크로울리(Mary Crowley)는 "우리는 모든 것을 자유롭게 선택할 수 있다. 그러나 일단 선택하고 나면, 그 선택은 선택한 사람을 조종하게 된다."라고 하였다. 우리는 직업도 선택이고, 맡게 되는 일도 자신의 선택이 반영된다. 일단 선택하여 추진하기 시작하면 그 일에 열중하게 된다.

그러나, 의지를 굳게 갖고 아무리 열심히 노력해도 목표를 이루지 못하면 성공했다고 할 수 없다. 그래서 단계적인 준비와 부단한 실천이 필요하다. 생각(의지)했으면 목표에 도달할 수 있는 확실한 계획을 먼저 만들어야 한다. 또한 아무리 훌륭한 계획이라도 실천되지 않으면 행정 업무만 늘어난다. 따라서 목표를 향한 치밀한 로드맵을 세우고, 신속하고 유연성 있게 실천하고, 변화하는 상황에 잘 대처하면서 목표를 달성해야 한다.

영국의 철학자 버틀런트 러셀은 "우리의 고민은 어떤 일을 시작했기 때문이 아니라, 무엇을 할까 말까 망설이는 데서 더 많이 생긴다. 이렇게 해야 하는가 저렇게 해야 하는가 하면서 오래 붙들고 앉아 생각한다고 해서 문제 해결에 도움이 되는 것은 없다. 무엇을 할 것인가를 결심하는 것이 중요하다. 미리 실패를 두려워할 필요는 없다. 성공이냐 실패냐는 하늘이 알아서 결정할 것이다. 모든 일에서 망설이기보다는 불완전하더라도 시작하는 것이 성공에 더 가까이 가는 길이다."라고 하였다.

좋은 생각은 대체로 많은 생각의 결과로 나온다. 뉴턴은 사과가 떨어지는 것을 보고 만유인력의 법칙을 발견하였다는 말이 있다. 뉴턴은 물체 간의 인력에 관한 문제를 연구하고 있었다. 날마다 줄곧 인력 문제에 골똘해 있었다. 아마도 그는 식사 중에도, 화장실에 앉아서도, 잠을 자다가도 이 생각뿐이었을 것이다. 그러던 어느 날, 그날도 정원에 앉아서 인력 문제를 생각하고 있는데, 눈앞의 사과나무에서 사과가 떨어지는 것을 보았다. 이런저런 생각을 하다가 그는 그 사과가 왜 옆이나 위가 아니라 아래로만 떨어지는가를 생각하게 되었다. 여기에서 힌트를 얻은 그는 마침내 만유인력의 법칙을 발견하게 된 것이다.

우리는 일상생활에서 생각을 골똘히 하다 보면 해결책이 꿈에서도 나타나는 경험을 해보았을 것이다. 벤젠이라는 유기 화학 물질의 고리 구조 방정식을 발견한 독일의 화학자 프리드리히 폰 케큘레는 꿈속에서 벤젠의 구조 방정식을 발견하는 실마리를 얻었다고 한다. 벤젠은 탄소 원자 6개와 수소 원자 6개로 구성되어 있다. 탄소 원자는 4가이고 수소 원자는 1가이기 때문에 일렬로 늘어놓는 식의 구조 방정식의 관점에서 보면 벤젠이라는 물질은 이 세상에 존재할 수 없는 것이었다. 이 풀리지 않는 문제를 골똘히 생각하다가 그는 난로 옆에서 졸게 된다. 꿈속에서 탄소 원자와 수소 원자가 연결된 긴 사슬들이 뱀처럼 움직이고 있었다. 그런데 그중 하나의 뱀이 꼬리를 물고 빙빙 도는 것이 보였다. 꿈에서 깬 케큘레는 꼬리를 물고 돌던 뱀을 생각하면서 벤젠의 구조 방정식을 고리형으로 만들어 보았다. 이렇게 하면 탄소들끼리는 하나는 단일 결합, 다른 하나는 이중 결합, 그리고 산소와는 단일 결합을 이루는 그런 모양이 되는 것이다. 그래서 탄소 원자 6개와 수소 원자 6개로 구성되는 물질이 존재 가능하다는 것이 설명된 것이다.

기업, 공공조직, 부대 지휘도 마찬가지이다. 항상 조직과 조직원을 생각하면 좋은 아이디어가 구상된다. 그것이 잠자다가도 떠오르면 즉시 일어나서 머리맡에 놓아둔 메모지를 이용하여 기록해야 하고, 차를 타고 가거나 화장실에서라도 잊지 않도록 메모하는 것이 좋은 방법이다. 성공하는 리더가 되기 위해 무엇을 어떻게 할 것인가를 생각하고 또 생각하면 결국은 좋은 아이디어와 해결책이 탄생하게 되어 있다.

행동으로 열심히 노력해도 유의미한 결과가 없으면 성공이 될 수 없다. 리더가 개념 없이 부지런만 떨면 조직원은 힘들고 그 조직은 존재 가치를 상실하게 된다.

유머 섞인 일설에 의하면, 리더의 등급은 다음의 4단계로 구분된다고 한다. 일리 있는 평가라고 본다.

- 최상급의 리더는 올바른 개념을 가지고, 부지런하고 실행력이 있는 자다.
- 중급 리더는 개념은 올바르지만, 실천력이 미약한 자다.
- 하급 리더는 개념도 없고, 게으르기까지 한 자다.
- 최하급의 리더는 개념이 올바르지 않은데, 마냥 부지런하고 행동력이 강한 리더다.

최하급 유형의 리더가 지휘하는 조직은 되는 일도 없으면서 사람만 힘들게 하여 조직을 총체적으로 피폐하게 만든다.

부하 자신의 가치를 인식시켜라.

부하들에게 가치 있고 특별한 존재로 느끼게 해주면 해줄수록 부하 역시 리더에게 더 좋은 반응을 보인다.

피그말리온 효과(Pygmalion effect)라는 말은 그리스 신화에서 유래한 것이다. 키프로스의 조각가인 피그말리온은 여성을 혐오했다. 주변 여성들의 추한 모습을 많이 보았기 때문이다. 그는 상상 속에서 자신이 그리고 있는 아름다운 여인을 조각하였다. 그런데 그 조각품이 너무나 아름다워서 점점 이 조각상을 깊이 사랑하게 되었다. 마침내 조각상에 대한 사랑에 푹 빠진 피그말리온은 아프로디테의 제전(祭奠)을 맞이하여 조각상 여인을 살아있는 사람으로 만들어 달라고 소원을 빌었다.

피그말리온의 지극한 소원에 감동한 아프로디테는 그의 소원을 들어주었다. 집으로 돌아온 피그말리온이 조각상에 입을 맞추자, 조각상은 실제 여인으로 살아났고, 피그말리온은 그녀와 결혼하게 된다. 이 신화는 사람이 진심으로 최선을 다하면 이루어진다는 가능성을 보여 주고자 하는 이야기다.

미국의 유명한 심리학자인 로젠탈(T. L. Rosenthal)이 피그말리온 효과를 실험적으로 증명해 보였다. 학기 초에 초등학교 담임선생님에게 담당 학생 중에 누가 지능검사 점수가 높고 누가 낮은지를 알려주었다. 그런데 이 지능 점수는 그 학생들의 실제 지능검사 점수가 아니었다. 로젠탈 박사가 학생들의 지능 점수를 실험 목적상 무작위적으로 불러주었다. 그러나 결과를 보면 놀랍게도 학생들의 학기 말 성적이 담임선생님이 알고 있는 학생의 지능 점수와 일치하게 나오더라는 것이다. 담임선생님이 지능이 우수하다고 알고 있는 학생의 성적은 높게 나오고, 지능이 낮다고 알고 있는 학생의 성적은 낮게 나온 것이다.

담임선생님의 기대가 그 학생으로 하여금 그 기대에 맞추어 행동하도록 만든 것이다. 리더가 부하직원에게 긍정적인 생각을 갖고 있다는 뜻을 전달하게 되면, 부하직원은 리더의 그러한 긍정적인 기대에 부응하려는 마음을 갖게 되고, 그 방향으로 더욱 노력하는 행동을 보이게 된다.

부하직원에게 긍정적인 기대를 전달하는 방법은 여러 가지가 있다. 그중 하나는 부하직원의 말을 경청하고 인정하는 마음 자세를 갖는 것이다. 세상에서 가장 힘든 것이 '경청'이라는 말도 있다. 자신이 하고 싶은 말을 잠시 접어두고, 부하직원이 하고자 하는 말에 귀를 기울여야 한다.

또 가능한 한 부하직원의 이름을 불러주는 것이 좋다. 귀에 가장 달콤한 소리는 자신만이 가지고 있는 고유의 소리, 바로 자신의 이름이다. 관심을 가지고 이름을 불러주고 진정으로 생각해 주면, 부하직원도 느끼게 된다. 그리고 그 부하직원은 자신의 존재 가치가 향상된다는 생각을 갖게 된다.

부하직원이 어떤 질문을 해오면 잠깐 생각하는 시간을 가진 뒤에 대답하는 것이 좋다. 질문에 대해 답변을 위한 시간을 갖는다는 것은 질문에 대해 가치를 부여해 주는 것을 의미한다.

조직 속에 들어 있더라도 각 개인에 대한 관심을 항상 유지해야 한다. 조직에서 인정받고 존중받아야 할 존재는 바로 부하 개개인이다. 존중과 배려는 무한대의 생산성과 전투력을 창출한다.

'쓴소리'를 '단소리'로

정적(政敵)에게도 쓴소리의 공격을 세련된 화법으로 날리면서, 하고 싶은 말을 다 한 사례도 있다.

존슨 대통령이 "포드는 돌대가리다."라고 하고 싶었는데, "포드는 매우 좋은 사람이다. 그러나 그는 유감스럽게도 헬멧을 쓰지 않은 채 미식축구를 너무 많이 했다."

로스 페로는 "클린턴이야말로 최고의 거짓말쟁이다."라고 하고 싶을 때 "다른 사람은 몰라도 클린턴에게서 거짓말쟁이라는 말을 들으니 정말로 신기한 기분이 들었다."

그리고 레이건은 "포드가 내숭 떠는 꼴 보는 게 역겹다."라고 하고 싶을 때 "포드의 겸손함은 완벽하다. 당연한 일이긴 하지만." 이런 유머로 신랄하면서도 듣는 이에게 모욕감을 주지 않게 표현하였다. 이 말을 들은 국민들은 큰 불쾌감을 받지 않으면서 그 뜻을 다 알았다고 한다.

LSA 대표로 성공학 칼럼리스트인 이내화 씨는 "모든 사람에게 공짜로 주어지는 것이 '시간과 말'이다. 시간을 잘 활용하면 인생이 달라지고, 말은 어떻게 하느냐에 따라 천 냥 빚을 갚을 수도 있고, 남의 마음을 받을 수도 있다."라고 하였다.

말은 아껴 쓰고, 꼭 필요할 때는 듣기 좋은 단소리만 하면 좋을 것이다. 그러나 조직을 지휘 통솔하는데 단소리만을 할 수는 없다. 관건은 쓴소리를 해야 할 때에도 단소리처럼 상대방에게 상처를 주지 않으면서 효과가 있는 말을 찾아서 해야 하는 것이 리더의 기술이고 인품이 될 수 있다는 것이다.

부하직원을 통제하는 방법으로 상과 벌의 두 가지가 있다. 상의 방법도 다양하고, 벌의 방법도 여러 가지가 있을 수 있다. 상은 받는 사람의 기분을 좋게 만드는 반면, 벌은 받는 사람의 기분을 상하게 만든다. 그래서 가능하면 상으로 부하직원을 통제하는 것이 더 낫다. 맞는 말이다. 그러나 상은 주어야 할 사람에게 주어야지 상의 대상이 뒤바뀌면 상을 받지 못한 사람뿐만 아니라 조직 전체 인원들의 사기를 오히려 떨어뜨리는 부작용도 있다.

사회가 민주화되고 인권이 신장 되면서 상에 대한 강조가 너무 많다 보니, 벌은 무용하고 나쁜 것으로 치부되는 경향이 있다. 물론 상과 칭찬만으로도 통제가 잘 된다면 굳이 벌을 사용할 필요는 없다. 그러나 벌 이외에는 다른 통제 수단이 없는 경우도 있다. 그럴 때는 벌과 쓴소리를 사용해야 한다. 그러나 벌은 사람의 기분을 상하게 하고 경우에 따라서는 그 사람의 장래 진출에 지장을 주게 만드는 것이므로 신중하게 사용해야 한다. 그래서 '쓴소리'와 '꾸중'이 더 어렵기 때문에 화법의 기술이 필요하다.

존경받는 리더는 현명한 꾸중의 기술(skill)을 갖고 있다. 꼭 꾸중해야 할 때라도 효과적으로 해야 한다. 꾸중도 교육의 일부이므로 빠르고 분명하며 강한 메시지로 전달하는 것이 좋다. 꾸중은 핵심만 간단히 해야 한다. 그리고 규정과 규율 안에서 실시해야 한다. 소리를 지르거나 폭력적, 공격적인 행동은 금기 사항이다. 꾸중도 대화의 하나이므로 대화 예절을 준수해야 한다. 꾸중은 다른 부하직원과의 관계에도 영향을 준다는 사실을 유념해야 한다.

분명한 내용을 전달해야 한다. 즉, 잘못한 부분만 지적하되 인격적인 비난은 삼가야 한다. 지적받는 사람의 입장은 잘못한 부분에 대해서 질책을 받고 그 잘못된 부분만 고치면 되는 것이다. 그런데 인간 전체를 싸잡아 비난받으면 그 사람은 설 자리가 없어진다. 그래서 꾸중할 때의 방법은 "너는 이것을 이렇게 잘못했다."라는 식으로 해야 한다. "너는 왜 사람이 그 모양이냐?"라든가 "너는 근본적으로 안 돼 먹었어."와 같은 방식의 비난은 절대 금물이다.

현재의 잘못을 얘기하다가 과거의 잘못까지 끄집어내어 함께 비난하는 것은 삼가야 한다. 그렇게 되면 자기 상관은 과거에 잘못한 모든 일을 끝까지 기억하는 사람이라고 생각하게 되고, 이렇게 되면 부하는 상관과의 인간관계는 끝났다고 생각하게 된다. 한번 꾸중한 일은 그것으로 끝내버려야 한다. 지적 사항이 시정되면 그것으로 그 일은 종결해야 한다. 그래야 잘못을 저지른 사람도 새로운 시작을 할 수 있다는 희망을 가질 수 있게 된다.

꾸중할 일이 있으면 공공장소가 아닌 조용한 곳에서 하는 것이 좋다. 남의 면전에서 공개적으로 면박을 당하여 기분이 좋을 사람은 아무도 없다. 공공장소에서 하는 비난은 상대방의 자존심과 신뢰를 무너뜨리고 인간적인 거리감을 유발한다. "잠깐 이야기 좀 하자."라는 식으로 조용히 불러서 일대일 대화를 통해 지적할 사항을 지적해야 한다.

꾸중 후에는 반드시 부하의 장점을 상기시켜서 꾸중을 더 나은 관계, 더 나은 성과를 위한 밑거름으로 만들어야 한다. 소위 정치학에서 이야기하는 '당근과 채찍' 같은 것이다. 이것이 꾸중의 중요한 한 가지 기술이다.

긍정적인 사고를 가진 사람들은, 설사 잘못으로 질책을 들어도, 자기의 잘못을 되돌아보면서 잘 수용하고 삐지지 않는다. 그러나 정반대의 성격을 가진 사람들도 많다. 따라서 상황에 따라 가벼운 질책을 해야 할 경우는 유머를 이용하여 깨닫게 해주는 방법도 필요할 때가 있을 것이다.

절제된 충고와 질책을 잘 활용하는 것도, 진정한 리더십 발휘의 중요한 또 한 가지의 방법이라고 할 수 있다.

부하를 믿어라, 그러나 똑같이 믿지 말아라.

미국의 세계적인 연설가이며, 작가이고, 세일즈맨으로 「정상에서 만납시다」 저서로 유명한 지그 지글러(Zig Ziglar)는 「사람을 다루는 기술(원저명: Top Performance)」에서 성공의 공식을 'GEL'이라고 하였다.

G (Good finder): 장점 발견자가 되라.

E (Expect the best): 최선을 기대하라.

L (Loyalty): 충성의 가치를 알라.

그는, 리더 자신이 이런 사람이 되어야 하고, 부하직원을 이런 사람으로 만들어야 한다고 강조하였다.

영국에서 태어나 미국에서 커리어 컨설팅의 거장으로 활약한 버나드 할던(Bernard Haldane)은 "만약 어떤 사람이 최선을 다해 주기를 바란다면, 당신은 그에게 있는 최선의 것이 무엇인지를 찾아야 한다."라고 하였다.

조직의 일이란 기본적으로 한 사람으로는 할 수 없는 일이다. 여러 사람을 모은 이유는 그 일을 혼자서 해낼 수 없기 때문이다. 여러 사람의 지혜와 지식을 끌어내야 한다. 그리고 그들이 제 자리에서 제 역할을 할 수 있도록 만드는 역할이 리더의 몫이다.

따라서 조직에서의 지휘는 기본적으로 위임형 지휘다. 리더가 할 일이 있고 참모가 할 일이 따로 있다. 상급 리더가 할 일이 있고 하급 리더가 할 일이 있다. 위임형 지휘는 19세기 중후반기에 독일군에서 처음으로 정립된 특유의 지휘 체계로써 독일식으로 표현하면 '임무형 지휘'라고 한다.

독일어 Auftrag(임무)와 taktik(전술)의 합성어로, 불확실성이 많은 전장에서 일선 지휘관들에게 권위를 위임하고 자율권을 보장하여 자유롭고 창의적인 전술 행동을 보장하는 지휘 체계이다. 조직의 규모가 커질수록 참여 인원이 많아지기 때문에 더더욱 위임형 지휘를 해야 한다. 임무를 위임할 때 부하를 믿지 않으면 어떠한 일도 성취할 수 없다.

믿고 맡겨야 하는 것이다. 즉 일을 위임할 수 있는 이유는 임무를 부여받은 부하 각자가 맡은 바 위치에서 자신의 역할을 다할 수 있다는 전제조건을 믿기 때문이다. 그러나 모두를 똑같이 믿고 맡겨 놓아서는 안 된다. 사람마다 차이가 있기 때문이다.

인간의 욕구는 다양하다. 열심히 일하여 무엇을 성취하려는 욕구도 있지만, 편하게 놀고 싶은 욕구도 있다. 정직하려고 노력하지만, 일을 제대로 하지 못한 경우에는 자기의 잘못을 숨기고 싶어 하는 욕구도 있다. 이처럼 인간은 선악의 양면을 가지고 있다. 그래서 인간의 선한 부분은 믿지만, 악한 부분은 믿을 수 없다는 것이다. 또한 사람마다 경험과 학습의 결과에 따라서 능력의 차이도 있다. 따라서 리더의 확인 감독이 필요한 것이다.

저자는 연대장 시절, 예하 대대장 4명이 모두가 같은 해에 임관한 동기생들이어서 든든하였다. 그들은 마음도 착하고 충성심도 강하였다. 그러면서 선의의 경쟁을 열심히 하였다. 그래도 미묘한 차이는 있었다. 그래서 어떤 대대에는 더 자주 방문하여 은근슬쩍 코치를 해주어야 했다. 그렇게 상황에 맞는 지휘의 결과는 사단으로부터 최고의 대대장들로 평가를 받았고, 사단 선봉대대와 전투력 최우수부대 그리고 각종 표창이 연대 예하의 대대들에게 주어졌다. 더불어서 연대는 예하 대대장들과 연대 참모들이 각자의 위치에서 최선을 다하는 분위기가 조성되어, 군단의 선봉연대와 RCT 최우수부대라는 두 가지 명예가 한꺼번에 우리 연대의 몫이 되었다.

미국의 심리학자인 맥그리거(McGregor)는 인간의 작업 동기에 관하여 'X 이론과 Y 이론'을 제안하였다. X 이론은 인간이 기본적으로 편한 것을 추구하고 힘든 일은 하기 싫어하기 때문에 일을 시킬 때는 강제로 일을 부과하고, 감시 감독을 철저히 해야 한다는 관점이다. Y 이론은 인간은 자아실현의 경향을 갖고 있기 때문에 자율적이고 재량껏 일하도록 허용해 주면 스스로 알아서 열심히 일을 한다는 관점이다.

맥그리거는 Y 이론의 관점을 신봉하는 사람이었다. 그가 미국의 오하이오주에 소재한 안티옥 대학(Antioch College)의 총장으로 취임했을 때, 자신의 Y 이론의 타당성을 입증해 보이려고 대학을 Y 이론적으로 운영하였다. 그런데 학교가 잘 돌아가지 않는 것은 물론이고, 교수들 간에 입장 대립이 난무하고 반목이 그치지 않았다. 그래서 나중에는 대학 운영이 마비될 정도로 사태가 악화되었다. 맥그리거가 인간의 양면성 중 한 면만을 보고, 그 신념에 기초하여 조직을 운영한 결과인 것이다.

그래서 임무형 지휘는 준비된 자에게만 시행해야 한다. 리더는 부하의 성향을 잘 파악해서 부하직원과 눈높이를 맞추어야 한다. 부하직원의 능력에 따라 지시하고, 능력을 초과한 업무를 부여해야만 할 경우에는 특별한 관심과 지원이 있어야 한다. 그러나 결과는 동일 수준으로 높일 수 있도록 확인 감독을 해야 한다. 이것이 바로 '결과의 상향 표준화'이다.

임무를 부여할 때 지시는 육하원칙으로 분명하게 해야 한다. 특히 요망 수준과 결과 보고 일시까지 명시하고, 임무를 받은 사람은 지시받은 내용을 확인하였음을 보고하여야 한다. 지시한 결과는 반드시 확인해야 한다. 눈으로 확인되지 않은 결과는 인정은 하되 신뢰를 해서는 안 된다. 눈으로 보아서, 손으로 만져보아 확인되었을 때 지시한 일이 종결되는 것이다. 확인이 철칙이다. 그리고 최종 결과 성공의 명예는 부하에게 돌리고, 실패의 책임은 리더 자신이 가져야 한다.

부하를 믿되 무조건 믿으면 실패한다.

믿음과 인정은 많은 발전을 가져올 수 있다. 리더는 조직원에게 신뢰를 토대로 한 심리적 안전감을 제공하여야 한다. 조직 내에서 안전감을 느껴야 공동의 목표에 집중하게 된다. 그러나 리더는 부하를 믿되, 무조건의 절대적인 믿음은 오히려 악이 될 수도 있음을 고려해야 한다.

조직의 역량을 100%와 90%, 80%로 구분할 줄 아는 눈을 가져야 한다. 90% 능력의 조직에는 상급자가 10%를 채워줘야 한다. 80% 능력의 부대에는 20%를 지도와 지원을 통해 채워주어야 한다. 역량이 부족한 부하직원에게도 성장 가능성을 믿고 기회를 주면서 역량 개발을 도와주는 것은 바람직하고 꼭 필요한 일이다. 그러나 도전의 기회를 부여할 때는 반드시 부족한 부분에 대한 보완책을 마련해 주고 확인하는 과정이 필요하다. 능력 범위 밖의 일을 계속 맡기면 사고가 발생한다.

일을 잘하는 부하직원은 절대적으로 신임을 받게 된다. 그런 부하에게는 일을 전적으로 위임하고 중간 체크를 생략하는 경우가 많다. 그러나 맹신은 금물이다. 원숭이도 나무에서 떨어질 수 있고, 아무리 총명한 사람도 머리가 잘 안 돌아가는 경우가 있는 것이다(일세총명 일시호도, 一世聰明 一時糊塗). 최소한의 안전판을 설치해 두어야 한다.

아무리 일을 잘하는 부하직원이라고 할지라도 지시한 사항에 대해서는 통상적인 최초보고, 중간보고, 결과보고의 시스템을 적용하는 것이 좋다. 지시한 일에 대한 적시적인 중간 점검은 어떤 부하에 대해서도 필요한 부분이다. 부하에 대한 지나친 신뢰는 일을 그르칠 수 있을 뿐만 아니라, 이미 쌓아 놓은 상호 신뢰마저도 무너지게 될 수도 있다.

발전은 의심해 보는 시각에서 출발한다. 완벽하다고 느끼는 것은 더 이상 발전의 여지가 없다는 것과 같다. 부족한 것이 있어야 그것을 고칠 것이며, 고치면 그것이 바로 발전이다. 이런 사상은 근세 철학의 선구자인 데카르트의 회의론(skepticism)의 내용과 유사하다. 그는 사람들이 확실하게 진리라고 알고 있는 사실조차도 과연 그것이 진실로 맞는 것인지를 의심해 보고, 다시 한번 체크해 보라고 하였다. 데카르트의 이러한 철학적 가르침은 현대의 모든 학문, 특히 과학이 발전하는 데 기초가 되었다.

부하직원에 대한 10%의 확인 필요성이 조직과 부하직원의 발전에 밑거름이 될 수 있음을 상기할 필요가 있다. 이때의 확인은 능력에 대한 의심이나, 인간적인 불신을 의미하는 것이 아니다. 부하에게 지시한 일에서 생길 수 있는 실수를 예방하는 의미다.

부하직원의 부족한 부분은 리더가 채워주어야 할 몫이다. 역량이 충분한 부하직원에게도 실수에 대비하는 역할을 해주어야 한다. 이런 조치의 핵심은 리더의 베푸는 마음에서 비롯되는 것이며 조직 결속의 촉매제가 된다.

조직의 효율성을 향상하는 데는 해소 전략보다는 예방 전략이 효과적이다.

미국 트래블러스 보험사에 근무하던 허버트 윌리엄 하인리히(Herbert William Heinrich)는 「산업 재해 예방, 과학적 접근」이라는 책에서 "300개의 무상해 사고, 29개의 경미한 사고, 그리고 1개의 대형 참사로 이어지기 때문에, 사전 대응이 필요한 300개와 29개를 잘 대응하여야 한다."라고 하였다. 일반적으로 이런 하인리히의 주장을 1:10:100의 법칙이라고 알려져 있다. 즉, 예방비용이 1이라면, 대책비용은 10이고, 처리비용은 100이라는 것이다.

부하를 무조건 100% 믿지 않음으로써 부족한 부분을 볼 수 있고, 이 부족 부분을 미리 채워줌으로써 사고 예방이 가능하다. 이런 지휘 방식이 바로 해소 전략이다.

리더십은 신뢰에서 시작해서 신뢰로 끝난다. 무조건 100% 신뢰하지 않음으로써 오히려 100% 신뢰하는 관계가 계속 유지될 수 있는 것이다. 바로 허(虛)를 실(實)로 채우는 지휘 방식인 것이다.

피드백은 꼭 필요한 일종의 거울이다.

우리의 말이나 행동을 본인이 거울을 보는 것처럼 객관적으로 볼 수 있다면 좋을 것이다. 남의 것은 보이는데 자신의 것은 볼 수 없는 게 인간이다. 그래서 유명한 운동선수도 코치가 필요하다. 리더는 조직원들의 일상을 바라보면서 주기적으로 평정표를 작성하는데, 정작 자신에 대한 평가는 구성원들이 보고 알면서도 진실을 잘 말해 주지 않는다. 진정한 피드백을 받을 수 있는 것은 리더의 일상을 지켜보는 부하직원과 동료라고 할 수 있다.

하버드대 로버트 스티븐 캐플런(Robert Steven Kaplan)은 저서 「사람을 이끄는 힘」에서 “피드백을 받지 못하면 직원들은 무능해지고, 리더는 독재자가 된다.”라고 하였다. 적절한 표현이라고 공감한다. 또한 심리학자 맥클랜드는 “성취 욕구가 강한 사람일수록 피드백을 잘 수용한다.”라고 하였다.

아무리 훌륭한 리더라고 하더라도 올바르고 진정성 있는 피드백을 받아야 바른길로 가는 데 흔들림이 없을 것이다. 예를 들어 보면, 햇빛이 있는데 시냇물을 그냥 바라보면 햇빛이 수면에 반사되는 윤슬은 아름답게 보이지만, 물속의 물고기와 돌이 안보이고 반짝이는 물결만 보인다. 그런데 편광선글라스를 끼고 보면 물속의 돌과 물고기가 노니는 것도 볼 수 있다. 리더의 참모습을 편광선글라스로 바라보고, 있는 그대로 평가해 주는 피드백이 필요한 것이다. 그래서 널리 알려진 「칭찬은 고래도 춤추게 한다.」의 저자 켄 블랜차드(Ken Blanchard)는 “피드백은 챔피언의 아침 식사”라고 하였다.

글로벌 인사 전문가 조미진 씨는 「낀 세대 리더의 반란」이라는 저서에서 "직원들은 자신이 무엇을 잘못하고 있고 더 잘할 수 있는지, 더 잘하려면 어떻게 해야 하는 지를 늘 궁금해한다. 특히 젊은 세대는 어려서부터 잘하는 것과 잘못하는 것에 대한 구체적인 피드백을 받으며 자랐기 때문에, 피드백 내용을 자신의 발전에 활용하는 능력이 이전 세대보다 오히려 낫다."라고 하였다.

리더는 구성원들에게 피드백을 제공함과 동시에, 구성원들로부터 피드백을 받을 수 있는 개방적이고 허심탄회한 자세를 견지해야 한다. 구성원들 개개인의 업무에 대한 평가와 조직평가, 직무평가 등 자체 내부 평가와 함께 전문 외부 기관의 평가를 받아보는 것이 좋다. 이것은 조직문화를 탄력 있고 여유롭게 만드는 것이 되며, 조직을 건실하게 성장시키고, 발전적이며 미래지향적인 힘을 비축하는 것이 될 것이다. 곧 피드백은 리더와 조직의 알람 시계이며 거울이라고 생각하면 좋을 것 같다.

제3부

리더 주도의 혁신과 전진

1

혁신의 출발

조직의 혁신은 리더에게 달려 있다.

「거대한 물결(Megatrend)」의 저자이며, 미국 출신이면서 중국에서 활동을 많이 한, 존 네이스빗(John Naisbitt)은 "개혁과 정보의 시대에서 각 기업이 도전해야 할 것은 근로자들의 재훈련이 아니라, 관리자들을 재훈련시키는 것이다."라고 하였다.

이처럼 조직을 혁신하고 발전시킬 힘은 고정관념을 타파하고, 새로운 것에 눈을 뜬 리더와 관리자의 위치에 있는 사람들의 주도적인 의지와 실천이라고 할 수 있다. 그런데 혁신을 시도하는 데는 예상치 못한 위험을 감수해야 함과 동시에 피할 수 없는 책임이 따르게 된다.

우리나라 대표기업 중의 하나인 '삼성'과 핀란드 '노키아'의 사례를 보면, 조직 혁신의 출발이 바로 리더에게 달려 있음을 알 수 있다.

1987년 선친으로부터 경영권을 이어받은 이건희 회장은 취임사에서 "미래지향적이고 도전적인 경영을 통해 1990년대까지 삼성을 세계적인 초일류 기업으로 성장시키겠다."라고 공언하였다. 실제로 그는 취임 5년째인 1993년 6월 7일 독일 프랑크푸르트에서 '신경영 선언'과 함께 삼성의 개혁을 위한 신호탄을 올렸다. 개혁의 첫 발걸음은 "마누라와 자식만 빼고 다 바꿔라."는 공세적인 표현으로 시작되었다.

"불량 생산을 범죄로 규정한다는 취지로 양(量) 위주의 경영을 과감히 버리고 질(質) 위주로 간다."라는 프랑크푸르트 선언의 구현을 통하여 삼성은 과거의 경영 체질을 180도 바꾸게 되었다.

2010년부터 삼성은 세계적인 기업들과 당당히 어깨를 나란히 하고 있다. 삼성이 현 위치에까지 오를 수 있었던 것은 이건희 회장의 '혁신 마인드'와 조직원들의 일치단결된 노력이 있었기 때문이다. 이처럼 조직의 혁신은 리더에 의해 시작되고 완성되어 가는 것이다.

세계 휴대폰 시장에서 부동의 1위를 고수하던 노키아는 애플의 아이폰이 출시된 2007년 6월 이후 주가가 60% 이상이 떨어졌고, 기업가치 또한 기하급수적으로 하락했다. 이러한 어려움을 극복하고자 노키아는 새로운 CEO로 스티븐 엘롭(Stephen Elop)을 영입했다. 그는 실리콘 밸리 출신의 실력자이면서 MS의 차기 후계자로도 거론되었던 인물로서, 노키아의 혁신 리더로 발탁된 것이다. 기업의 새로운 부흥을 위해 리더를 새롭게 선출할 수밖에 없다고 인식한 노키아의 선택은 혁신의 가동에 있어서 리더의 역할이 얼마나 중요한 것인가를 보여 주는 또 다른 예이다. 그 후 휴대폰계에서 애플, 구글, 삼성, 중국 기업이 치열한 혁신과 경쟁으로 선두를 다투고 있다.

변화하는 환경 속에서 조직의 혁신은 불가피한 명제이고, 리더는 조직 혁신의 선두에서 책임감과 추진력을 가지고 당당하게 그 역할을 해야 한다. 그러기 위해서는 먼저 자기 자신과 내 조직부터 변화에 앞장서야 한다.

'feed-forward'라는 용어가 있다. 이는 '계획을 실행에 옮기기 전에 결과를 예측하여 피드백을 받아보는 과정'을 의미한다. 무턱대고 혁신하는 것이 아니라, 혁신을 위해서 어떤 노력을 했을 경우, 결과가 어떤 식으로 나올 것인지 예측하고 실행에 옮기는 것을 의미한다. 남들이 한다고 해서 자기 조직의 현실을 고려하지 않고 무작정 따라 하다가는 결국 하지 않는 것보다 못한 결과를 초래할 수도 있다. 리더는 신중히 미래에 대한 'feed-forward' 과정을 거쳐 혁신의 방향을 정확히 결정해야 한다.

심사숙고의 과정을 통해 변화와 혁신의 방향을 결정했다면, 리더는 과감하게, 그리고 중단 없이 실행에 옮겨야 한다. 페달을 계속 돌리지 않는다면 자전거는 멈출 수밖에 없고, 기세 좋게 타오르는 불꽃 또한 연소재가 없다면 서서히 꺼지기 마련이다. 이처럼 일이 제대로 추진되지 않는다면 혁신의 용기와 노력도 용두사미가 된다.

교육기관에서 학생들이 처음 입교할 때는 모두 좋은 성적을 거두기 위해 열심이지만 시간이 갈수록 하나둘씩 낙오자가 발생한다. 이는 추진력의 단절 때문인데, 그렇다면 중단 없는 추진을 위해서는 과연 어떻게 해야 할 것인가?

저자는 이 해답을 임파워먼트(empowerment) 이론을 참조하여 새롭게 정립해 본다. 부하를 임파워링(empowering) 한다는 것은, 리더가 부하에게 권한 위임과 동기부여를 통해 부하 스스로가 변화에 대한 장애물을 개척하고, 조직의 목표 달성에 기여하는 것을 말한다. 리더에 의해 임파워링된 부하는 리더가 일일이 간섭하거나 지시하지 않더라도 리더가 생각하는 수준의 책임감과 사명감을 가지고 능동적으로 임무를 수행한다.

리더도 인간인 이상, 변화와 혁신의 전 과정에서 항상 의욕적으로 앞장설 수는 없다. 따라서 리더의 부족한 부분을 부하직원이 채워주어야만 혁신은 지속될 수 있다. 그래서 부하직원에 대한 임파워먼트는 조직의 혁신에 중요하게 필요한 요소다.

모든 결과는 원인과 과정이 결정한다.

아주 열심히 노력하였지만, 좋은 결과를 얻지 못한 경험은 누구나 있을 것이다. 이럴 때 "결과보다는 과정이 중요하다." 라든가 "열심히 했으니까 괜찮다." 등의 말로 위로를 받으려고 한다. 과정에 충실했기 때문에 결과가 좋지 않지만 크게 낙심하지 말라는 뜻이다. 반대로 열심히 노력하지 않았으면서 좋은 결과를 바라는 사람도 있다. 그러나 '인과응보(因果應報)'의 결과는 어디에서나 시간이 지남에 따라 나타나는 것이 상식이다.

기본적으로 결과는 원인에 의해 형성되지만, 간혹 뜻하지 않게 운이 좋아 한두 번쯤 기대 이상의 좋은 결과를 얻는 사람도 있다. 그러나 이러한 행운이 계속 되풀이되기는 어렵다. 또한 원인과 과정이 좋다고 해서 반드시 결과가 다 좋다고 할 수는 없지만, 원인과 과정이 좋지 않고서 결과가 좋게 나오는 경우는 희박하다. 결국, 노력하지 않고 좋은 결과를 바라는 이들에게는 쓰디쓴 한마디 말이겠지만 이는 엄연한 사실로 나타나게 된다.

어떠한 일이 일어나고 진행되는 데에는 반드시 '원인'과 '과정'이 있기 마련이다.

일반적으로 원인은 외부에서 주어지는 경우가 많고, 과정은 본인이 만들어가는 것으로 볼 수 있다. 원인에는 자신이 통제할 수 없는 변수가 포함될 수 있지만, 과정은 대부분 자신이 만들어 가는 것이라고 보아야 할 것이다. 이런 측면에서 볼 때 원하는 결과를 얻기 위해서는 자신이 통제할 수 없는 원인을 탓하기보다는 자신이 어느 정도 통제할 수 있는 과정을 더 좋게 만들어 나가는 것이 현명한 방법이다.

"피할 수 없는 일이라면 차라리 즐겨라."라는 말이 있다. 어차피 주어진 일이고, 내가 그것을 통제할 수 없다면 임무를 완수하기 위한 과정을 최대한 즐길 수 있게 만드는 지혜가 필요하다.

그런데 과연 원인은 절대로 통제할 수 없는 변수인가? 원인은 외부적인 요소(내부적인 것도 있지만)로서 통제 범위 밖의 것이라고 했지만, 조금만 더 신경을 쓰면 충분히 예측할 수도 있다. 훌륭한 리더는 예측을 통해 위기의 원인을 극복하고 성공의 열쇠로 삼는 사람이다.

2010년 9월, 태풍 곤파스가 한반도에 상륙한다는 기상예보가 내려졌다. 어떤 리더는 조직원들에게 태풍 대비를 과도할 정도로 지시했다. 부하직원들은 모두 너무 과잉 대응하는 것이 아니냐며 투덜대면서 불평을 늘어놓았다. 그러나 태풍이 휩쓸고 지나간 후, 대비가 부족한 조직의 시설에는 많은 훼손으로 보수하는 데 일주일 이상의 시간과 막대한 예산을 소모하며 고생해야 했던 반면, 사전에 준비를 철저히 했던 조직은 경미한 피해만 입어 단 하루의 정비 후 일상으로 복귀할 수 있었다. 이 리더는 태풍이라는 외부적 원인은 막지 못할지라도 원인에 대해 미리 대비함으로써 그 후에 일어날 과정(피해 복구)을 조정한 것이다.

원인에 대한 리더의 정확한 예측으로 좋은 결과를 얻었던 사례와는 정반대로, 리더의 부정확한 판단이 좋지 못한 결과를 가져온 경우도 있다.

1998년 4월 1일 천리행군을 하던 육군 특전사 흑룡부대원들이 해발 1,241m의 민주지산 정상 부근에서 갑자기 몰아친 추위로 6명이 숨지고 1명이 실종되는 사건이 발생했다. 당시 사고 현장을 보면 이미 30cm 가량의 눈이 쌓여 있었고, 초속 40미터의 강풍으로 체감온도는 영하 10도 이하였다고 한다. 비록 꽃이 피는 4월이긴 했지만, 산 정상의 야간 기온은 한겨울과 마찬가지였다. 이런 사실은 산을 다녀본 사람이라면 누구나 알 수 있다. 더구나 특전사 장병들은 더 말할 필요도 없다.

이 사고의 원인은 특전사 장병들이 자신들의 능력을 과대평가했기 때문일 수도 있고, 충분한 대비를 했으나 워낙 기상이 나빠서 불가항력일 수도 있었다. 그러나 나흘 전부터 빗속의 강행군으로 인해 체력이 급격히 소진된 상태를 감안(勘案)하여 사고 가능성을 예측하고 행군로를 조정했더라면, 이 사고는 발생하지 않았을 수도 있었다. 따라서 지휘관은 주도면밀하게 원인을 예측하고 정확한 진단을 할 수 있는 능력을 평소에 갖추어야 한다.

훌륭한 의사는 진찰을 통해 병의 원인을 파악하고 자신의 지식을 총동원하여 병명을 정확히 진단한 후, 그 병에 맞는 최선의 처방을 내리는 사람이다. 더 훌륭한 의사는 병이 났을 때 최선의 처방을 내릴 뿐만 아니라, 발병 전에 미리 예방할 줄 아는 의사이다. 선진국에서 예방의학이 더 발전한 이유이기도 하다.

훌륭한 리더도 마찬가지다. 문제가 발생했을 때 이를 해결하기에 급급하기보다는, 문제 발생 가능성을 파악하고 사전분석을 통해 정확히 진단하여 적절한 예방조치를 취함으로써 조직이 항상 안정적으로 유지될 수 있게 하는 리더이다.

창의와 자발성은 조직을 발전시킨다.

"모든 것은 변화하고 있지만 그중에서 변하지 않는 것은 단지 변화한다는 그 사실 뿐이다."는 말이 있다. 세상의 모든 것은 변한다. 현대사회의 변화 속도는 예전보다 훨씬 빠르다. 21세기에 요구되는 리더상으로서 '변화를 수용할 수 있는 리더'를 꼽는 것도 이와 같은 이유 때문일 것이다. 많은 장년층의 리더들이 "요즘 세대들은…"이라는 말을 하면서, 자신들과는 너무 다른 신세대의 사고와 행동 방식을 호기심 반, 곤혹스러움 반의 시선으로 바라보곤 한다. 조직을 잘 이끌어 가려면 리더는 이들의 사고방식이나 행동이 우리 사회의 윤리나 법도에

어긋나지 않는 한, 이해하고 적정 수준에서 수용하는 것이 오히려 더 현명할 것이다.

조직의 변화는 불가피하다. 고인 물이 썩듯이 변하지 않는 조직은 썩게 마련이다. 리더는 책임감과 사명감을 가지고 열심히 일하면서 변화와 혁신을 외치지만, 아무도 따라 움직이지 않는 조직도 있을 수 있다. 그런 조직은 리더만이 혁신의 꿈을 꾸고 있기 때문이다. 한 사람만의 의지로는 조직을 변화시킬 수 없다. 그것은 그 한 사람만의 꿈일 뿐이다. 그러나 만인이 같은 꿈을 꾼다면 그 꿈은 현실이 된다.

중국 송나라 때의 「벽암록」에 '줄탁동기(啐啄同機)'라는 말이 나온다. '줄(啐)'은 병아리가 부화하기 위해 안에서 껍질을 쪼는 것을 말하고, '탁(啄)'은 어미가 그 소리를 듣고 밖에서 껍질을 쪼아 부화를 도와주는 것을 말한다. 껍질을 스스로 쪼아 깨려는 병아리는 깨달음을 향하여 앞으로 나아가는 수행자요, 어미 닭은 수행자가 깨우침을 완성하도록 이끌어 주는 스승이다. 이 어미 닭과 병아리처럼 리더와 부하가 같은 꿈을 꾸고 같은 방향으로 노력한다면 그 꿈은 현실로 이루어지게 될 것이다.

2002년 월드컵에서, 우리나라는 4강 진출이라는 기적을 연출했고, “꿈은 이루어진다.”라는 정신을 단순한 구호가 아닌 국민적 신조로 탄생시켰다. 당시 월드컵이 개막되기 전까지만 해도 대부분의 국민은 16강에만 진출해도 큰 영광이라고 생각했다. 그러나 히딩크 감독은 16강을 넘어서 8강, 4강에 오를 수 있다는 꿈을 꾸고 있었고, 선수와 관계자들은 혼연일체가 되어 같은 꿈을 실현하기 위해 매진했다. 마침내 이러한 꿈은 온 국민의 꿈으로 확대되어 결국 현실이 되었다.

구성원 모두가 변화의 필요성과 중요성을 인식하고 함께 움직이도록 하기 위해서는 어떻게 해야 할까? 저자의 경험에 의하면, 여러 가지 방법 중에서 부하직원에게 ‘창의’와 ‘자발성’을 키우도록 도와주고, 발휘할 기회를 주는 것이 가장 효과적이었다.

조직은 살아있는 유기체이다. 구성원들의 면면을 잘 살펴보면 각기 다른 환경에서 자랐고, 저마다 다양한 특성과 능력이 있다. 이러한 젊은이들이 모여 있는 조직은 무궁무진한 ‘상상력’의 보고(寶庫)라고도 볼 수 있다.

로버트 드브뤼(Robert Debruyn)은 「당신의 리더십을 원하도록 만들라」는 저서에서 “개인의 목표와 조직의 목표가 공동의 관심을 가지고 증진하도록 해야 한다. 당신이 아무리 화려한 경력이 있고 기술이 뛰어나다고 하여도, 남들이 당신에게 자발적으로 협력해 주지 않는다면 당신은 결코 효율적인 지도자가 될 수 없다."라고 하면서, "당신이 원하는 바를 남들도 스스로 원하도록 만드는 기술"의 중요성을 역설하였다.

저자는 사단장으로 재직 시 사단의 전투력은 강화하면서. 병사들이 정말 두려움과 근심 없이 생활하기 좋은 군대문화를 만들자는 캠페인을 벌였다. 처음 사단장의 의도를 전해 들은 참모와 예하 지휘관들은 모두 공감은 하였지만, 쉽게 이루어질 일이 아니어서 반신반의하는 태도였다.

사단장은 이와 같은 사실을 인지하고, 시행 과제를 실제 중심이 되고 행동으로 실천해야 하는 병사들과 하급 간부의 마음을 움직이는 것부터 시작하였다. 실천의 중심인 병사들로부터 생활하기 좋은 병영을 만들기 위한 아이디어를 낼 수 있도록 여건을 만들어 주었다. 그들은 다양하고 기발한 것들을 많이 제시하였다.

자신들이 제시한 아이디어가 채택되어 시행되자 병사들은 능동적으로 변화에 앞장섰고, 새로운 군대문화 창출에 노력하게 되었다. 이러한 사단의 움직임은 사단장 혼자만이 아닌 구성원 전체가 조직의 변화에 대해 공감하고 실제 움직였기 때문인데, 여기에는 병사들의 '창의'와 '자발성'을 인정하고 이를 수용한 결단이 큰 역할을 하였다.

댄 애리얼리 듀크대 교수는 「루틴의 힘」에서 창의성을 기르는 6가지 방법을 제시하였다.

1. 불필요한 창조를 연습하라.
2. 구름처럼 방랑의 시간을 가져라.
3. 처음부터 '끝'의 정의를 확실히 하라.
4. 자동 조절 모드에 몸을 맡기지 마라.
5. 근본 원인을 찾아라.
6. 자신에게 주어진 제약을 사랑하라.

창의성은 혁신, 문제해결, 동기부여, 생산성 향상 등의 효과를 가져오는 것으로, 어느 조직에서나 중요성이 크다.

2

혁신의 준비

거울 앞에 서서 자기 눈을 쳐다보라.

누구나 하루에 한 번쯤은 거울을 들여다볼 것이다. 세수하면서도 볼 것이고, 옷을 입으면서도 볼 것이며, 화장품을 바르면서도 볼 것이다. 사물을 비춰주는 거울을 본다는 것은 결국 자기 자신을 바라본다는 것이다.

거울 앞에 서서 문득 자기 눈을 바라보고 있노라면 어떠한 생각이 드는가? 자랑스럽게 보일 때가 있고 부끄럽게 보일 때도 있을 것이다. 다른 사람은 속여도 나 자신은 속일 수가 없기 때문이다. 다른 사람의 얼굴에 묻은 티는 보면서 자기 얼굴에 묻은 흙탕물은 보지 못했던 자신을 반성하기 위해 거울 앞에 서보는 습관이 필요하다. 거울 앞에 서면 이렇듯 내면의 양심과 마주하게 되기도 하지만, 현재의 내 모습이 있는 그대로 비추어지기도 한다. 오늘의 나를 마주하면서 예전의 나와 얼마나 바뀌었는지 생각해 보자.

사진이 변했나?

어젯밤
오랜만에 만난 벗들
함께 웃고 찍은 사진
아침에
들여다보니
수많은 세월
거기에 있네

사진이 변했나?

좋은 거울
들여다보니

여기도
같은 세월 있네

이것은 나도 모르게 변해있는 사진을 보며, 믿을 수 없어 확인하겠다고 거울을 보다가 지은 저자의 시다. 사진은 못 믿거나 안 믿으려고 해도, 거울까지 안 믿을 수는 없다는 생각이 든다.

중국의 고대 상(商)나라 탕왕(湯王)은 세숫대야에 “구일신(苟日新) 일일신(日日新) 우일신(又日新)”이라고 새겨놓고 아침마다 세수하며 그 글귀를 들여다보았다고 한다. 진실로 새로워지기 위해 하루하루를 새롭게 하고, 또 날로 새롭게 해야 한다는 의미의 글귀를 보면서, 어제의 앙금과 실패를 씻어내고 매일의 삶을 새롭게 하려고 했던 왕의 의지를 엿볼 수 있다.

거울은 자신의 솔직한 모습을 보여 주고, 스스로 돌아보게 해주는 것 이외에도 여러 가지 다른 깨달음을 준다. 거울을 바라보며 오른손을 들어 보라. 당연히 거울 속의 나는 왼손을 들고 있을 것이다. “당연한 거 아니야?”라고 생각하고 그냥 지나치는 사람이 대부분일 것이다. 하지만 언젠가 나는 문득 “나 자신을 비추는 거울조차 나를 반대로 나타나게 하는데, 부하직원이 내 뜻을 어떻게 있는 그대로 이해하겠는가?"라는 생각을 해보았다.

수많은 리더는 자기가 지시한 일을 부하직원들이 완벽히 이해하고 그대로 수행해 낼 것으로 기대한다. 그러면서 그 기대에 못 미치거나 아예 자신의 의도와 전혀 다른 방향으로 나가는 부하직원에 대해서 질책하기도 한다. 부하직원을 책망하기 전에 자신부터 돌아보아야 한다. "과연 부하직원이 내 생각을 정확히 이해할 수 있도록 충분한 설명을 해주었는가?", "혹시 나는 알고 있는데 부하직원은 모르고 있는 정보가 있지는 않은가?" 등을 찬찬히 되새겨 보아야 한다. 나를 완벽히 보여주는 거울도 나를 반대로 인식하는데, 피 한 방울 섞이지 않은 타인이 어떻게 나를 100% 이해하겠는가?

언젠가 한 번 '혁신'에 대한 강연회에서 강사가 청중에게 한 가지 제안을 했다. 대한민국 국민이라면 모두가 알고 있는 동요를 손바닥으로 박자를 맞추어 볼 테니 노래 제목을 알아맞혀 보라는 것이다. 마치 술자리에서 젓가락으로 노래 박자를 맞추듯이 그 강사는 손바닥으로 "짝 짝짝 짝짝짝짝" 박자를 맞추었다. 순수하게 손뼉 박자만으로 노래 제목을 맞추기는 어려웠다.

그 자리에 있었던 수십 명의 사람 중에서 정답을 맞힌 사람은 단 한 명도 없었다. 그러자 강사는 "코끼리 아저씨는 코가 손이래……."라는 동요를 부르며, 조금 전에 한 것과 똑같이 손바닥으로 박자를 맞추었다.

그 강사가 말하고자 했던 바는 "이 정도쯤이야 다 알겠지."라는 생각은 리더 혼자만의 생각일 뿐이라는 것이다. 조직에서 리더는 많은 정보를 갖고 있지만 부하직원들은 상대적으로 그렇지 못하기 때문에, 리더가 생각하는 것의 절반도 알기 힘들다는 설명이었다. 그렇다. 리더는 언제나 부하직원의 입장을 배려하는 지혜를 갖추어야 한다.

거울을 보면서 느낀 또 다른 한 가지는, 사물을 뒤집어서 생각해 볼 수 있어야 한다는 것이다.

자동차를 운전하다가 구급차가 뒤를 따라오는 기회가 있다면 룸미러(room mirror)를 통해 구급차의 보닛(bonnet) 부분을 한 번 보라. 'AMBULANCE'라는 글자가 선명하게 눈에 들어올 것이다. 이는 위급한 상황에서 앞 차량의 운전자에게 구급차임을 빨리 알려서 앞질러 간다는 양해를 구하고자 알파벳을 뒤집어서 써 놓았기 때문이다.

저자도 이를 직접 경험한 바 있는데, 거울을 통해서 'AMBULANCE'라는 글자를 보는 순간 '아하'하고 감탄하였던 것을 잊을 수 없다. 알파벳을 뒤집어서 써놓아도 바로 읽혀 질 수 있다는 사실이 신선하게 다가왔기 때문이다. 사물을 통상적으로 생각하는 관습화된 모습과 다르다고 해서 무조건 틀렸다고 판단해서는 안 된다는 교훈을 이 경험을 통해서 얻을 수 있었다.

일상생활 속에서 너무 흔하게 보는 물건인 거울을 통해서 저자는 참 많은 걸 느꼈다. 스스로 돌아보고 반성하기도 했고, 상대방이 나와 항상 같은 생각을 할 수 없다는 사실, 그리고 때로는 뒤집어서 생각할 때 현상을 제대로 이해할 수 있다는 사실을 알게 되었다.

리더가 이와 같은 마인드로 부하를 대하고 조직에서 발생하는 현상에 대해 대처한다면 분명히 현재보다 더 발전된 결과를 얻게 될 것이다. 영어권 사람들이 자주 사용하는 단어인 perspective의 차이, 즉, 사람마다 보는 관점과 시선이 다르므로 리더가 이를 잘 파악하고 이해해 주는 것이 중요하다.

눈을 뜨고도 보지 못하는 사람이 될 것인가?

"자기 조직에 문제가 없다고 생각하는 사람은 그 조직의 리더밖에 없다."라는 말이 있다. 리더는 그 조직에서 가장 높은 직위에 있는 사람이다. 직위가 가장 높은 사람은 누구보다도 많은 정보를 갖고 있기 때문에 그 조직에 대해 누구보다 더 많이 알 수 있다. 그럼에도 불구하고 리더들은 왜 조직원들이 다 알고 있는 문제에 대해서 혼자 잘 인식하지 못하는 것이 있을까?

이것은 저자가 생각하기에, 사람은 자신이 보고 싶은 것만 보게 되기 때문이기도 하고, 조직원들이 불이익을 당할까 봐 두려워서 조직의 문제를 리더에게 숨기고 있기 때문이라고 생각한다.

인지심리학 실험 중에 아주 흥미 있는 실험이 있다.

미국 일리노이대학교의 다니엘 사이먼스와 하버드의 크리스토퍼 차부리스의 '보이지 않는 고릴라 (The invisible Gorilla) 실험'인데, 흰색 옷과 검은색 옷을 입은 학생 6명이 활발히 움직이면서 농구공 2개를 무작위로 서로 패스하는 동영상을 피실험자들에게 보여 주면서, 흰옷을 입은 학생들의 농구공 패스 횟수를 세어보라고 하였다. 동영상 시청이 끝난 후 피실험자들은 저마다 14회, 15회, 16회 등 자신이 세어본 숫자를 이야기했다. 그러자, 실험자는 엉뚱하게 "혹시 화면에서 이상한 것을 보지 못했습니까?"라고 질문하였고, 피실험자들은 하나같이 "이상한 것을 보지 못했다."라고 대답했다. 실험자는 동영상을 다시 보여 주었다.

이번에는 공이 몇 번 오고 갔는지를 세지 말고 화면만 잘 보라고 단단히 일렀다. 화면을 보던 피실험자들은 놀라움을 금치 못했다. 공을 패스하는 사람들 사이로 고릴라 가면을 쓴 사람이 유유히 가로질러 가는 것이었다. 그 고릴라 가면을 쓴 사람은 한 가운데 잠시 멈춰서더니 마치 자신을 봐달라는 듯한 이상한 몸짓을 보내고 화면에서 사라졌다.

이 실험에서 알 수 있는 바와 같이 사람들은 자신이 세상을 있는 그대로 다 본다고들 생각하지만, 실제로는 자신이 보고 싶은 것만 보고, 듣고 싶은 것만 듣는다는 것이다. 이는 또한 사람의 인지능력이 얼마나 제한적인지 알려주는 실험으로도 평가되고 있는데, 그 제한적인 능력을 한 방향으로 쏟아붓고 있을 때, 주변에서 일어나는 제반 상황의 전개나 변화에 대해 얼마나 둔감할 수 있는지 알려주는 것이라고도 한다. 이처럼 우리 인간은 특정 부분에 집중해서 다른 사물을 알아차리지 못하는 심리 현상이 있다는 것이다. 이것을 '부주의맹(Inattentional Blindness)'이라고 표현한다.

이를 조직의 지휘에 적용하여 보자. 리더들 또한 비슷한 과오를 범하고 있지는 않는지? 자기 조직에 불합리하고 비인격적인 행위가 없는지? 실제로 그런 것이 있다고 하더라도 눈에 잘 보이지 않거나 부하직원들이 감추는 경우 알기가 어렵다.

하나의 예를 들어 보자.

전 세계적으로 비인격적인 행위가 전혀 일어나지 않는 군대는 거의 없을 것이다. 리더가 엄연히 존재하는 사실을 부정하면, 부하들 또한 리더 성향을 따라가게 되고, 행여 그런 일이 발생하더라도 이를 은폐할 수도 있다.

실제로 어떤 부대에서 사단장이 구타와 가혹행위의 근절을 강조하면서 헌병(현재는 '군사경찰'로 명칭 변경)대의 영창에 구속된 자가 단 한 명도 없음을 자랑스러워했다. 그러자 예하 지휘관들은 자신의 부대에서 병영 부조리로 인한 사고자가 나오는 것을 꺼려서 설사 사고가 있더라도 내부에서 해결하려고 했으며, 심지어 어떤 지휘관은 문제를 덮어버리기까지 했다.

이를 알지 못하는 사단장은 계속해서 사단 내에 병영 부조리가 전혀 없다고 생각하면서 예하 부대를 방문할 때마다 지휘관들의 노고를 치하하고, 계속해서 무사고 부대를 만들 것을 당부했다. 결국 지휘관인 사단장 자신이 예하 지휘관들로 하여금 사단장을 눈 뜨고도 보지 못하는 사람으로 만든 것이다.

리더는 조직이 안고 있는 문제를 인지했다면 이를 해결하려는 의지를 갖고 바로 실행으로 옮겨야 한다. 실행으로 옮기지 않고 차일피일 미루다 보면 그 문제는 타성화되어 나중에는 문제의 심각성을 상실하게 된다.

한 가지 일화가 이를 잘 보여 준다.

뉴욕의 한 남자가 집을 장만하게 되었다. 부동산 중개인은 새로운 집주인에게 "이 집은 자그마치 70년이 되었지요. 사실 손 봐야 할 곳이 한두 군데가 아닐 텐데, 두 달 내에 다 고치시는 게 좋을 겁니다."라고 이야기했다. 그러자 새로운 집주인은 "손 봐야 할 곳이 많은 것은 사실이지만 저는 결코 한가한 사람이 아니랍니다. 천천히 차근차근 고쳐나갈 생각입니다."

이에 부동산 중개인은 다음과 같이 말했다. "그런 식이라면 아마 당신은 못 하게 될 겁니다. 2개월이 지나면 모든 것이 익숙해져 버리거든요. 마치 자신에게 딱 맞는 것처럼 느끼실 거예요. 아마도 거실에 뭐가 누워있어도 밟고 다닐 수 있을걸요."

실제로 많은 사람들이 이 말에 동의할 것이다. 통상 조직의 문제점은 리더로 부임 후 초도순시에서 가장 정확하게 눈에 보인다. 그 문제점을 고치지 않고 얼마를 지나고 나면 그것이 당연한 것처럼 또는 어쩔 수 없는 것으로 여겨져서 결국은 고치지 못하고 마는 경우가 생기게 된다. 모든 분야에서 처음 고쳐야겠다고 생각했을 때 당장 착수하지 않으면 점점 모든 것에 익숙해져서 나중에는 현재의 모습을 당연한 것으로 받아들이게 되는 것이다. 좋은 전통과 제도는 계승하되, 새로운 관점으로 바라보아서 시정할 필요가 있다고 느끼는 사항은 시기를 놓치지 말아야 한다.

눈을 뜨고도 보지 못하는 사람이 되고 싶은가? 만약 그렇지 않다면 두 눈을 부릅뜨고 사실을 객관적으로 냉철하게 바라보아야 하고, 합리적인 검토를 거쳐 바로 실행에 옮겨야 한다.

자신이 본 것이 잘된 것이라면 더 잘되도록 해야 하고, 잘못된 것이라면 즉시 바로잡아야 한다. 그렇지 않으면 결국에는 눈은 뜨고 있지만 보지 못하는 지경에 이르게 될 것이다. 눈 뜨고도 보지 못하게 되는 이유는 문제의식이 있느냐 없느냐의 차이 때문이며, 문제의식도 시간이 지나면 지날수록 무뎌진다는 사실을 인식해야만 한다.

하나가 끝나기 전에 또 다른 것이 시작된다.

1970년대까지만 해도 '농한기(農閑期)'라는 말이 흔히 사용될 만큼 우리 농촌사회에는 한가한 시기가 있었다. 가을 추수가 끝나고 겨울이 오면 농한기가 시작된다. 농사는 식물의 특성과 기후 조건으로 인하여 농사일이 일정 시기에 편중되어 분주한 시기와 한가한 시기가 생기기 마련이었다.

농사일이 한가한 시기, 즉 겨울이 되면 다음 해의 경작을 준비하면서 농민들은 휴식기에 들어갔다. 그러나 이제는 다양한 품종의 작물 개발과 농업기술이 발전하면서 농한기라는 말도 사라지고 있다. 지금은 농촌에서도 겨울에 쉬고 있는 농민은 그다지 많지 않다. 벼농사가 끝나면, 또 다른 작물을 재배하면서 겨울을 보낸다. 농업기술의 발전으로 사철 다양한 농사를 지을 수 있게 되었기 때문이다.

현대의 조직 생활 또한 이와 마찬가지이다.

조직 생활을 하다 보면, 정말 많은 종류의 업무를 접하게 된다. 업무의 규모로 보면 짧은 기간에 마무리가 가능한 일도 있고, 끝이 보이지 않을 것 같은 일도 있다. 하나의 일을 완료하고 나면 "이제 끝났구나. 좀 쉬어야지"라는 생각을 할 수도 있지만, 조직의 업무 전선은 1970년대식의 가을걷이 후 농한기로 접어드는 농토가 아니라 쉬지 않고 달리는 기관차와 같다. 손님을 종착역에 내려주는 것으로 기관차의 임무는 끝이 나는 것 같지만, 그 기관차가 출발했던 역이 이제는 종착역이 되는 손님을 다시 태움으로써 또 다른 임무가 시작된다. 때로는 여러 대의 기관차를 같이 운용해야 하기도 한다. 졸업을 새로운 시작이라고 말하는 이유도 이와 같은 맥락에서 생각해 보면 이해가 될 것이다.

한 가지 업무를 끝내면, 잠시 안주하고 싶은 마음이 들겠지만, 우리는 또 다른 성공을 이루어내기 위해 새로운 발걸음을 내디뎌야 한다. 내가 이룬 오늘의 성공은, 결코 오늘 이 한 가지를 잘해서 이뤄진 것이 아니라, 과거의 노력들이 축적되어 나타난 결실이다. 만약 오늘 이룬 이 성공에 자만하고 안주하는 사람이 있다면 그의 미래는 결코 밝을 수 없다. 현재의 성공이 과거 노력의 결실이었다고 한다면, 미래의 성공은 오늘 내가 공들이고 있는 노력의 결실이 될 것이다.

1950년대 한국의 참담함을 직·간접적으로 경험한 외국인들은 현재와 같은 한국의 발전된 모습에 놀라움을 금치 못한다. 세계도 '한강의 기적'이라고 하여, 한국의 급속한 경제발전에 찬사를 아끼지 않는다. 이러한 발전은 과연 어떻게 이루어졌는가? '60~'80년대에 "잘살아 보자"라는 신념 하나로 온 국민이 노력한 결과물이다. 이처럼 현재 풍요로움은 과거 부모님 세대의 피나는 노력이 있었기에 가능한 것이다. 그렇다면 후대에 더 나은 세상을 물려주기 위해서는 우리가 현재 무엇을 어떻게 해야 할 것인지에 대한 답이 나온다.

그러나, 내가 오늘날 성공했던 방식이 미래에서도 똑같이 성공적으로 작용할 것이라는 보장은 없다. 왜냐하면 바로 '변화'라는 요인이 크게 작용하기 때문이다.

상황은 언제나 바뀌며 그것을 예측하기는 매우 어렵다. '나비 효과(butterfly effect)'라는 말이 의미하는 바와 같이 브라질에 있는 나비 한 마리의 날갯짓이 텍사스에 토네이도를 가지고 올 수도 있다. 한때 지구를 지배했던 거대한 동물이었던 공룡은 변화에 적응하지 못했기 때문에 멸망했다고 한다. '적응'이란 생존을 보장하는 삶의 키워드이다. 모든 생명체 중에서 변화에 적응한 종은 생존했으며, 적응하지 못한 종은 멸종되었다.

성공에 안주하고 변화를 무시한 결과는 참담하였다.

다음의 사례가 그것을 잘 설명해 준다. 'RAZR'란 이름의 슬림폰으로 2006년까지 세계 휴대폰 시장에서 돌풍을 일으켰던 미국 모토롤라가, 2007년에는 휴대폰 부문에서 12억 달러의 영업 손실을 내며 6년 만에 적자로 돌아섰다. "잘나갈 때 조심하라"는 말이 정확히 증명된 사례다.

경쟁사들이 모토롤라의 슬림폰에 자극받아 뒤늦게나마 더욱 우수한 제품을 개발하는 동안에, RAZR의 성공으로 현실에 안주한 모토롤라는 결국 참담한 최후를 맞이하게 된 것이다.

벤치마킹이 활성화된 현대사회에서는 현재의 영광이 언제까지나 계속되지 않는다. 리더는 이를 명확히 이해하고 항상 위기의식을 갖고 미래를 대비하며 조직을 이끌어가야 한다.

길이 끝나는 곳에는 또 새로운 길이 나타난다. 종결은 또 다른 시작을 의미한다. 현실에 안주하지 말고 변화를 수긍하며 미래를 향해 더욱 정진할 때 '멸망'이 아닌 '생존'하는 종이 될 것이다. 하나가 끝나기 전에 항상 또 다른 무언가가 시작되고 있음을 인식해야 한다.

고정관념 극복을 위한 신사고(新思考)

사람이 사는 곳에는 어디나 다양한 고정관념이 있다. 사람은 자기가 옳다고 믿는 정보는 받아들이고, 그렇지 않은 정보는 걸러내는 "확증 편향성"이 있고, 그 결과로 세상이 자기가 기대하는 대로 움직인다고 믿게 되는 "자기 실현적 예언"에 의해 고정관념이 생기고 굳어진다고 한다. 고정관념에 정서가 덧붙여져서 편견이 생긴다. 따라서 "어느 나라 사람, 어떤 지역 사람, 어느 학교 출신, 남성 또는 여성은 어떻고, 그래서 그 사람은 어떨 것이고, 따라서 좋다 또는 싫다."라는 인식을 하게 된다는 것이다.

어느 조직의 리더나 조직원들이 고정관념과 편견을 갖게 되면 그 조직은 단결과 화합이 어렵고, 발전에 지장을 초래하게 된다. 이를 극복하는 방법은 그 고정관념과 편견이 틀린 것이라는 사실을 증명해 주어서 인식을 바꿔주는 방법밖에는 없다. 그런데 이것은 고정관념과 편견의 대상이 된 억울한 사람이 이것을 자신의 힘만으로 해결해 내기는 너무나 어려운 일이다. 높은 직위와 힘을 가진 사람이 노력하여 조직 내에 고정관념과 편견을 일소시키는 노력을 하여야 한다.

그래서 리더는 우리가 상식적으로 알고 있고, 그냥 옳다고 믿고 있는 것들을 새로운 시각으로 의심해 보아야 한다. 편견의 대상이 된 사람과 사실에 대하여 역지사지의 자세로 진상을 알아보는 데에서 새로운 것이 시작된다. 고정관념을 벗어나야 창의적인 도전이 가능해진다.

신대륙을 발견한 콜럼버스를 시기하는 친구들이 그에게 달걀을 세워보라고 하였다. 그가 도저히 할 수 없을 것으로 생각하였지만 그는 망설임 없이 달걀 밑을 깨서 세웠다는 일화를 우리는 신통하게 여겼다. 그런데 이제는 이것조차도 고정관념이 되어버렸다. 즉, 2015년 일본 영화 '불량소녀 너를 응원해'에서 실제로 달걀을 바닥에 세우는 장면을 보여 주었다. 그리고 2020년 말레이시아 청년이 3개의 달걀을 수직으로 세워서 기네스북에 신기록을 만들었다. 이처럼 현재 통념으로 여겨지는 것들을 다시 한번 뒤집어 보는 자세가 고정관념에 빠지지 않는 방법이 될 수 있다.

디아스포라 유대 경전 등 여러 경전과 서적에 등장하는 승자와 패자에 대한 이런 말들도 고정관념 해소에 도움이 될 것이다.

- 승자는 행동으로 말을 증명하고, 패자는 말로 행위를 변명한다.
- 승자는 책임지는 태도로 살며, 패자는 약속을 남발한다.
- 승자는 실수했을 때 내가 잘못했다고 확실히 말하나, 패자는 두리뭉실하게 넘어가려고 한다.
- 승자는 입에 진실함이 가득하고, 패자는 핑계가 가득하다.
- 승자는 누구에게도 사과할 수 있으나, 패자는 누구에게도 못한다.
- 승자는 넘어진 후 일어나 앞을 보고, 패자는 일어나 뒤만 본다.
- 승자는 구름 위의 태양을 보고, 패자는 구름 속의 비를 본다.

- 승자는 눈을 밟아 길을 만들고, 패자는 눈이 녹기를 기다린다.
- 승자는 일곱 번 쓰러져도 여덟 번 일어서고, 패자는 쓰러진 일곱 번을 낱낱이 후회한다.
- 승자는 다른 길이 있을 것이라고 생각하나, 패자는 길은 하나뿐이라고 생각한다.
- 승자는 항상 대안을 만들어 내지만, 패자는 항상 문제점만을 지적한다.
- 승자는 '내가 책임지겠다.'라고 말하지만, 패자는 항상 '나와는 상관이 없다.'라고 말한다.

현실에서는 승자와 패자가 단순하게 구분되지 않고, 실제로 더 좋은 성과를 만들고도 환경이나 시대적 · 정치적 이유로 승자가 되어야 할 사람이 패자로 결정되기도 한다. 그러나 위의 예들은 업무와 삶에서 중요한 의미가 함의된 내용이라는 점에서 생각해 볼만 한 말들이라 하겠다.

어떤 사람의 의견이 틀린 것이라고 여러 사람이 이야기하였고 본인도 그렇게 알고 간주한 일일지라도, 그것이 옳을 수도 있다는 전제하에 존중하는 마음으로 다시 들추어 보아야 한다. 그 반대의 경우도 마찬가지다. 우리는 자신만이 옳다는 잠재의식에 사로잡혀 일을 그르치는 경우도 부지불식간에 많이 있다고 할 수 있다.

리더의 긍정적인 생각, 역지사지의 자세, 과감한 도전, 그리고 강력한 추진력이, 리더 본인은 물론이고 조직원들도 고정관념에서 탈피하여 새로운 세계를 만들 수 있을 것이다.

3

혁신의 방법

더 먼저, 더 정확히, 더 창의적인 대안

앞에서 혁신을 위한 준비 과정을 살펴보았다. 이제부터는 성공적으로 혁신을 이루기 위해서는 어떻게 해야 할 것인지에 대해 정리하고자 한다.

수많은 사람들이 혁신의 필요성을 인식하고 혁신을 시도하지만, 접근 방향과 방법에 대해 잘 알지 못하고 망설이다가 결국 실패하는 경우가 있다. 혁신의 의미로부터 접근해 보면, 혁신이란 "묵은 관습, 풍속, 조직, 방법 등을 완전히 바꾸어 새롭게 한다."라는 것이다. 새롭게 한다는 것은 지금까지의 방법을 남들이 하지 않은 다른 방법으로 바꾼다는 것을 말한다. 만일 누군가가 이미 시행한 일을 따라 한다면 그것은 '모방'에 불과하다. 물론 "세상에 새로운 것은 없다 (There is nothing new under the sun)."는 말이 성경에서 유래한다. 이것은 인간의 역사와 경험이 끊임없이 반복되며, 본질적으로 새로운 것은 없다는 지혜로운 통찰의 의미이지만, 기존의 존재에 인간의 상상력이 가미되면 창의적인 혁신이 될 수 있다고 본다. 그래서 이 혁신은 잘못된 것을 해결하거나, 잘못된 것은 아니지만 보다 더 좋은 것을 위해 새로운 방법으로 남보다 먼저 시행하는 것이다. 저자는 혁신의 방법론으로서 '더 먼저, 더 정확히, 더 창의적인 대안'을 제안한다.

미국의 식품회사 가운데 Whole Foods라는 곳이 있다. 존 메케이는 미국 텍사스주(州) 오스틴시(市)에 자연식품 슈퍼마켓인 '홀푸드 내츄럴마켓'을 오픈하고, 건강관리에 특히 관심이 많은 구매자들에게 초점을 맞추어 슈퍼를 운영했다. 이 구매자들은 식품에 화학첨가제를 넣지 않은 것을 찾는 사람들이었는데, 그 수는 그리 많지 않았다. 일반적으로 사람들은 첨가제가 다소 들어가더라도 가격이 더 저렴한 것을 찾기 마련인데, 존 메케이는 이에 아랑곳하지 않고 유기농식품의 판매에

심혈을 기울였다.

그곳의 식품들은 정말로 신선하고 건강에 좋은 식품들이었다. 가격이 비싸다고 'whole paycheck' 즉 '급여만큼 비싸다.'라는 별명이 붙여졌지만, 유명한 건강 식품업체로 성장하여 지금은 식품업계의 '스타벅스'로 자리매김하게 되었다. 오늘날 홀푸드는 엄청난 매출을 기록하며 식품회사의 혁신 모델이 되고 있다.

존 메케이는 타 경쟁업체들이 식품의 질(質)보다 가격에 중점을 두고 경쟁한 것과는 달리, 소비자들이 앞으로는 양질의 식품을 찾게 될 것이라는 확신을 갖고 그 방향으로 한 우물을 팠으며, 결과는 성공으로 이어졌다. 성공의 핵심은 창의적인 사고에 기초하여 미래의 소비 양상 변화를 정확히 예측하고 타 경쟁업체와 달리 새로운 분야로 먼저 움직였다는 것이다.

우리나라의 사례를 한 가지 더 살펴보자.

식사 후에 입냄새를 제거하기 위한 간단한 방법으로 사람들은 껌을 씹는다. 여러 회사가 다양한 맛과 질감의 제품을 소비자들에게 선보였다. 1990년대 중반 이후 껌 시장은 환경보호에 대한 의식 제고와 매체의 계몽, 껌에 대한 인식의 변화 등으로 인하여 점점 설 땅을 잃어가는 듯했다.

그런 가운데 롯데제과에서 2000년 5월 단순한 껌이 아닌

'치아 보호용' 기능을 갖는 '자일리톨' 껌을 출시했다. 롯데제과는 핀란드 사람들이 일상생활에서 치아 보호나 치아 치료용으로 섭취하던 자일리톨이라는 식자재를 식문화 콘텐츠로 포장하는 창조적인 발상을 하였다.

단순한 식품으로서의 껌이 아니라 의료적 효과가 있는 식품으로 변환시킨 후 이를 부각시켜서 소비자들의 관심을 끌어내었다. 자일리톨 껌이라는 명칭이 특정 회사의 고유상표로 등록될 수 없는 것이었기 때문에 타 경쟁업체인 해태와 오리온에서도 똑같은 이름으로 2000년 12월과 2001년 2월에 자일리톨 껌을 출시했다. 하지만 현재 롯데 자일리톨은 타 경쟁업체를 물리치고 월등한 시장 점유율을 기록하고 있다. 맛도 비슷하고 질감이나 자일리톨 성분의 효과도 큰 차이가 없지만 롯데 자일리톨이 타 경쟁업체 제품보다 소비자의 사랑을 더 받는 이유가 무엇인가? 바로 다른 회사보다 더 먼저 좋은 제품을 시장에 내어놓았다는 것이다.

창의적인 방안을 마련하여 남보다 먼저 혁신을 추진하였으나 실패한 경우는 더 많다. 새로운 제도나 캠페인을 시작했지만 얼마 못 가서 추진 탄력을 잃고만 경우들이다. 이는 신속성과 창의성에만 주안을 두고, 정확성의 요소를 간과했기 때문인 경우도 많다. 즉, 혁신의 목표에 정확하게 부합되는 방향으로 추진해야 하는데 그렇지 못했기 때문이기도 하고. 조직원들이 새로운 혁신의 방향을 정확히 이해하고 한 방향으로 힘을 모아야 하는데, 간부들만이 전적으로 계획, 준비, 시행을 주도하였기 때문이기도 하다.

벤치마킹하라, 그러나 따라 하지 마라.

남들보다 먼저, 정확히, 창의적인 대안을 제시하는 것은 성공적인 혁신에 있어 가장 기본적인 것이면서 또한 가장 힘든 과정이다. 창의적인 대안을 제시하기 위해서는 현 상황에 대한 철저한 분석을 바탕으로 전체적인 흐름을 파악하고 미래에 대하여 정확하게 예측할 수 있어야 한다.

창의적인 대안 마련을 위한 방안으로 쉬우면서도 효과적인 방법 중에 벤치마킹(benchmarking)이 있다. 벤치마킹은 경영기법 중의 하나로써 "경쟁업체의 경영방식을 면밀히 분석하여 경쟁업체를 따라잡기 위한 방안을 도출해 내는 전략"이다. 벤치마킹은 그대로 따라 하는 것이 아니라, 경쟁업체의 성공 전략을 자신의 업체 현실과 상황에 맞추어 더 훌륭하게 적용하는 방안을 찾는다면, 한층 더 창조적인 대안을 찾아낼 수 있을 것이다.

그러나 벤치마킹에는 위험 요소도 내재 되어 있다. 벤치마킹이 원래의 의도대로 구현되지 못하고, 피상적인 '베끼기 전략'으로 되는 경우, 혁신에 실패하는 것은 물론, 기존의 안정적인 틀마저 깨뜨리는 부작용이 야기될 수 있다. 아무리 창의적이고 건설적인 대안이라 하더라도 조직마다 구성원과 상황이 달라서 효과적으로 적용되기 어려운 경우가 분명히 있다. 그럼에도 불구하고 이를 무리하게 적용하면 여러 가지 부작용이 생기기 마련이다.

군의 예를 든다면 상비사단, 향토사단, 동원사단은 각각의 부대가 고유 임무와 편성에서 근본적으로 차이가 있고 병력의 수준에도 차이가 있는데, 어떤 부대에서 성공적으로 적용되었다고 해서 무분별하게 타 부대에서도 그대로 적용하려고 한다면 큰 무리가 생긴다.

벤치마킹을 성공적으로 하기 위해서는 타 경쟁업체의 전략을 모델로 삼되, 자신의 현실을 반영하는 좋은 아이디어를 많이 모으고, 적시적으로 이를 리모델링하여 자신의 조직에 맞는 실천 계획을 수립해야 한다. 하나의 성공적인 예로서 삼성전자가 IBM으로부터는 온라인 글로벌 제안시스템을, 혼다 자동차로부터는 실패를 받아들이는 조직문화를, 구글로부터는 창조적 아이디어를, 노키아로부터는 글로벌 생산 체제와 저가

폰 전략 등을 벤치마킹한 사례를 들 수 있다.

미국의 한 설문조사에서 500명이 넘는 CEO들에게 자사와 경쟁사의 전략에서 차이가 무엇인지를 물어보았는데. 놀랍게도 전체 CEO 중 자사의 전략과 경쟁사의 전략이 별 차이가 없다고 답변한 사람이 전체의 70%를 넘었다고 한다. 혁신 기법이나 새로운 경영 이론이 등장하면 유행처럼 전파되고 적용하기 때문일 것이다. 타 조직의 성공 사례를 참고하여 적용해 보는 벤치마킹은 해당 조직의 문화와 여건 등을 고려해서 응용을 잘하여 성공에 도움이 될 수 있지만 그대로 따라서 하는 것은 효과를 얻을 수 없을 것이다.

특별해지려고 엉뚱한 짓을 하지 마라.

세르반테스의 소설 「돈키호테」에서 주인공인 돈키호테는 자신이 중세의 기사와 같은 특별한 영웅이라는 환상에 빠져서 시대착오적인 행동을 일삼으며 곳곳에서 문제를 일으킨다. 돈키호테의 하인인 산초는 그러한 주인을 따라다니면서 수많은 고초를 함께 겪는다. 당시의 스페인 사회에 풍미하고 있던 중세의 기사들에 관한 이야기의 허구성을 풍자한 이 소설이 나온 이후 돈키호테라는 이름은 잘못된 영웅심리 속에서 엉뚱한 짓을 하는 사람의 대명사가 되었다.

우리의 주변을 살펴보면, 돈키호테와 비슷하게 특별해지려고 엉뚱한 짓을 하는 사람들을 꽤 많이 발견할 수 있다. 정도를 벗어난 행동과 아이디어가 때에 따라서는 창조적이고 신선한 것으로 보일 수도 있다. 나르시시즘(narcissism)(자기애)에 빠진 사람은 자기 망상증 성향으로 용감하고 충동적으로 행동하면서 자기 잘난 맛에 다른 사람의 관심을 살려고 하는 것을 종종 보게 된다.

그러나 그것이 진정으로 창조적이고 신선한 것이 되기 위해서는 설득력 있는 논리가 뒷받침되고 상식적인 검증을 거쳐 다른 사람들이 인정해야만 의미가 있다고 할 수 있다. 그렇지 않다면 그것은 말 그대로 엉뚱하거나 괴상한 것일 뿐이며 보통 수준의 행동이나 아이디어보다 못한 것이 된다.

평범한 노력에는 평범한 결과밖에 없다는 말도 맞지만, 특별해지려다 평범한 수준에도 이르지 못할 수 있음을 유념해야 한다. 특별함을 얻으려면 먼저 평범이라는 기본적인 수준부터 도달하여야 한다.

특별한 일을 시작하기 전에는 주변의 의견을 구해보고 "이것을 하면 안 되겠구나."라는 생각이 기존의 본인 생각보다 더 많이 들면, 그 말들을 참고해서 위험 요소를 감소시키면서 자신의 계획을 보완해 가야 한다. 자신의 경험과 상식은 제한적인 것이기 때문에 주변의 의견을 참고할 줄 알아야 한다.

어떤 일이든 행동으로 착수하기 전에, 위험 요소가 있는지를 확인하고, 먼저 그것을 조치하여 불안감을 최소화한 후에 일을 진행하여야 그르침이 적게 된다. 특별한 것이 아니라 단지 엉뚱한 것일 뿐이라고 아무리 조언해도 이를 깨닫지 못하면 엉뚱한 일이 재연되고 엉뚱한 결과를 낳게 된다.

여러 사람이 만류하던 인천 상륙작전을 맥아더 장군이 감행하여 성공한 예나, 충무공 이순신 장군이 상상을 초월하게 12척의 판옥선으로 수백 척의 왜선을 물리친 사례를 들며 엉뚱함의 미학을 주장할 수도 있다. 그러나 우리가 여기서 분명히 알아야 할 것이 있다. 이들이 단지 무모하고 엉뚱한 일을 저지른 것이 우연한 성공으로 이어진 게 아니라는 것이다. 이들은 자신이 발휘할 수 있는 역량에 대한 치밀한 계산과 철저한 준비, 그리고 성공에 대한 확신이 있었기 때문에 가능했던 일이라는 사실이다.

특별함을 얻기 위해서는 적어도 먼저 기본의 수준은 확보해 놓아야 한다. 달리기 위해서는 걷는 능력이 선행되어야 하는 것처럼 특별한 성과를 달성하기 위해서는 남들도 가능한 평균 수준에는 먼저 도달해 있어야 한다. 전술훈련 평가에서 최우수 성적을 획득하길 바란다면, 먼저 기본이 충실하게 되어 있어야 하고, 그다음에 특별해지기 위한 보통 수준 이상의 무엇인가를 착안해 내어야 한다.

조직 생활을 하면서 누구나 한 번쯤은 일시적으로 반짝 강조되었다가 1~2년이 채 못 되어 언제 그랬느냐는 듯이 사라져간 정책이나 지시 사항을 받아본 경험이 있을 것이다.

군의 경우를 보면, 상급 제대 정책 부서에 근무하게 되면 "자신만의 한칼이 있어야 한다."라고들 한다. 남들과 똑같이 평범하게 일해서는 인정받을 수 없고, 진급에서도 우선순위가 밀리게 된다는 것이다. 따라서 사람들이 자신만의 기발한 과제를 한 가지씩 제안하여 추진하려고 한다. 그러나 이러한 과제가 정말 창조적이면서도 누구나 공감하는 것인 경우도 있지만, 반대로 당시 상급 지휘관에게는 인정받았으나, 타당성에 대한 충분한 검토 없이 추진되어 결국에는 시행하지 않는 편이 더 나은 과제들도 많이 있다.

이 얼마나 안타까운 노력, 시간, 자원의 낭비인가? 상급 부대에서 추진한 엉뚱한 과제 하나가 하급 부대 간부들에게는 수십, 수백 시간의 노력과 자원을 불필요하게 투자하도록 만드는 결과를 초래한다. 상급 부대에 근무하는 간부일수록 특별해지려고 엉뚱한 것을 만드는 과오를 범해서는 절대 안 된다.

리더는 자신이 이끄는 조직을 이전과 비교하여 특별하게 변화시키고 싶어 한다. 이는 어떤 리더나 보이는 공통적인 모습이다. 하지만 이때, 특별한 변화와 엉뚱한 변화는 구분되어야 한다. 특별해지기 위해 엉뚱한 사람이 되어서는 안 된다. 그것이 돈키호테가 온몸을 바쳐 후대의 리더에게 알려준 교훈이다. 창의적인 기술과 예술 분야에서는 차이가 있을 수 있지만, 일반적으로 돈키호테가 말을 타고 달릴 수 있는 곳은 지금은 제한적인 것이 사실이다.

생각은 기록하고, 기록은 실행하라.

인간은 망각의 동물이다. AI가 아닌 이상 아무리 뛰어난 두뇌를 가졌다고 하여도 인간의 기억력에는 한계가 있다. 독일의 심리학자인 에빙하우스(Ebbinghaus)는 기억에 관한 실험 결과를 담은 「기억에 관하여」라는 논문에서 인간의 망각 주기 곡선을 제시하였다. 16년에 걸친 그의 연구에 의하면, 보통 사람의 경우 어떤 내용을 한번 암기하고 나면 10분 뒤부터 망각하기 시작하는데, 1시간 뒤에는 56%를, 하루 뒤에는 67%를 잊어버리고, 한 달 뒤에는 80%를 잊어버린다고 한다.

이러한 인간의 망각 현상에 대비하는 방안이 바로 '메모의 습관'이다. '메모'의 중요성은 아무리 강조해도 지나치지 않다. 어떤 사람은 잠잘 때 꾼 꿈의 내용을 잊어버리지 않기 위해 베개 옆에 메모지와 펜을 준비해 두기도 하고 휴대폰의 음성 메모 기능을 이용하기도 한다.

리더에게도 기억의 중요성은 두말할 필요가 없다. 상사의 지시 사항, 개인적인 스케줄은 물론이고, 부하와의 약속 등 잊어버려서는 안 될 수많은 일들이 있다. 이렇게 많은 것들을 잊지 않고 적시 적절하게 활용하기 위해서는 기억해 두어야 할 사안이 발생하거나 생각났을 때 이를 반드시 기록해 두어야 한다. 어떤 리더는 메모하는 습관을 지키는 것을 자기 자신과의 약속이라고 스스로에게 다짐하면서, 자신이 메모한 것 중에서 그 목록 옆에 '완료'라고 표기하지 않은 것은 빚(채무)으로 생각하기 때문에, 메모한 것들을 빠짐없이 실행하도록 노력한다고 한다. 이러한 습관은 참으로 본받을 만한 가치가 있는 습관이라고 할 수 있다.

언행일치(言行一致)라는 말은 흔히 들을 수 있는 말이고 누구나 그 뜻도 잘 알고 있다. 이 말은 '생각하는 것 또는 말하는 것이 행동과 일치해야 한다.'는 뜻을 담고 있다. 또한 이러한 기본적인 뜻에 부가하여 '행동할 때는 생각을 하면서 하라.'라는 뜻이 숨어 있음을 유의할 필요가 있다.

계획했던 일을 실제로 행동으로 옮기다 보면 여러 가지 상황 변화로 인하여 원래의 계획을 바꾸어야 할 경우도 발생한다. 유연하지 못한 사고로 처음에 계획했던 일을 원래대로 실천해야 한다고 고집하는 것만이 언행일치가 아니다. 일을 실천하면서 부딪치는 여러 가지 상황 변화에 능동적이고 유연하게 대처하는 것, 즉 생각하면서 행동할 때 원래 계획했던 일을 본질적으로 더 잘 달성할 수 있게 되므로 이렇게 행동하는 것이 참된 의미의 언행일치라고 할 수 있다.

유연성에 대한 하나의 예로 군부대에서 일어날 수도 있는 사례를 들어 보자. 중대장은 A, B 두 소대장에게 작전지도에 각각 기동로를 표시해 주며 14:00시까지 목표인 '가' "나" 지점에 도착하라고 명령하였다. 그런데 기동 중 생각하지 못했던 장애물을 만났다. 최근 장마로 인한 산사태로 도저히 기동할 수 없는 상황에 직면하게 되었다. 평소 능동적이고 유연한 A소대장은 상황 변화를 고려하여 기계획된 기동로가 아닌 새로운 기동로를 개척해야 한다고 생각하였다. 이를 실천하여 중대장이 원하는 시간에 목표에 도달할 수 있었다. 하지만 B 소대장은 최초에 중대장으로부터 받은 명령을 그대로 수행해야 한다고 생각하여 산사태로 막힌 기동로를 따라 부상자를 내면서 고군분투하여 개척하였지만, 계획된 시간에 목적지에 도달할 수가 없었다.

이는 리더가 계획을 실행에 옮기는 과정에서 깊고, 넓고, 유연성 있게 생각하면서 행동하는 것이 얼마나 중요한지를 보여주는 좋은 예이다. 모든 리더는 자신과 부하들에게 떳떳하기 위해서는 항상 생각하면서 언행을 하고, 기록은 세밀하게, 계획은 치밀하게, 실행은 철저하게 해야 한다.

타이밍(timing)이 생명이다.

3차원의 공간 속에 존재하는 모든 것들을 움직이고 변화시켜 생명력 있게 만드는 제4차원이 바로 시간이다. 시간은 황금이라고 하지 않는가. 어떤 일을 함에 있어서 시간은 질도 중요 하지만 필요 최소한의 양이 필요하다. 시간만 많이 주어진다면 못 할 일이 없다고도 한다. 그러나 시간의 양에 못지않게 중요한 요소가 또 하나 있다. 바로 타이밍이다. 같은 행동, 같은 조치라도 어느 시간대에 했는가가 일의 성패에 결정적인 작용을 하기도 한다.

당장 실행에 옮겨서 적정 수준의 효과를 거두는 계획이 타이밍을 놓친 완벽한 계획보다 훨씬 나은 결과를 얻게 되는 경우가 많다. 아무리 좋은 기획서라도 제출 마감일을 넘겨버리면 제출 자체를 못하게 되고 만다. 경영학에서도 타이밍이 전략적 성패의 가장 큰 영향력으로 강조된다. 주식시장과 스타트업의 성패도 타이밍에서 좌우된다. 군사작전에서도 적의대비가 부족하거나 예상 밖의 시간이 공격 타이밍의 핵심이다. 큰 일을 시작할 때와 끝내야 할 때를 잘 아는 것도 타이밍이다. 경쟁자와의 관계에서 양보해야 할 때와 끝까지 버티어야 할 때를 판단하는 기준도 타이밍이다.

부모님께 효도하고 싶어서 많은 계획을 세워서 돈을 저금하였어도 돌아가신 다음에는 의미가 없다. 당장 적용할 수 있는 조금 덜 좋은 방법이, 때를 놓친 뒤에야 적용될 수 있는 완벽한 방법보다, 훨씬 좋은 효과를 얻게 될 수 있는 것이다.

사소한 사례이지만, 군 참모 활동에서 타이밍을 놓치고 뒷북치는 사람들이 종종 있다. 어느 대대 작전과장이 월요일 아침에 연대로부터 아주 중요한 지시 사항을 접수하였다. 사안의 중요성을 인지한 작전과장은 완벽한 보고서를 만들어서 다음 날 아침에 대대장에게 보고하려고 하루 종일 열심히 보고서를 만들었다. 그런데 그날 저녁에 연대장이 대대장에게 전화를 걸어 아침에 중요하다고 지시했던 사안을 어떤 식으로 추진할 것인지 물었다. 그 사안에 대해 아무것도 보고받지 못한 대대장은 아무런 대답도 할 수 없는 난감한 상황에 처하고 말았다. 그 시간에 작전과장의 책상 위에는 완벽하게 작성된 시행계획 보고서가 놓여 있었다. 작전과장이 보고서를 만들기 전에 전화로 대대장에게 연대장의 지시 사항을 최초 보고하고 조치계획에 대해 간단하게 언급만 하였다면, 작전과장의 노고는 더욱 빛났을 것이다.

살다 보면, 과거의 일에 대한 후회로 오늘도 괴로움을 겪게 되는 경우가 있고, 내일에 대한 걱정으로 오늘을 사는 때도 있다. 그러나 가장 중요한 것은 '바로 지금, 여기, 우리, 현안'이다. 이곳의 모든 상황과 조건이야말로 내가 가지고 있는 현재라는 타이밍에서 최선의 것이다. 과거는 이미 지나갔고, 미래는 미래일 뿐이다. 과거의 영광과 미래의 찬란한 기대보다 현재 하는 일이 더 중요하다. 마음속에 있는 수많은 채널을 오늘 이 시간에 맞추는 것이 필요하다. 서양 사람들이 자주 사용하는 표현인 "It's now or never"라는 말이 있다. 지금이 아니면 앞으로 절대 없으니 다시 오지 않을 오늘이라는 기회를 최적의 타이밍으로 활용하여야 한다.

"지금 내 앞에 있는 사람이 가장 귀중한 사람"이라고 톨스토이는 말했다. 현재의 소중함을 아는 사람은 그의 미래 역시 소중하고 행복할 가능성이 높다. 과거의 영광과 미래의 찬란한 기대보다 현재 당면하고 있는 이 일이 가장 중요하다는 사실을 인식하고 인정하면서 열정을 현재의 타이밍에 맞추는 것이 필요하다.

올바른 방향 설정이 핵심이다.

중요한 일을 시작할 때 방향 설정은 그 일의 성공 여부를 결정하는 핵심 요소이다. 아무리 많은 인재를 동원하여 많은 시간과 노력을 쏟아부어도 잘못된 방향으로 열심히 노력하면 할수록 역효과와 손해만 커지게 된다.

"골프 경기에서 거리가 짧으면 조금 손해 보지만, 방향이 틀리면 크게 잃는다. 기업 경영도 골프도 거리보다 방향성이 훨씬 중요하다."라고 골프존 그룹 김영찬 회장은 강조한다. 그는 50

대에 기업을 시작하여, 스스로 개발한 스크린골프로 세계 속에 '스크린 골프 종주국 "으로 만들었으며, 64개국에 3,500개의 매장을 운용하면서 1조 원 이상의 매출액을 만들어 내고 있다.

방향의 중요성이야말로 모든 분야에서 강조될 수 있다. 기업전략에서 새로운 방향 제시가 기업의 존폐를 결정짓게 되기도 하고, 연구개발에서 초기의 방향 설정이 막대한 비용과 시간을 결정하게 된다.

탐험과 항해를 시작할 때의 방향 설정은 최단 거리로 목적지에 도달할 수도 있고, 아니면 정반대의 지역으로 유도되어 엉뚱한 지역에 도달하게도 된다. 개인의 삶과 진로 결정은 어떤 목표를 가지고 어떤 직업을 선택할 것인지에 따라서 삶의 만족도와 행복에 커다란 영향을 미치게 된다.

모든 조직 활동에서 추구하고자 하는 개혁의 방향이 올바르게 설정되고, 설정된 한 방향으로 조직원의 마음을 집중시키면, 빠르고 쉽게 개혁의 목표는 성취될 수 있을 것이다.

이처럼 중요한 방향 설정은 많은 의견을 취합하여 결정되지만, 궁극적으로는 리더의 몫이기 때문에, 리더가 올바른 방향 감각을 가지고 결심하는 과정이 대단히 중요한 것이라고 할 수 있다.

4

혁신의 결과

추진한 혁신의 본질과 결과를 평가하라.

혁신은 사회조직의 여러 분야와 개인의 삶에도 광범위하게 영향을 미친다. 이것은 긍정적인 결과도 있고 부정적인 결과도 있게 마련이다. 긍정적인 결과를 바라며 추진한 혁신이기 때문에 이를 잘 활용함과 동시에, 부정적인 결과를 해소하는 전략을 함께 구사해야 한다.

혁신의 전반적인 결과는 효율성과 효과성의 평가로 판단된다. 혁신의 본질이 기술적인 관점에서는 새로운 기술을 창출·

채택·확산하는 것이며, 조직적 관점에서는 조직 내부 운영의 최적화와 창의적인 문화 조성일 것이다. 또한 사회 문화적 측면에서는 사회의 규범·가치·행동에 영향을 미치는 것이라 하겠다.

이러한 혁신을 위한 노력의 결과는 경제적, 사회적, 문화적으로 향상되어, 기업의 제품이 혁신되고, 조직의 일하는 문화와 프로세스가 향상되며, 나아가 사회 전반의 서비스가 증진되어야 비로소 의미가 있을 것이다.

혁신 성공측정을 위한 '핵심 성과 지표(KPI)'는 조직이 혁신 전략의 효율성을 평가하고 개선 영역을 식별하는 데 활용하는 평가 요소 10가지가 있다. 즉, 수익 성장, 고객 만족도, 출시 시간, 비용 절감, 직원 참여, 지적재산권, 시장 점유율, 투자 수익률, 파트너십 및 협업, 직원 기술 및 역량 등이다.

군 리더십에 필요한 혁신 결과 측정은 크게 세 가지를 개념적으로 제시하고자 한다. 첫째는 제도의 개선이다. 이것은 합법성, 합리성, 간편성이 핵심이다. 둘째는 일하는 문화 개선이다. 공감과 자발적 동참에 의한 일의 질과 속도의 향상과 성과 고취이다. 셋째는 예산의 절감이다. 최적의 예산으로 최대의 전투력이 창출되도록 하여야 한다.

혁신 결과의 조직문화, 이렇게 되길 희망한다.

모든 조직은 추구하는 가치에 따라 각각 특징적인 문화가 있을 것이다. 여기에서는 군 조직문화에 중점을 두고 정리하겠지만, 다른 조직에서도 공통적으로 적용되는 점들이 많을 것으로 생각한다.

군은 명령의 절대성, 엄격한 규율, 희생과 불굴의 정신이 요구되는 문화를 가진 집단이다. 사회의 여러 조직에서는 각각 그곳에서만 통용되는 특수한 문화가 있고, 군대에는 고유의 특성으로 인해 다른 사회조직과 차별화되는 '군대문화'가 있다. 그러나 군인은 '제복을 입은 민주시민'으로서 사회문화와 군대문화 두 가지 모두를 조화롭게 계승하고 발전시켜야 한다. 특히 장교는 군 조직의 근간으로서 기본적으로 군대문화를 잘 계승하고 발전시킬 책임이 있다.

사회의 문화와 차별화되는 것으로서 군대에서 잘 계승 발전시켜야 할 문화는 크게 다음의 세 가지로 정리할 수 있다.

첫 번째는 '규범문화'다.

규범문화란 인간 생활의 질서를 유지시키는 모든 법률 · 제도·예의·도덕 등에 관한 문화이다. 군 조직은 평시와 전시를 막론하고 부여된 임무의 성격과 위험성 등을 고려 시, 조직의 상하 수직적인 위계질서의 중요성이 강조된다. 그러나 상하 위계질서를 지나치게 강조하다 보면, 때로는 상급자가 하급자에게 위법 또는 비합리적인 명령이나 지시를 할 경우도 생길 수 있다. 상하 수직적인 권위는 합법성과 합리성에 기초하여 인정되어야 한다. 따라서 지휘관은 조직 내에서 명령 지시 체계가 합법적이고 합리적인 권위가 작동될 수 있도록 스스로 잘 지키면서 확인 감독을 하여야 한다.

생활 속에서 당연하게 여겨지던 상하관계를 깊이 있게 분석해 보고 발전적으로 변화시키기 위하여, 저자가 아이디어를 내어서 시행하여 효과를 보았던 예를 들면 '블루랜드 운동'으로 병영 문화를 개선한 것이었다. 이것은 간부들 상호 간이나, 병사들 관계에도 해당하는 것으로써 뒤에서 세부적으로 기술하고자 한다. 이러한 제도들은 대개 상급자의 위치에 있는 사람들이 지금까지 누려온 권한의 일부를 과감히 내려놓을 때 실효성을 거둘 수 있다. 따라서 지금까지 부적절하게 남용되었던 권한을 과감히 포기할 줄 아는 지혜가 올바른 규범문화를 정착시키는 지름길이 될 것이다.

두 번째는 '가치문화'다.

군인으로서 지녀야 할 주요 가치관, 사생관, 직업관, 올바른 충성심, 그리고 불의에 굴복하지 않고 굳게 지키는 명예심을 확고하게 정립할 수 있는 시스템을 개발하여 시행해야 한다.

또한 국민을 중시하고 지역사회에도 기여 해야 한다. '지역주민과 함께하는 부대의 상'이라는 인식을 들 수 있다. 부대개방행사, 지역사회 봉사활동, 헌신적인 대민 지원, 사랑의 헌혈 릴레이, 따뜻한 마음 전하기 운동 등은 군인이 지역 주민을 지켜주어야 하는 대상이라거나, 함께하는 존재로 인식하도록 하는 데 도움을 줄 것이다. 이러한 활동을 통해 지역 주민들과 돈독한 관계를 쌓게 되면, 부대원들로 하여금 이들을 지켜주기 위해 더욱 노력하면서, 군인의 본분에도 더욱 충실한 행동을 할 수 있도록 자연스럽게 끌어낼 수 있을 것이다. 이것은 또한 군에 대한 국민의 신뢰를 높여주는 효과도 가져오게 한다.

그리고 올바른 충성심이 무엇인지, 역사적으로 시험대에 오른 경우도 있었다. 누구를 위한 충성인가? 당연히 국가와 국민을 위한 충성이 되어야 한다고 알고 있으면서도, 잘못된 상관에 대한 충성으로 문제가 되는 사례도 있었다. 당연히 직속상관에 대한 충성심이 있어야 명령 체계가 유지되어 생사가 엇갈리는 전장에서 임무를 성공적으로 수행할 수 있다는 것은 기본이다. 그래서 상관은 법과 원칙에 기반을 두고 명령 체계를 확립한 가운데 올바른 지휘를 해야만 한다.

세 번째는 '물질문화'다.

이는 적과 싸워 승리하기 위한 유형 전력을 발전시키고 개선하는 제도들이다. 군의 무형전력인 정신전력의 중요성은 아무리 강조해도 부족하여, 어느 시대 어느 지휘관이든 이를 중요시하고 있다. 그러나 이것만으로는 현대전에서 승리할 수 없다. 따라서 과학과 국력의 발전만큼 유형 전력에도 큰 발전을 이루긴 했지만, 아직도 많은 과제를 남겨두고 있다.

지속적인 무기체계의 현대화, 기지(Base) 개념의 부대 주둔지 통합, 활기찬 병영생활에 필요한 각종 시설 현대화 등이 지속적으로 추진할 과제들이다. AI 기반의 무기체계와 드론의 역할 확대 등 전장에서 적보다 우수한 무기와 전투 장비를 갖추는 것이 현대전에서 승리의 필수품이다. 무형과 유형이 통합된 총체적인 전력이 발휘되어야 한다.

전장에 출동하지도 않고 엄폐된 안전한 기지에서도 적진 깊숙이 무인기를 출동시켜서 적의 인명과 시설을 파괴할 수 있는 현대전에서는 최신 무기체계의 보유 여부와 이를 운용하는 기술을 갖춘 장병들이 절대적으로 필요한 시대인 것이다.

'개천에서 용 난다.'라는 말처럼, 예전에는 아무런 배경이나 경제적 뒷받침이 없이 맨손으로 성공하는 사람들이 많았지만,

이제는 유형적인 뒷받침 없이 정신력만으로 크게 성공하기는 더욱더 어려운 시대라고 할 수 있다. 이러한 차원에서 볼 때, 무형전력과 함께 최첨단 무기와 현대화된 장비의 발전은 절대적으로 중요하다고 할 수 있다.

우리 군이 특히 중점을 두고 계승 발전시켜야 할 문화를 앞서 규범문화, 가치문화, 물질문화의 세 가지로 정리하였는데, 이는 사회와 차별화되는 군 조직의 특성과 정체성을 반영하는 것들이다.

또한, 우리 군에서 절대적으로 육성 발전시켜야 할 고유의 군대문화가 있다. 이것은 다시 대외적인 문화와 대내적인 문화로 나누어 볼 수 있다. 대외적인 문화란 군 외부에서 바라보는 군대의 모습을 말하고, 대내적인 문화는 대외적인 군대문화를 조성하기 위한 전제조건을 말한다.

우리 군과 국민이 원하는 대외적인 참다운 군대문화의 세 가지 모습을 저자는 다음과 같이 제시하고자 한다.

첫 번째 모습은 '국민으로부터 절대적인 신뢰를 받는 군'이다.

국민의 신뢰 획득은 군이 전문성을 갖추고, 해야 할 역할을 제대로 할 때 가능한 것이다.

군의 존재 이유는 "국군의 이념: 국군은 국민의 군대로서 국가를 방위하고 자유 민주주의를 수호하며 조국의 통일에 이바지함을 그 이념으로 한다." 그리고, "국군의 사명: 국군은 대한민국의 자유와 독립을 보전하고 국토를 방위하며 국민의 생명과 재산을 보호하고 나아가 국제 평화의 유지에 이바지 함을 그 사명으로 한다."라고 명시되어 있다.

이러한 국군의 이념과 사명을 완수하기 위해서는 군이 유능하고 자유 민주주의의 가치와 평화를 수호할 믿음직한 조직으로서 국민으로부터 절대적인 신뢰를 받아야 한다.

두 번째는 '어떤 위협에도 흔들리지 않는 강한 군'을 육성하는 것이다.

이는 전·평시를 막론하고, 국민의 마음속에 "국군은 국가 최후의 보루(堡壘)"라는 확신을 심어주어야 한다.

어떠한 대내외의 위협 상황에서도 국군이 국민을 지켜줄 것이라는 확신을 심어줄 수 있는 주체가 되어야 한다는 것이다. 전시에는 적을 막아 내어 승리하고, 평시에도 발생할 수 있는 제반 위협·테러·재난에 즉각 대처할 수 있는 강한 군을 육성할 때 가능한 모습이다.

세 번째는 '역사에 명예로운 군'의 모습을 갖추고, 그것을 유지하는 것이다.

외세의 침입으로부터 생명을 바쳐 국토를 지킨 순국선열의 얼을 이어받은 명예로운 국군의 모습이 국민의 가슴 속에 자리 잡고 있다. 이것을 유지하면서 더욱 든든한 국민의 신뢰를 받아야 한다. 그러나 우리 역사의 정치적인 소용돌이 속에서 일부 정치군인들이 불법적이고 부정적인 모습을 보인 때도 있었다. 따라서 아직도 일부 국민은 군에 대한 부정적 이미지를 갖고 있는 것이 사실이다. 이를 잘 극복하고, 국민의 군대 모습으로 다가가기 위한 노력을 꾸준히 하여야만, 진정한 국민의 존경과 신뢰가 지속 유지될 수 있을 것이다.

이러한 대외적인 군대문화를 발전시키기 위한 전제조건이 바로 대내적인 군대문화의 수준이 향상되는 것인데, 저자는 이것 역시 세 가지로 나누어 정리하고자 한다.

첫째는 '깨끗하고 꿈이 있는 군'이 되는 것이다. 선공후사(先公後私), 청렴, 위계질서가 명확한 사람들이 모인 조직을 만들어야 한다. 유능한 젊은이들이 청운의 꿈을 안고 군인의 길을 걷게 되는데, 이들의 꿈이 국가의 비전 실현에 앞장서는 진정한 군인의 모습을 보여야 한다. 국가와 국민도 깨끗하고 꿈이 있는 군을 믿고 격려와 후원을 해주는 분위기가 조성되어야 한다.

둘째는 '인간중심의 정의와 의리로 단결된 군'이 되는 것이다. 지연·학연·출신과 같은 갈등의 근원을 타파하고, 솔선수범(率先垂範), 상경하애(上敬下愛), 인간중심의 지휘를 통해 공정한 대우를 받으면서 정의와 의리로 뭉쳐진 군이 되어야 한다. 국토방위는 목숨을 담보로 하는 귀중한 가치의 실현이다. 정의로운 지시와 의리 있는 수명으로 본연의 임무를 수행해야 한다.

셋째는 '합리적 권위로 영(令)이 서 있는 군'을 만드는 것이다. 이를 위해서는 사적인 권위를 내세우지 않고, 합리적인 부대 지휘와 분명한 수명 체계가 구축된 군을 건설해야 한다. 명령에 따라 사지에도 뛰어들어야 하는 군의 특성을 고려 시 합리적이고 합법적인 명령이 기본적으로 중요한 요소라고 하겠다. 촌각을 다투는 전시 상황에서는 불합리한 것 같은 명령에도 복종해야 하는 것이지만, 이것도 평상시 쌓아진 합리적인 영이 서 있는 부대에서 지휘관을 믿고 따르는 데에서부터 가능한 것이다.

결국, 군 조직의 근간인 장교들이 육성하고 계승 발전시켜야 할 군대문화를 다시 요약하자면 다음과 같다.

'군대문화는 군 조직만의 정체성과 특성을 보여 주면서, 우리 군이 절대적으로 갖추고 지켜나가야 할 명예롭고 자랑스러운 군의 모습'이다.

이러한 군대문화를 잘 육성하여 발전시킬 때, 우리 군은 미래지향적인 강하고 명예로운 군으로서 '국가 발전의 초석이요, 국방 최후의 보루'로서, 당당하게 발전해 나갈 것이며, 이것이 군 리더들이 이루어야 할 몫이다.

팔방미인형보다는 전문가가 되어야 한다.

우리 주변에는 어디에서 무엇을 하려고 하던, 도처에 고수(高手)들이 많다. 한 분야에 오랫동안 집중하여 연구하고 종사한 사람은 고수가 될 수 있다. 그렇기에 무엇을 조금 할 줄 안다고 경솔하게 자기 자랑을 하면 안 된다.

여러 분야에 걸쳐 다재다능한 사람도 꽤 많다. 특히 운동이나 놀이에 재주가 있어서 어느 모임에나 참석하면서 잘 어울리는 사람도 있고, 다양한 독서의 덕택에 말재주가 뛰어나서 여러 곳에 참여하는 사람도 있다. 일반적으로 사람들은 이런 사람을 부러운 시선으로 바라본다. 박학다식(博學多識)한 것은 자랑할 만한 일이다.

그러나 그렇게 부러워만 할 것이 아닌 경우도 많다. 이런 사람 중 상당 부분은 다방면에 걸쳐서 조금씩 알고 있어서 능력과 시간을 분산하여 낭비하는 경우가 많기 때문이다. 얼핏 보기에는 대단히 유식한 것처럼 보이지만, 일생의 삶에 필요한 어느 한 가지 분야에 대한 전문 지식은 그리 깊지 않은 경우가 많기 때문이다. 영어 표현으로는 stretched-thin이라고 하는데, 너무 많은 분야를 추구하다 보면 깊이를 잃을 수 있다는 것이다.

쇼펜하우어는 "세계가 이미 한계 지워져 있기 때문에, 우리 인간에게도 한계가 있다."라고 하였다. 당연히 사람이 갖고 있는 에너지에는 한계가 있다. 비슷한 양의 에너지를 여러 분야에 분산하여 사용하면 자연히 어느 한 분야에 집중할 수가 없게 된다.

속담에 "12가지 재주를 가진 사람이 밥을 빌어먹는다."라는 말이 있다. 왜 재주가 많은데 빌어먹게 된다는 것일까? 이유는 간단하다. 이것저것 하다 보니 피상적으로 아는 것은 많겠지만 어느 한 가지 일에서 깊이 있는 전문성을 쌓지 못하기 때문에, 사회에서 꼭 필요한 사람은 될 수 없다는 것이다. 또 여러 가지 일들에 관여하다 보니 한 가지 일에 만족하지 못하고 쉽게 싫증을 내고, 결국 생활의 주춧돌이 될 한 분야의 능력을 쌓을 기회를 놓치게 되는 것이다. 남들이 부러워하는 다재다

능이라는 평가의 실상은 실속이 없는 경우도 많이 있음을 알게 될 것이다.

어떤 한 가지 일을 정해놓고 그것에 매달리는 사람은 언젠가는 그 분야에서 크게 성공할 기회가 주어질 수 있다. 바로 한 우물만을 파는 것이 성공의 가능성이 더 높다고 하겠다. 우리는 인간인 이상 능력의 한계는 분명히 있다. 이것을 인정하고 선택과 집중을 통해 효과 있는 결과를 얻어야 한다. 모든 것을 다 잘하는 사람을 일컬어 '팔방미인'이라고 하지만, 이런 사람은 역설적으로 어느 것 하나도 제대로 하지 못하는 사람일 수도 있다.

일반적으로 한 분야에서 10년을 집중해서 일을 할 경우 그 분야에서 '전문가'라는 호칭을 받게 된다.

'생활의 달인'이라는 TV 프로그램이 있다. 그것을 보면 특정 분야에서 남다른 능력의 보유자들이 출연하여 대결도 펼치고 달인의 인증을 받기 위한 검증 과정도 거친다. 그들 대부분은 한 분야에서 오랫동안 집중해서 일했다는 공통점을 가지고 있다. '10,000시간의 법칙'이라고 잘 알려진 전문가가 되기 위해 절대적인 시간이 요구된다는 이론이 있다. 이것은 매일 3시간 집중하여 10년간 지속하는 것으로 '10년의 법칙'이라고

도 하고, 또는 매일 10시간을 투자해서 3년이 되기도 한다. 현실에서는 이보다 훨씬 많은 시간과 집중이 요구되는 것이 사실이다.

그렇다면 군 장교도 10년 정도 근무하면 군사 전문가로서의 달인이라는 말을 들을 수 있을까? 아쉽지만 그런 것 같지 않다. 30년 이상 군 생활을 해도 자신 있게 "나는 군사 전문가요."라고 말하기는 어렵다. 그 이유는 군 생활을 통해서 수행하는 임무와 역할이 다양하고 광범위하며 복잡하기 때문이다. 임관 후 소대장, 대대 참모, 중대장 직책을 마치고 연대와 사단 실무자 직위를 이수하고 나면, 금방 10년이라는 세월이 지나가 버린다. 그러다 보니 많은 장교들이 10년 이상 근무를 했음에도 불구하고 자신 있게 스스로를 '전문가'라고 말할 수 없는 것이다.

그렇다면 이처럼 다양하고 광범위한 군의 업무를 수행하는 과정에서 어떻게 한 우물을 팔 수 있다는 것인가? 장교들 상당수가 소령 때까지 자신의 진로를 결정하지 못하고 어떤 직능을 선택해야 할지도 잘 모르는 상태에서 그냥 인사 명령에 따라 근무할 수밖에 없는 경우가 많다. 자신의 역량과 취향 그리고 여러 조건을 고려하여 한 방향을 정하고, 그 분야에서 전문적인 능력을 쌓기 위해 여러 가지 보직을 두루 경험하는 것은 좋은 일이다. 그런 가운데 어느 특정 분야에는 집중적인 노력을 들여 능력을 발휘해야만 그 분야에서 계속 근무할 수 있는 길이 생기면서 전문가가 될 수 있게 된다.

또한 리더는 자신의 것만 챙기지 않고, 부하의 진로와 방향에 대해서도 상담하고 조언해 주어야 한다.

자기 부하가 어느 한 분야에도 전문성을 갖추지 못하고 팔방미인형이 되기 위해 동분서주하고 있다면 과감히 충고를 아끼지 말아야 한다. 상관으로서 팔방미인형의 부하 4명을 데리고 있는 것과, 각 분야에서 전문성을 가진 4명의 부하를 데리고 있는 것 중에서 어떤 리더가 더 효과적으로 지휘를 할 수 있을 것인가? 많은 경우 후자가 더 나을 것이다.

따라서 리더로서 부하를 만능인으로 만들려고 하기보다는 일정한 분야에서 남들보다 뛰어난 전문성을 갖는 인재로 성장하도록 지도하고 도와주어야 한다. 이것이 조직 및 부하관리에 대한 값진 혁신일 것이다.

군의 예를 들자면, 고급장교가 될수록 자신의 고유 가치가 중요시된다. '○○ 분야'라고 했을 때 주변에서 '누구누구'라는 반응이 나오기 마련인데, 거기에 자신의 이름이 거론될 수 있도록 능력을 갖추는 것이 필요하다. 그러기 위해서는 지금부터라도 자신이 가장 자신 있고 흥미를 갖는 분야에 대해서 매일 일정 시간을 투자하여 준비해야 한다.

인생에서 결정적인 기회는 그리 자주 찾아오지 않는다. 어떤 결정적인 기회가 주어졌을 때 자기 능력이 요구수준에 미치지 못해서 그 기회를 잡을 수 없다면 얼마나 안타까운 일이겠는가? 어떤 특정 분야에서 일인자가 되어 주변에서 자신을 필요로 하는 사람이 되도록 스스로 만들어야 한다. 분명히 언젠가는 해당 분야에서 '전문가'라는 말을 들을 수 있게 될 것이다.

실제로, 군에서는 전 분야에 대한 폭넓은 지식을 가지면서도 어느 분야에 대해서는 타인의 추종을 불허하는 전문성을 갖게 되는 경험을 하게 된다. 즉, 현실에서는 Broad & Special 해야 한다. 지휘관은 전 분야를, 참모는 전문 분야를 관장해야 하기 때문이다. 지휘관과 참모 보직을 순환적으로 경험하게 되는 군의 특성상 다양한 지식과 경험을 쌓을 수가 있다고 하겠다.

혁신적인 사람은 똑같이 일하고 특별한 대우를 기대하지 않는다.

우리는 은연중에 다른 사람과 똑같이 일하고 특별한 대우를 기대하지는 않았는가? 그러나 현실은 사람들의 그런 안일한 희망을 들어주지 않는다. 특별한 대우는 특별한 일을 성취한 사람에게 주어져야 한다. 특별한 성취는 운명이나 행운만이 아닌 특별한 노력과 특별한 투자가 있을 때 겨우 얻어질까 말까 한다. "남들과 같이 해서는 남들 이상이 될 수 없다."라는 말이 괜히 생겨난 것이 아니다.

직장 내에서 성과에 대한 불균형한 기대를 바라거나, 업무 분담이나 자원 배분에서 특혜를 요구하는 사람도 있다. 팀프로젝트에서 노력 대비 과도한 인정을 요구하거나, 책임은 회피하면서 단체의 좋은 결과에 대하여 자신의 공로를 내세우는 사람도 있다. 또한 일상생활과 사적 모임에서도 공동 경비를 부담하였으면서도 더 좋은 혜택을 얻으려 하거나, 순서나 차례를 무시하며 특별한 대우를 바라는 사람도 있다. 이런 것들은 공정성과 기본적인 원칙을 훼손하고 조직 내에 불화를 조성하는 행위이므로 직위 고하를 막론하고 있어서 안되는 일이다.

혁신적인 사람은 '주인의식'과 '적극성'이 강하다. 직속상관이 시키는 대로 끌려가는 식으로 일을 하지 않는다.

이런 사람들은 스스로 '역할 수행자(role-taker)'가 아닌 '역할 창조자(role-maker)'가 되고자 한다. 역할 수행자는 단순히 지시받은 역할을 수행하는 사람을 말하고, 역할 창조자는 자신의 역할을 스스로 만들어서 업무를 수행하는 사람을 말한다.

생각을 근본적으로 "내가 아니면 이것을 누가 하겠는가?", "지금 안 하면 언제 하겠는가?", "지금은 피와 같은 시간으로 전투에 임하는 각오로 준비해야 할 시간이다."라는 자세로 임무를 수행하는 역할 창조자의 마음 자세를 갖고 일한다면 일에 대한 재미도 붙고 능률도 오르게 되어 있다.

우리는 자칫 잘못하면 자신을 역할 수행자로만 생각하고 행동하기 쉽다. 상급자로부터 일이 지시되면 비로소 그것을 수행하게 된다. 그렇게 함으로써 일을 쉽게 하는 것일 수도 있다. 일이 지시되기 전에 스스로 찾아서 수행하는 것은 더 어렵고 힘이 든다. 그렇게 하려면 시간과 노력을 더 기울여야 하며, 사실상 귀찮기도 하다. 그러나 분명한 것은 자신이 주도하여 시작한 일은 능률이 훨씬 더 높아진다는 사실이다. "천국도 끌려서 간다면 가기 싫다."라는 말이 있다. 어떤 일을 자신이 주도해서 하느냐, 아니면 남의 지시를 받아서 하느냐에 따라

일의 능률은 하늘과 땅만큼 차이가 난다. 자신이 주도해서 하는 일은 밤을 새워도 피곤한 줄 모르지만, 상관으로부터 일방적으로 지시받아서 피동적으로 하는 일은 금방 지쳐버릴 수 있다.

참모는 자기 분야에서 지휘관을 이끌고 가겠다는 자세가 필요하다. 하급 지휘관은 상급 지휘관의 지시가 있기 전에 자기 부대가 해야 할 일을 먼저 이끌고 가면서 상급 지휘관에게 자랑스럽게 주도적으로 설명할 수 있어야 한다. 어차피 해야 할 일이라면 역할 수행자보다는 역할 창조자가 되어서 하는 편이 능률도 오르고 행복하지 않겠는가?

저자는 팀(TEAM)이라는 용어를 통해, 역할 창조자가 되는 것의 중요성을 강조하고자 한다. 요즘 여러 분야의 조직들이 팀(TEAM) 단위로 업무를 수행하고 있는데, 고대 그리스 아리스토텔레스가 말했듯이 다음과 같이 단어의 첫 글자를 딴 함축된 내용으로 재해석해 보았다.

T: Together(함께), E: Everyone(우리 모두)

A: Achieve(꿈, 비전을 성취하자), M: More(좀 더)

역할 수행자 역할만 하는 사람들이 모인 팀보다는 주어진 역할은 당연히 수행하면서도, 역할 창조자의 자세로 일하는 사람들이 많이 모인 팀이 훨씬 더 높은 성과를 낼 것이다.

똑같이 일하고 특별한 대우를 받게 될 수는 없다. 특별한 대우를 받으려면 남들보다 더 열심히 일해야 한다는 것은 더 이상 말할 필요가 없다. 그러나 무조건 열심히 일한다고 해서 모든 사람이 특별한 대우를 받게 되지는 않는다. 얼마나 명쾌한 개념을 가지고 열심히 하느냐에 따라 성패가 달라지는데, '주인의식'과 '적극성'을 갖고 일을 하는 것이 핵심이다. 업무를 수행할 때 주인의식을 갖고 남들보다 더 적극적으로 할 때, 자연스럽게 주변으로부터 열심히 한다는 이야기를 듣게 되고, 그에 따라 남들과 다른 특별한 대우를 받을 수 있게 되는 것이다.

제4부

창의적 리더십 발휘

1

창의적 도전과 결과

창의적인 사람들의 특징

캐롤린 그레고리(Carolyn Gregorie)와 스콧베리 커프만(Scott Barry Kaufman)은 저서 「Wired to Create」에서 창의적인 사람들의 18가지 특징을 소개하면서, 사람들은 이 중에 많은 부분을 습관처럼 행하고 있다고 하였다.

"… 공상을 즐긴다. 관찰한다. 원하는 시간에 일한다. 고독을 즐긴다. 인생의 장애물을 넘어간다. 새로운 경험을 추구한다. 실패한다. 근본적인 질문을 한다. 사람을 관찰한다. 위험을 감수한다. 삶 전체를 자기표현의 기회로 삼는다. 진정 원하는 것을 한다. 자신의 틀을 깬다. 시간 가는 줄 모른다. 아름다운 것을 주위에 둔다. 접점을 찾아 연결한다. 끊임없이 뒤흔들어 본다. 명상을 즐긴다."

코치클레스 오피니언에는 창의적인 사람의 5가지 특징으로 "민감성, 유창성, 융통성, 독창성, 정교성"을 들고 있다. 또한 크리에이티브 코리아에서는 5가지 특성을 "호기심, 문제를 재정의하는 능력, 융합적 사고, 실험과 실패 수용, 문제해결과 지속적 학습"을 들었다.

결국 창의적인 도전이란, 접하는 모든 일과 사물에 대한 깊은 관심과 다른 각도에서의 관찰을 통하여, 아직 존재하지 않는 아이디어나 사물을 생성해 내는 능력이고, 그것을 통하여 혁신을 가져올 수 있는 것이라고 할 수 있다.

창의적 도전 사례

선박왕 아리스토텔레스 오나시스는 1차 세계대전 이후 고향인 터키에서 빈곤하여 살길이 없어서 이민선을 타고 아르헨

티나 부에노스아이레스로 갔다. 사업가가 되는 것이 꿈이었지만 하루 벌어 하루 먹는 인생을 살 수밖에 없었다. 어느 날, 그는 성공을 위하여 자신의 성공한 미래를 그대로 흉내 내어 보기로 마음먹었다. 하루하루 번 돈을 모아 멋진 양복을 샀다. 그리고 사업가들이 드나드는 유명한 레스토랑에 예약하였다. 그런데 사기꾼 같은 허무맹랑한 이 행동이 이 사람의 인생을 바꿔놓게 되었다. 어느 날 옆자리에 앉았던 손님으로부터 엄청난 기회를 얻게 된 것이다. 사업 제의를 받게 되었고, 무작정 시작한 것이 20세기 최고의 선박왕이 되는 기회를 얻게 된 것이다. 생생한 꿈을 꾸면서 정말로 현실로 만든 대표적인 사례이다.

웅진 그룹의 윤석금 회장은 1980년 7명의 직원을 두고 출판사를 설립하였다. 2011년까지 계열사를 15개로 늘려서 재계 서열 33위를 달성하였다. 그 당시 중소기업에서 대기업으로 성장시킨 유일한 사례를 보여 준 인물이다.

그는 항상 "한 가지를 추구하는 것은 창조가 아니다."라고 하며, 변화와 창조를 구상하였다. 만드는 책마다 성공하게 된 이유를 보면, 위인 전기의 주인공을 선정하는 것부터가 남달랐다. 즉, 위인의 개념을 바꾸었다. 기존의 위인은 '신분이 남다르거나 배경이 좋고 똑똑한 사람'들 이였다면, 그는 '한 분야에 최고의 전문가가 된 사람'으로 위인을 바꾼 것이었다. 그래서 아이들이 그 출판사의 위인 전기를 읽고 나면, "나도 열심히 노력하면 위인이 될 수 있다."라는 꿈을 갖게 만든 것이 유효하였다.

IMF 위기 당시, 정수기가 판매되지 않자, 렌탈사업으로 전환하여 성공하였다. 웅진 식품 이름을 우리말로 지어서 음료수 모두를 1위 브랜드로 만들었다. 무동력 비데 개발로 세계적인 브랜드로 성공시켰다. 기술혁신으로 공기청정기가 감기나 신종플루 바이러스를 모두 잡는 제품 개발에 성공하였다.

또한 그는 '상상오션'이라는 제안제도를 만들어서 좋은 아이디어가 직원들로부터 쏟아져 나오고, 확실한 포상으로 사기를 진작시켰다. 새로운 상상과 혁신을 과감히 추진하여 사업마다 성공하는 기업가가 되었다.

기업이든 개인이든 간절히 원하고 행동하면 이루어진 사례도 우리는 보게 된다. 여기 특이한 방법으로 교훈을 준 사례가 있다.

오프라 윈프리 이야기다.

어느 날 그녀는 방송에서, "정말로 차가 갖고 싶은데 돈이 없어서 살 수 없는 사람들은 나에게 편지를 쓰라."라고 하였다. 그 방송을 들은 사람들 대부분은 "방송을 보는 사람들이 1

억 3,000만 명인데 써봐야 무슨 소용이 있겠느냐?"라며 편지를 쓰지 않았다. 그런데 276명이 정말로 편지를 보냈다. 그들을 방송 스튜디오로 불렀다. 그중 11명을 무대로 올리고 그들에게 차를 주었다. 스튜디오에 차가 들어오고 난리가 났다. 그리고 아쉬워하는 265명에게는 작은 상자를 하나씩 주었다. 그 상자 안에 열쇠가 있고, 그 열쇠를 가진 사람이 12번째 주인공이 된다고 말하였다. 사람들이 상자를 열었다. 그러자 스튜디오는 우레와 같은 함성이 쏟아졌다. 276명 모두에게 차가 한 대씩 주어진 것이다. 차를 받은 사람들은 "갖고 싶으면 편지를 쓰라."고 해서 썼을 뿐이다. 의심하고 안 쓴 사람은 못 받은 것이다.

또 어떤 흑인 소녀가 오프라 윈프리에게 편지를 썼다.

식구가 12명인데 침대가 부족하니 침대를 몇 개 사달라는 것이었다. 오프라 윈프리는 아이의 가족을 스튜디오에 초대하여 침대 12개를 사주고, 이 침대들이 들어가는 큰 집까지 선물하여 사람들에게 감동을 주었다.

오프라 윈프리의 위 두 사례는 유명인의 단순한 기부행위와는 큰 차이가 있다. 본인이 어려움을 딛고 성공하여 기부하는 행위도 훌륭하지만, 이 일을 통하여 시청자뿐만 아니라, 전 세계 사람들에게 '진정 바라는 꿈이 있으면, 망설이지 말고 행동으로 실천하라.'는 사회적 리더로서의 교육적 가치가 있는 말과 행위가 정말 위대하다고 하지 않을 수 없다.

또한 창의적 리더의 대표적 사례로, 미국의 초대 대통령 조지 워싱턴을 들 수 있다. 그는 군인, 정치인, 기업인으로서 창의적 리더로 평가받고 있다.

그는 미국이 독립된 신생 국가가 되면 무한한 성장을 할 것을 직감하였다. 부동산에 새로운 농업을 실험하고 그것이 미국 전역에 확대되길 원하였다. 축산업도 고기를 얻는 자급자족인 것에서 더 큰 것을 추구하였는데, 즉 축산업을 통하여 농업에 절대적으로 필요한 유기농 비료를 얻었다. 새로 개발한 노새와 이 노새를 이용한 동물 노동의 새로운 장을 열었다. 제분소 운영도 전문 기술을 도입한 창조적인 운영이 되었다. 그는 본인이 실패로부터, 책으로부터, 그리고 다른 사람과 소통으로부터 배웠다고 말하였다. 항상 새로운 사업에 도전하는 창의적 리더의 대표 사례였다고 평가받고 있다.

또한 널리 알려진 스티브 잡스의 애플 제품 디자인과 직관적인 터치스크린, 그리고 사용자 중심의 인터페이스 도입 등을 들 수 있다. 당시 아이팟은 둥글고 부드러운 곡선 디자인을 갖추어 우아하면서도 실용적인 디자인을 선보였다. 하지만 이러한 디자인은 당시 디지털 오디오 플레이어에서 일반적이지 않았기 때문에 많은 반대의견이 있었다. 그는 "우리는 고객들이 원하는 것을 알지 못한다. 고객이 원하는 것을 우리가 알려줘야 한다."라고 하였다. 결국 반대의견을 무시하고, 고객의 의견을 수렴하면서도 자신만의 창의적인 디자인을 유지하였다. 결국 스티브 잡스의 창의성과 자신만의 비전은 애플을 성공시켰다.

창조혁신의 아이콘으로 불리는 영국 가전기업 브랜드 대표 다이슨(Dyson)의 사례도 있다.

다이슨은 다니던 회사에서 배신당하고 실직으로 지내던 어느 날, 집안 청소를 하다가 진공청소기 때문에 화가 났다. 진공청소기의 자체 결함보다는 봉투에 박히는 미세먼지 때문에 작동이 중지되는 것을 깨닫고 "먼지 봉투만 해결하면 청소기 성능이 좋아지지 않을까?"라는 의구심을 가졌다. 몇 달 뒤 우연히 제재소 앞을 지나가다가 목재의 먼지를 빨아들이는 원뿔형의 집진장치를 보았을 때 진공청소기가 생각났다. 그는 청소기에 마분지로 만든 원뿔형 장치를 넣어 테스트한 결과 효과가 좋았다. 이것이 세계적인 창조물 다이슨의 봉투 없는 사이클론 청소기의 시작이었다. 5,196개의 시제품에 실패하고, 5,197번째 성공하였다. 그는 이 아이디어를 대기업에 팔고 편하게 살려고 하였으나, 대기업으로부터 무시를 당하였다. 그래서 스스로 회사를 차렸다. 그것이 전 세계 시장 점유율 1위의 진공청소기가 탄생한 것이다, 그 후에도 날개 없는 선풍기, 소음 없는 초음속 헤어드라이기 등을 내놓아 대성공을 거두었다.

예술 분야의 새로운 시도를 한 '태양의 서커스'는 전통적인 서커스에서 동물 묘기를 없애고 스토리테링, 아크로바틱, 음악, 의상, 조명을 융합한 예술적인 퍼포먼스를 선보이며 서커스의 개념을 재정의하였다. 쇼를 넘어 예술 작품으로서 관객에게 깊은 감동을 준 창의적인 사례가 되었다.

영국 옥스퍼드대 에드워드 드 보노(Edward de Bono) 교수는 "창의성이 없으면 발전도 없고, 우리는 영원히 같은 패턴을 반복하게 될 것이다."라고 하였으며, 직장에서 창의성과 혁신을 촉진하는 방법으로 5가지를 제안하였다. 즉, ① 아이디어 공유 장려, ② 영감을 주는 작업공간 제공, ③ 포용적인 문화 조성, ④ 교육 제공, ⑤ 실험 허용이다. 직장에서의 창의성은 혁신으로 이어질 뿐만 아니라 생산성 · 재능 · 사기를 높여주고 올바른 조직 환경을 조성한다고 하겠다.

일상 업무에서 창의적 도전 노력

블루랜드'라는 말은 저자가 "블루오션"이라는 전문용어가 알려지기 전부터 만들어서 즐겨 사용하였던 용어이다. 왠지 새롭고, 창의적이고, 희망적인 일들에 붙이고 싶은 이름이었기 때문이다. 그런데 신개척지이며 무경쟁 시장의 뜻을 가진 "블루오션(Blue Ocean)" 이론이 나오자, 여기에 육지(육군)를 뜻하는 Land의 합성어가 되어 있어서, 저자가 자신 있게 사용하는 용어가 되었다.

블루랜드라고 부르는 개념을 저자는 '창의성에 기반한 업무의 질적 향상을 기하기 위한 아이디어'라고 정의하고, 업무를 추진하면서 실질적인 아이디어를 창출하고 적용하여 성과를 이루려고 노력하였다. 그런 결과의 몇 가지 사례를 요약하면 다음과 같다.

중령으로 육군본부에서 실무자로 근무할 때의 일이다. 당시 무기체계의 국산화 개발이 왕성하게 시도 되던 때였다. 이전에는 대부분 미국의 무기와 장비 위주로 도입되어 지속적인 후속 군수지원인 수리부속품 등도 생산국 제품을 구입하여 사용하였다. ILS(Integrated Logistics Support) 개념이 아직 제대로 우리 군에 알려지지 않았고 교범도 없었다. 저자는 미국

ALMC에서 공부하면서 한국적 ILS의 필요성을 통감하였고, 그때 배운 것을 바탕으로, 미군 교범을 인용하면서 우리 실정에 맞는 「ILS 실무지침서」를 만들기로 작정하였다. 따로 주어진 시간이 없어서 야근과 주말에 쉬지 않고 연구하여 발간한 책이 '육군본부 Pamphlet 700-30'으로 선정되었다. 이것은 군과 방위산업체에 공동으로 적용하게 되었고, 지금까지도 조금씩 보강하면서 신규 전력 증강 사업에 사용되고 있는 보람된 성과였다.

육본 군수기획처장 때, 군에서 기술병이 부족하고 숙달될 때쯤이면 전역하는 등, 기술 인력 수급에 어려움이 많았다. 이를 해소할 방안을 고심하다가 생각해 낸 아이디어다. 대학에 군기술학과를 신설해서 학생들이 군의 정비시설에서 실습할 수 있게 하여, 군사 장비의 정비 능력자를 양성해 내는 것이다. 졸업 후 군에 입대할 때 기술병이나 기술하사로 바로 들어가서 활용할 수 있게 하는 것이다. 군 복무 기간을 마칠 무렵, 본인이 원하면 장기 기술부사관이 되거나, 전역하면서 방위산업체에 취업할 수 있도록 주선해 주는 제도를 만들었다. 이는 국방부와 교육부 두 기관으로부터 우수정책으로 선정되었다. 여러 대학에서 군기술학과 신설을 경쟁적으로 서로 유치하려고 하였다. 그러나 지속적인 인력 수요와 공급을 고려하여 졸업생 전원을 지속적으로 활용할 수 있도록 7개 대학만 승인하였다. 해당 대학에서 군기술학과의 인기는 대단히 높고 경쟁력도 매우 높았다. 졸업생들은 군에서 바로 활용할 수 있는 우수자원이 되었다.

다음은 향토방위작전의 새로운 모델 창출 사례다.

현대전이나 장차전은 전선이 따로 있는 것이 아니고, 전 국토가 동시에 전쟁터가 될 수밖에 없다. 광대한 작전지역을 책임지게 되는 향토방위작전은 적시적인 정보 공유체계와 통합방위작전 수행 능력을 구비하는 것이 핵심이다.

저자가 사단장 시, 도청이 새로운 지역으로 이전하여 신청사를 지었다. 그곳에 민·관·군 통합방위작전을 위한 통합상황실을 설치하게 되었다. 그동안 저자가 구상하고 있던 새로운 통합작전계획을 잘 수행할 수 있도록 체제를 구축할 좋은 기회가 되었다. 많은 연구와 중지를 모아서 최적의 안을 만들었다. 그렇게 설치한 도청 내의 통합상황실에서 효율적인 통합방위작전 계획과 실행 방안을 가지고 전국 시범을 보였다. 정부 관계자, 각 지역 도지사와 시장들, 그리고 군 지휘관들이 참석한 가운데 새로운 개념의 통합방위작전시범을 실시하였다. 군 지휘부와 정부의 인정을 받는 새로운 모델로 선정되었다. 이것으로 도청과 사단이 각각 대통령 표창을 받았다.

그리고 사단장이 중심이 되어, 작전지역 내의 작전 가용 요소를 총괄적으로 유기적인 협의체를 강화하였다. 해군*함대 사령관, 공군*전투비행단장, 지방경찰청장, 지방해안경찰청장, 지방고등법원검사장, 국정원지부장, 지방국세청장, 기무부대장 등 안보와 관련된 기관장 모임을 '충우회'라고 칭하고 매월 주기적인 만남과 수시 토의의 장을 만들었다.

또한 즉각적인 상황 전파와 협조를 위하여 기관장 개인 핸드폰 번호를 공유하였다. 문제 발생 시 통상 자기 기관만 상하로 연결되고 인접 기관에 전파가 늦어져서 통합작전이 실패하는 사례가 있었기 때문이었다. 충우회의 효과는 기대 이상이었다. 작전지역 내의 사소한 일들도 즉각적인 전파와 유기적인 협조가 원활하게 이루어졌다. 충우회는 모두가 공직에서 퇴직한 후에도 인간적인 관계를 계속 유지하는 좋은 모임이 되었다.

이런 내용들을 포함하여 사단장 재직 시, 사단 장병들의 단결된 노력은 상하동욕자승(上下同慾者勝)을 일구어낸 성과로 군 전투지휘검열 최우수, 대통령 부대표창 2회, 국방부장관 표창 3회, 행정안전부장관 표창, 환경부장관 표창, 참모총장 표창 2회, 군사령관 표창 6회 등 최고의 명예를 거두었다.

육군사관학교장 시, 학교의 하드웨어와 소프트웨어를 동시에 혁신적으로 발전시키는 노력을 하였다. 하드웨어는 주로 예산과 직결된다. 시급하게 예산이 필요한 일은 많고, 군 중기 계획에 반영하면 5년 후에나 조치 되는 일들이 많았다. 지휘관이 움직이지 않으면 예산도 움직이지 않는다. 국방예산만을 기다릴 수는 없었다.

"육사도 서울이다."라는 취지로 서울시장을 방문하여 설득해서, 육사 앞을 흐르는 하천 정비와 교내 92고지 산에 체력단련 및 산책로 조성에 필요한 수십억 원의 공사를 서울시에서 추진하여 주었다. 이것은 생도들만의 활용이 아니고, 휴일 면회객들의 산책로도 되어서 시민들의 복지에도 도움이 되는 일이어서 서울시의 뜻깊은 투자가 되었다.

실내체육관인 서애관은 서애 류성룡의 후손이 기증한 것이다. 노후화되어 누수가 생겨서 우천 시 체육활동에 지장을 받고 있었다. 기증한 기업인 2세를 찾아가서 "선친의 훌륭한 뜻을 기리는 사업"으로 후속 조치를 당부드렸더니 당장 보수를 해주었다. 그리고 증축까지 약속하였고, 얼마 후에 대단한 투자로 공사를 해주었다. 생도 교육을 위해 거금을 투자해 주신 분께 깊은 감사의 마음을 지금도 간직하고 있다.

또한 교수부 시설인 충무관과 육사아파트 신축계획이 승인되어 있었으나 예산 투입 우선순위에서 계속 밀려서 연기되고 있었다. 국방부와 육본에 수도 없이 오가며 설득하는 각고의 노력으로 신축공사를 착공시켰다. 예산의 흐름을 알고 노력한 결과였다. 국내외 모든 대학의 총장들이 학교 발전을 위한 예산 확보에 진력하는 이유와 같았다. 바로 눈앞에 보이는 어려운 교육환경을 개선하려 노력한 보람이 컸다.

육사 발전 기금은 그 이자만을 사용하여, 생도들이 방학 때 해외 시찰로 견문을 넓히는데 지원되는 등, 생도 글로벌화의 뜻깊은 용도로 사용된다. 육사 동문 1인당 1달에 1만 원을 육사발전기금으로 기부하는 제도를 창안하여 '1 · 1 · 1 운동'이라는 이름으로 시행하였다. 뜻있는 일에 동문들의 적극적인 호응을 얻었다. 육사 발전 기금 목표인 200억 원을 재임 기간에 달성하였고, 목표를 500억 원으로 상향 설정하였다.

저명한 각계 인사들이 사관생도들에게 강연할 기회를 갖고 싶어 하지만, 학사 일정상 시간이 없다. 아이디어를 내었다. 각계 주요 명사들의 명언들을 모아서 책으로 발간하고자 집필진 선정 후, 저자가 직접 취지문을 작성하여 보냈다. "매우 뜻깊은 일"이라는 격려 편지와 전화를 받았다. 제일 먼저 답장을 보내온 분은 당시 현직 UN사무총장이신 반기문 님이셨다. 각 분야에서 탁월한 업적을 이룬 215 분의 귀한 글들이 도착하였다. 명사들의 인생관이나 좌우명, 좋아하는 경구 등 인생의 이

정표가 될 만한 문구를 먼저 제시한 후, 해설하는 형식으로 구성했다. 그렇게 탄생한 책이 「사관생도를 위한 명사들의 명언」이다.

어느 조직에서나 초빙 강연은 High-Low개념으로 하는 것이 좋을 것이다. 각 분야에서 명성 있는 분들의 초빙 강연은 먼 장래를 내다보는 안목을 넓히기 위한 것이고, 더불어, 조직원의 현재와 가까운 미래의 일에 직접 도움이 되는 이야기도 필요하다. 그래서, 사관생도에게는 졸업 후 바로 시작하는 직책을 위해서 성공적으로 보직을 마친 소대장, 중대장들도 초청하여 지휘 경험을 들려주었는데 매우 유효한 일이었다.

또한 저자의 저서 「지휘관, 무한책임의 주역」을 발간하여 생도들에게 기증하였고, 다양한 분야의 많은 사람들로부터 좋은 호응을 받았다.

사관생도와 사회 저명인사 간에 '멘토-멘티'의 인연을 많이 만들어 주었다. 졸업 후에도 다수의 장교들이 멘토와의 관계를 지속 유지하였다 .

리더십 교육의 메카인 육사의 위상을 제고하고, 친 군 정서를 확산시킬 목적으로 분야별 CEO분들을 대상으로 '화랑리더십과정'을 신설했다.

또한 내실 있는 대외 학술교류가 이루어지도록 교수들의

활발한 대외 활동을 주선하였고, 생도와 서울대·연대·고려대 학생이 상호 전공수업에 교차 참여시켜 서로 느끼고 배우도록 하였다.　 또한 미국 육사 웨스트포인트에서 주관하고 세계 사관학교들이 참여하는 생도들의 전술 조치 경연대회인 'Sandhurst Competition'에 처음으로 참여하는 길을 웨스트포인트 방문 시 그곳의 교장과 협의하여 만들었고, 현재 참가한다.

한국 육군사관학교에서 제안하여 발족한 국제사관학교 심포지엄 ISODOMA을 콜롬비아에서 공동주관으로 실시하였는데, 각 대륙의 23개국이 참여하여 각국 사관학교의 비전과 현안 등을 발표하고 내실 있게 토의함으로써 성과 있고 지속 가능한 의미 있는 국제 심포지엄으로 격상시켰다.

우물 안 개구리가 되지 않으려고 사회 저명인사 8분을 육사 자문위원으로 위촉하였다. 분야별 장관 또는 전·현직 대학 총장 등으로 사회적인 인정을 받는 분들이었고, 학교의 비전과 글로벌 위상 제고 방안, 주요 현안에 대한 조언과 토론을 통하여 정책에 반영하여 추진하였다.

그리고 개교 이래 최초로 외부 평가를 실시하였다. 중앙일보 교육개발연구소 주관으로 타 대학과의 비교 평가하여 전국 34개 교육중심대학 중 1위로 평가받았다. 또한 미국, 프랑스, 캐나다, 터키, 독일, 영국, 이탈리아, 네덜란드, 스페인, 중국,

일본, 필리핀, 태국, 러시아 등 총 15개 주요 국가의 사관학교 관련 자료를 수집하여 외부 평가 기관과 함께 분석 평가한 결과, 미국의 웨스트포인트, 프랑스의 생시르 다음으로 3위 권으로 평가되었다. 도출된 발전 과제들은 마스터 플랜을 작성하여 중장기적으로 지속 추진 되도록 하였다.

매 직책에서, 주어진 여건을 잘 활용하고 어려움은 극복하면서 변화와 혁신을 통한 창의적인 업무 발전을 위해 치열하게 노력한 일들이 좋은 결실을 맺고, 지금까지 지속 유지되고 있는 일들에 보람을 느낀다.

2

따뜻한 인간관계

인간적인 신뢰와 전우애

리더가 업무관리만으로 다양한 조직원들의 몰입과 열정을 끌어내어 마음을 사로잡는 데에는 한계가 있다. 리더의 긍정적인 태도, 공감대 형성, 조직의 안정성 유지, 그리고 존중하며 대우하는 마음과 자세가 요구된다. 또한 진정성 있는 언행과 신뢰 형성을 위한 부단한 노력이 요구된다.

그래서 리더들은 다양한 기법 중에서 감성에 호소하는 리더십도 잘 발휘해야 한다. 미국교육협회(ASID)가 미국의 50개

첨단 기업을 대상으로, 감성역량을 증진시키기 위한 훈련프로그램을 실행한 경험이 있는지 조사하였더니 80% 기업이 있다고 응답하였다. 또한 존슨앤존슨에서는 중간관리자 385명을 대상으로 감성역량지표(ECI)를 조사한 결과, 우수한 리더 대부분이 감성적 역량을 한 가지 이상 갖추고 있었다고 한다.

심리학자이며 과학 저널리스트이면서 감성지능(EQ)을 대중화한 다니엘 골먼(Daniel Goleman)은 “현대 기업은 지성만을 중요시 해오던 통념을 깨고, 감성 능력을 훈련시키는 것이 성공적 기업 운영의 관건이다.”라고 하였다. 그리고 감성역량 확대를 위한 방법으로 “경청하기, 약속 지키기, 감정을 인식하고 수용하기, 사회적 관계를 형성하기, 감정 이입하기, 감정을 조절 및 통제하기”라고 하였다.

결국 감정의 동물인 인간을 지휘 관리하는 데는 감성 리더십도 발휘하여 조직원의 긍정에너지를 끌어내는 힘이 필요하다고 하겠다.

따뜻한 감성으로 구성원과 고객들에게 다가가서 존경받은 리더의 사례를 몇 가지 요약해 본다.

세종대왕의 감성 리더십

세종대왕실록에 의하면, 1418년 8월 12일 제4대 조선 임금으로 즉위하는 날, 22세의 세종은 수석 대언인(代言人) 지신사

(知申事 정3품) 하연에게 내린 첫 마디가 "의논하라."였다. 이를 시작으로 세종 직위 32년 동안 내내 임금과 신하가 하나가 된 '토론의 장'으로 국정을 운영하여 '의논 정치'를 하였다. 인재들을 폭넓게 등용하고, 노비 신분의 장영실을 등용하여 과학기술을 꽃피웠고, 백성을 가엽게 여겨 한글을 창제하는 등 실사구시 및 소통과 배려의 정치를 하였으며, 합리적인 정책을 펼쳤다. 신하와 백성을 먼저 생각하고 존중하면서 조선의 황금시대를 만들었다.

제프 베조스 아마존 CEO

"한 명에게 베푼 호의는 백 명의 고객을 데려온다."라는 말로 유명하다. 실화로, 어떤 고객이 아들에게 크리스마스 선물로 500달러짜리 플레이스테이션을 구매하였는데 물건이 도착하지 않자, 고객센터에 전화하였다. 아마존은 즉각 새 물건으로 빠르게 배송하여 크리스마스 날에 맞추어 전달하여 주었다. 베조스의 평시 구호가 그대로 지켜진 것이다. 1994년 시애틀의 작은 창고에서 온라인 서점으로부터 시작하여 24년 만에 미국 전체 온라인 40%를 장악한 유통업계의 거물이 되었다. '고객 집착 정신, 감성 마케팅, 직원들에게 보여 준 인간적인 면'이 사업을 성공시켰고, 입에서 입으로 전해져서 고객이 또 다른 고객을 불러오는 효과를 달성하여 성공하였다.

하워드 슐츠 스타벅스 CEO

1987년 스타벅스를 인수하였는데, 당시 회사는 직원들의 의욕 상실과 노사 간의 문제로 어려움을 겪고 있었다. 그는 과감하게 종업원 복지혜택을 늘이고, 의견을 직접 듣고 반영하였으며, 의료보험 혜택을 제공하였다. 또한 직원들을 '동업자'라고 호칭하였다. 그는 전화로 직원의 안부를 잘 물었고, 야근하는 직원의 가족을 초청하여 깜짝 파티로 감동을 선사하기도 하였다. 그가 은퇴하자 회사는 2007년 영업 위기를 맞았다. 2008년 다시 최고 경영자로 복귀하여 "전진, 앞으로"라는 슬로건을 내세우고, 초기 경영 이념과 핵심 가치를 되살려 혁신 어젠다를 정립하고 그대로 시행한 결과, 2년 만에 정상으로 복귀해 냈다. 직원들의 자발적인 참여를 이루어낸 독특한 감성 리더십 발휘의 사례다.

유비와 조조의 감성 리더십

유비는 대의명분이 좋고 사람을 성심성의로 대하는 기본이 있지만 특히 사람을 감동시키는 리더십이 큰 몫을 차지하였다고 할 수 있다. 그는 진실된 마음으로 조직을 지휘하여 사람의 마음을 사로잡았다. "큰 부자는 잔돈을 아끼지 않는다."라는 말처럼, 그는 큰 야심이 있었기에 작은 것들을 모두 양보하였다. 또한 대의명분과 신의를 지켰다. 형주에서 조조에게 습격을 받아 도망갈 때도, 추격병들이 가까워지는데도 "백성을 버리고 도망가서 무엇을 하겠느냐? 모두 같이 가야 한다."라고 고집하여 큰 손해를 보기도 하였다. 무참하게 깨지고 쫓기면서도 백성과 부하들을 챙겼다. 평소에 말이 적으면서도 한마디 할 땐 상대방을 감동시켰다. 유비가 조조와 유표에게 쫓기며 천하에 몸 둘 데가 없는 때에도, 많은 사람들이 자신을 따르는 걸 보고 "당신들은 천하의 인재들로 어느 주인에게 가도 환영받을 것이다. 박복한 나를 따르느라 고생이 많다. 나의 각박한 운명 때문에 당신들의 전도가 너무 어둡다. 나도 나의 앞길을 장담할 수 없으니 나를 떠나 좋은 주인을 섬기라."라고 하자, 오히려 모두 통곡하며 누구도 떠나지 않았다.

유비의 일생을 보면, 스스로 일을 하기보다는 따르는 사람들이 목숨을 걸고 일을 하게 만드는 불가사의한 힘을 가지고 있었다. 또한 따르는 사람들은 유비를 전적으로 신뢰하였다. 관우·장비·조자룡과 같은 무인과, 미축·간옹·손건과 같은 참모와 새로 영입한 젊은 공명의 관계도 견제와 균형을 유지하면서 전체의 조화와 화목을 세심하게 배려하는 리더십을 발휘한 따뜻한 감성 리더였다고 할 수 있다.

조조는 일반적으로 비정하고 냉혹하며 계략의 명수라는 인식이 박혀있지만, 그 또한 훌륭한 리더가 갖추어야 할 기본인

엄격함과 이성적 판단의 바탕 위에 따뜻한 인간애도 많았다고 한다. 조조는 지식인이고 시인이며, 원칙과 줏대가 뚜렷하여 부하들이 두려워하면서도 따랐다. 아끼는 부하가 전사하였을 때는 자기의 큰아들과 조카가 전사한 것보다 더 슬퍼하는 모습을 보여 부하들이 감동하였다고 한다.

인재는 명분보다 능력 위주로 청탁불문하고 선발하기로도 유명하다. 인재를 얻기 위해 적이었던 관우가 항복 조건으로 무리하게 요구한 세 가지(한나라에게 항복한 것이지 조조에게 항복한 것이 아니다. 인질이 된 유비 가족에게 후한 예우를 해달라. 유비가 있는 곳을 알게 되면 언제든지 떠나겠다.)도 들어주었고, 후에 정말 떠나는 것도 용인해 주면서 "천하의 의사를 나의 복이 적어 붙잡아두지 못하는구려"라고 탄식하여 참모들을 감동시켰다. 천하의 실력자 조조의 간곡한 만류를 무릅쓰고 옛 주인인 유비를 찾아 떠나는 관우나, 그것을 허락하고 배웅까지 해주는 조조의 위대함도 돋보이는 장면이다. 관우는 후에 이에 대한 보답과 의리로 화병도에서 매복해 있다가 조조를 제거할 기회가 있었지만 살려서 보내게 된다.

기업인들의 감성 리더십 사례

삼성 이병철 회장은 서릿발 같이 일을 하지만, 사적인 일에는 무척이나 자상하였다. "의인불용 용인불의(疑人不用 用人不

되자, 학생들에게 큰 꿈을 갖게 해주기 위한 행사에 맨 먼저 저자를 초청하여 강연을 부탁하였다. 그의 마음이 고마웠다.

중대장 시절에 만났던 중대원 중에도 특별한 인연들이 있다.

문제 병사라고 할 수도 있었던 이들을 끝까지 잘 선도하여 결국 군 생활을 잘 마치게 도왔다. 저자는 당시 "내가 중대장을 하는 동안에 단 한 명의 중대원도 영창을 보내거나 부상하는 일이 없도록 만들겠다."라는 신념을 가지고 있었다.

그때 문제를 일으키던 병사들이 중대장의 인내와 보살핌으로 군 복무를 잘 마무리하였고, 사회에 나와 성공한 사람들이 되었다. 이제는 부부 동반으로 정기적인 모임을 저자와 함께 갖고 있다.

이런 모임이 있다는 사실을 알게 된 군의 선후배나 동료들도 놀라고 부러워한다. 각자의 사연을 요약해 본다.

최 중대원은 유도 고단자이고 풍족한 집안에서 자랐는데 한 번도 상위그룹에 끼어보지 못하고 항상 남에게 뒤진다고 생각하였다. 그가 중대에 보직된 후 문제를 일으켜서 처벌을 면키 어려운 지경에 이르렀다.

당시에는 각 사단에 분대장 교육제도가 있었다. 병사 중에서 우수한 사람을 가려내 일정 기간의 교육과정을 이수시킨 후, 하사로 진급시켜서 분대장 임무를 수행하도록 하는 제도인데, 병사들은 이 교육 받기를 회피하는 분위기였다.

저자는 사고를 친 그 병사에게 분대장 교육을 잘 받고 오면 모든 것을 용서하겠다고 은밀한(?) 제안을 했다. 한 번도 리더 역할을 해보지 않았던 그에게 새로운 경험을 하게 해주고 싶은 것이 진심이었다. 그는 중대장 권유로 분대장 교육반에 입소하였고, 진짜 대형 사고(?)를 쳤다. 수많은 인원 중에서 1등을 한 것이었다. 독립 중대장 지프차를 내주며 분대장 교육대에서 중대까지 태우고 오라고 했다. 그리고 부대 위병소에 도착할 때 중대원들이 도열하여 박수로 환영해 주었다. 1등도 처음이고, 그런 대접도 처음 받아본 병사는 감격했다. 그리고 인생에 자신감을 얻었다고 하였다. 그 후 군 생활을 모범적으로 마쳤고, 전역 후 사회에 나가 군에서 얻은 자신감으로 사업에도 성공하였다.

그리고 양 중대원은, 입대 전 친구들과 환송 파티로 술을 먹다가 다른 팀과 패싸움이 있었다. 다친 사람들이 생겨서 관련자 모두가 처벌받았는데, 그는 군에 바로 입대하는 바람에 경찰에서 헌병대로 사건이 이첩되었다. 헌병대에서 그를 구속하려고 데리러 왔다. 그러나 사건의 자초지종을 알아보니, 이 병사는 거기에 있었을 뿐 문제가 될 만한 일도 하지 않았다고 한다. 그의 말을 믿고 중대장이 그 병사의 구속을 끝까지 거부하고 책임지겠다고 상부에 건의하였다. 결국 구제가 되어서 모범적으로 군 생활을 마쳤다. 군에서 배우고 익힌 투지와 자신감으로 전역 후 수원에서 자리를 잡고, 사업을 열심히 하여 성공하였다. 그는 "군에서 중대장님의 강직하고 의리 있는 리더십을 보고 배운 덕분에 사회에서 그대로 실천하여 성공하였다."라고 말하며, 늘 고마움을 표한다. 아름다운 전원주택에 살면서 집에 초대하기도 한다.

또 다른 한 중대원인 손은, 품성은 착하지만, 성격이 다혈질이어서 불의나 불합리한 것을 보면 참지 못하여 상급자들과도 충돌을 일으키는 일이 많았다. 소대장과도 충돌하여 난감한 일도 있었지만, 중대장의 적절한 조치에 감사하며 군 생활을 무난히 마쳤다. 지금은 서울에서도 손꼽을 만큼 큰 현대자동차 정비소를 운영하여 문전성시를 이루고 있다. 그의 부인이 암으로 세상을 떠나던 날, 저자는 미국 출국 비행기 시간이 얼마 남지 않아 아침 일찍 찾아가서 조문하였다. "맨 먼저 조문 오신 분"이라며, 항상 고마워하고, 아들 주례도 부탁하여 맡아 주었다. 지금은 곱고 참한 새 부인과 잘살고 있다.

그때 문제아로 중대장을 난처하게 한 3명을 포함하여, 또한 명 중대원 최는, 그때나 지금이나 순하고 착한 사람으로, 모범 경찰공무원으로 근무하였고, 최근 정년퇴직하여 일산에 산다. 좋아하는 친구들과 이웃이 되어 모여 살고 있다.

4명의 중대원 모두 전역 무렵에는 모범적인 병사들이 되었고, 전역 후 모두 자신의 삶에 성공하였다. 모이면 옛이야기의 꽃을 피운다. 아름다운 만남이 지속되고 있다.

우리는 살아가는 과정에서 우연히 만나게 된 사람이 나의 삶을 밝혀준 귀한 인연이 되기도 하고, 어려움을 이겨내는 힘이 되기도 하며, 좋은 위치에 추천을 해주기도 한다. 그리고 도움을 받은 사람은, 자신도 남을 도울 기회가 되면 최선을 다하여 도와주는 등 인연을 매우 소중히 여기는 사람이 된다.

좋은 인연의 끈은 길다.

사관생도 생활 4년 동안 동기생과 선후배 사이에 만들어진 추억은 무수히 많지만, 특별한 기억 중 하나는, 3학년 때 만난 1학년 후배와의 이야기이다. 그는 대구 출신으로 모 고등학교를 수석으로 졸업하고 육사에 입학했다. 그런데 그는 유난히 몸이 약해서 매일 힘들어했다. 저자는 3학년 때 하급생들의 군기를 책임지는 직책을 맡고 있었기 때문에 후배들이 무척 두려워하였다. 당시만 해도 심한 얼차려가 당연하게 여겨질 정도로 선배와 후배 사이의 기율이 엄격했던 시절인지라, 이 직책은 후배들의 공포의 대상이었다. 그러나 저자는 단 한 번도 후배들을 괴롭힌 적이 없었다. 강한 눈빛과 말로만 해도 잘 듣는 후배들을 굳이 험하게 대할 필요가 없었을 뿐만 아니라, 사소한 것에 조금만 배려를 해주어도 무척 고마워하였다. 그렇게 지낸 후배들과는 임관 후에도 좋은 관계로 잘 지내게 되었다.

일반대학 생활과 달리 사관생도 생활은 내무생활 자체가 훈련의 연속이기 때문에 체력이 뒷받침되지 않으면 자연스레 학업도 뒤질 수밖에 없었다. 결국 그는 1학년 기말고사에서 수학 과목을 낙제하고 말았다. 추가시험 대상자는 휴가를 출발하지 못하고 영내에서 자습하여 1주일 후에 재시험을 보게 된다. 저자는 3주일의 짧은 휴가 기간 중 1주일을 반납하고, 학교에 같이 대기하면서, 그 후배의 수학 공부를 도와주었다. 그 결과 후배는 무사히 추가시험을 통과할 수 있었다.

2년 후 저자는 임관해서 전방에 근무하고 있었는데, 3학년이 된 그 후배가 다시 추가시험 대상이 된 모양이었다. 그리고 추가시험을 통과하지 못해서 결국 퇴교를 당했다. 저자는 그런 사실을 당시에는 몰랐다. 나중에 편지를 보내와 알게 되었다. 원래 명석했던 그는 퇴교 후 일반대학에 편입하여 졸업 후 대구 중소기업은행에 수석 입사로 은행원이 되었다.

저자가 대대장을 마치고 군사령부로 부임한 날, 뜻밖에도 그가 위병소에서 기다리고 있었다. 그는 저자가 어느 부대에 근무하고 있고, 어디로 전속되어 이사하는지 등을 계속 탐문해서 다 알고 있었다. 저자가 그 지역으로 발령이 난 것도 미리 알고 만나보려고 위병소까지 와서 기다리고 있었던 것이었다.

그 후 우리의 만남은 계속되어 전역 후에도 막역한 사이로 지냈다. 슬하에 딸 셋인데 은행 지점장을 끝으로 정년퇴직한 후 여유 있게 노년 생활을 즐겼다. 좋은 일이 있으면 항상 같이 기뻐하려고 하고, 마음을 써주는 고마운 후배이다. 한때 백혈병으로 고생했으나 다행히 치료를 잘 받고 건강을 회복하여 감사한 마음이었다. 그런데, 이 글을 쓰고 있는 현재, 그는 이 세상에 없다. 암이 재발하여 2년 전에 저세상으로 가고 말아서 가슴 아프다.

이외에도, 매 직책에서 같이 일하면서 작은 일이지만 마음을 써서 배려해 주었던 장교, 부사관, 군무원, 그리고 병사들과도 좋은 인연으로 평생의 전우로 서로 존중하고 아끼면서 잘 지내고 있다. 사회생활을 하면서 만나 의형제의 관계로 진심을 털어놓고 서로 아끼며 지내는 사람들도 있다. 특히 가족 간의 왕래가 생기면 더욱 가까운 사이가 되고 만나는 횟수도 증가하게 된다.

저자는 소령 때, 미국 유학 중, 어학 과정이 끝나고 본 과정 학교로 이동하기 위하여 장거리를 며칠간 혼자 운전하고 가다가 코퍼스크리스티 해안에서 만나 이야기를 나누던 Moor씨 백인 부부와 좋은 인연이 되어 평생을 함께하는 사연도 있다. 자기 집에 초청하여 갔다가, 딸 셋인 부부가 저자를 아들처럼 생각하면서 맺어진 인연이다. 그동안 한국과 미국을 상호 초청하고 방문하며 오가는 관계가 되었다. 저자가 그 댁을 방문하면, 호숫가 별장과 자동차를 내어주고, 요트를 준비해 준다.

기업가인 Moor씨는 저자가 육사교장으로서 미국에 출장 가기 몇 년 전에 돌아가셨다. 그래서 저자가 출장 간 때에는 워싱턴 호텔로 어머니와 큰딸과 사위가 먼 길을 찾아왔다. 오랜만에 다시 만난 어머니는 당시 82의 연세에도 불구하고 여전히 맵시 있고 활기차 보였다. 우리는 너무나 반가워서 한동안 시끄럽게 떠들었다. 워싱턴 시내의 한 고급 식당에서 밤이 깊도록 이야기꽃을 피웠다.

수십 년을 이어온 미국인 백인 부부 및 자녀들과 우리 가족은 국경과 인종을 초월하여 한 가족의 일원으로 잘 지내고 있고, 대를 이어 아이들끼리도 좋은 관계를 유지하고 있다.

그분의 손자 손녀까지 모두 한국을 사랑하며, 한국 전자제품과 자동차 등, 한국을 상징하는 것은 무엇이든지 좋아한다.

그 외 또 다른 외국인들과의 따뜻한 인간관계도 유지하는데 이것도 하나의 외교이고 애국하는 길이라고 생각한다.

3

군 지휘관의 '0 순위'

현대적인 행정 업무의 기법과 산업기술의 발전이 선진국의 군대 행정과 군사과학 기술에서부터 발전하여 사회에 전파된 것은 잘 알려진 사실이다. 군 행정 업무와 첨단 무기체계의 기술이 그만큼 앞서갔던 것이다. 물론 지금은 대학과 공공 및 기업 연구소들에서 행정 업무 기법과 과학기술이 앞장서 나아가면서 그것이 군에 적용되는 것들이 많게 되었다.

리더십도 군 조직에서부터 발전하였다. 여러 가지 의미에서 군과 사회의 리더십 이론과 실천이 따로 있는 것이 아니며, 조직을 유지 발전시키고 부하직원을 지휘 관리하는 리더의 위치에서는 취사선택하여 적용이 가능하리라고 믿는다.

따라서, 본 저서의 내용 중 일정 부분은, 군의 정책 부서와 야전부대에서 바로 적용할 수 있는 내용이지만, 공공조직과 기업에서도 용어만 다를 뿐, 대동소이하게 적용이 가능하리라 생각된다.

리더가 업무의 우선순위를 어떻게 정하느냐에 따라서 리더십 역량의 집중도에 차이가 있을 것이다. 그래서 지휘관의 지휘 관리 핵심 요소 3가지의 우선순위를 "0 순위"로 해야 하는 이유를 다음과 같이 정리한다.

지휘관은 작전지역, 병력, 전투장비를 가지고 국가와 군에서 부여하는 임무를 완수해야 하는 책임자이자 관리자이다. 특히 '전투준비, 교육훈련, 부대관리'라는 3대 과업 중(만약, 회사의 리더라면 '생산성 향상, 직원 교육, 조직관리'라고 할까?) 어느 한 가지라도 소홀히 할 수 없을 뿐만 아니라, 3대 과업을 동시에 만족시켜야 하는 중차대한 책임을 부여받은 것이다. 그렇지만 지휘관의 경험과 관점, 그리고 능력에 따라서 부대 전투력은 차이가 나기 마련이다. 또한 지휘관의 관심이 어디에 집중되느냐에 따라 분야별로 다른 결과를 초래한다. 전체적인 조화와 균형이 잘 이루어지기도 하고, 균형이 깨져 통합 전투력의 발휘가 제한되기도 한다.

저자는 그간 우리 군내에서 발생한 다양한 부대 지휘 성패 사례를 보아왔다. 이러한 경험을 토대로 3대 과업의 개념과 상호 관계를 나름대로 정리해 보고자 한다.

한마디로 정리한다면 전투준비, 교육훈련, 부대관리 3대 기둥은 어느 한쪽이라도 기울어지게 되면 넘어지고 마는 삼각대(정족, 鼎足)와 같다는 것이다.

부대관리가 허술하여 사고가 끊이지 않는 부대는 교육훈련을 제대로 시킬 수 없을 것이고, 교육훈련이 부실한 부대는 전투준비가 제대로 될 리가 없다. 그렇다고 부대관리에만 치중하는 지휘관은 실전적 교육훈련을 기피하는 보신(保身)주의자가 될 수 있으며, 이 역시 전투준비태세는 매우 취약할 것이다.

평시 지휘관의 기본 책무는 실전과 같은 교육훈련을 시키는 일이며, 이것이 완성되었을 때, 나머지 과제들을 추가한다면 그것이 곧 전투준비가 되는 것이다. 따라서 지휘관은 위 3가지 요소를 똑같이 '0 순위'라는 개념으로 중시하고 관리해야만 온전한 전투력을 갖춘 부대가 될 수 있다.

전쟁을 지휘한 미국의 마크 웨인 클라크(Mark Wayne Clark) 장군은 "훈련장에서 터득한 군기와 습성은 전투에서 가장 중요하다. 배운 습성대로 본능적으로 행동하기 때문이다."라고 하였다. 훈련의 중요성을 강조한 말이다.

이러한 3요소를 조직이 구체적으로 갖출 수 있도록 만드는 것이 리더십을 발휘하는 지휘관의 중요 책무다. 여기에서는 지휘관이 갖추어야 하는 리더십 발휘의 핵심 내용을 제목 위주로만 요약해 본다.

Ⅰ. 전투준비

1. 전투준비태세는 지휘관의 마음가짐에서 시작된다.

- 전투준비태세의 확립은 군의 본질적인 목표이자 숭고한 사명이다. —작전계획의 지속적인 발전과 숙달 훈련—
- 항재전장의식(恒在戰場意識)과 전필승공필취(戰必勝攻必取)의 전투적 사고와 자신감을 견지(堅持) 시켜라.
- 전투 장비와 물자는 Fight Now 정신으로, 상시 가동 상태를 유지하라.
- 일사불란한 지휘 체계와 공백없는 통신 소통을 확립하라.

2. 전·평 시 빈틈없는 경계 작전은 부대의 생명이다.

- 완전한 경계 작전으로 본연의 임무수행태세를 보장하라.
- 육하원칙에 의거하여 신속한 상황보고체계를 확립하라.
- 작전의 성패를 결정짓는 초기대응을 잘하라.

3. 출동준비태세는 팀워크로 시간과의 싸움이다.

- 출동준비는 효과적인 오케스트라형 時테크로 실행하라.
- 부대의 임무에 맞는 우선순위를 판단하라.
- 체계적이고 조직적으로 출동 준비시간을 단축하라.

4. 계절적 제한사항 극복을 위한 전투준비 활동은 전승 보장의 지름길이다.

- 공격과 방어의 전투준비와 진지 준비를 완벽히 하라.
- 동계작전 보온 대책의 중요성은 전례가 입증하고 있다.
- 적은 계절 · 시간 · 장소를 가리지 않으니 상시 대비하라.

Ⅱ. 교육훈련

1. 내 부대가 실전에 강한 부대인지 의심하고 확인하라.

- 훈련은 대부대의 연합 및 합동작전의 일부로써의 역할

과 자체의 합동 및 통합작전을 전투적 사고와 행동을 바탕으로 숙달시켜라.

- 첨단 무기체계의 효율적 운용 능력을 숙달시켜라.
- KCTC 등 실전적인 외부 평가와 결과를 지속 보완하라.

2. 장병의 군인정신 교육은 군 전력의 굳건한 토대다.

- 강한 정신전력은 최첨단 무기와 함께 전승의 핵심이다.

3. 간부 교육은 부대 발전의 원동력이며 촉진제다.

- 용장 밑에 약졸 없다.
- 간부는 전투 상황에 적응하는 능력을 구비해야 한다.
- 다양한 형태의 간부 교육으로 효과를 제고시켜야 한다.

4. 싸우는 방법대로 훈련하고, 훈련한 대로 싸운다.

- 체력은 전투력과 직결된다.
- 병기본훈련은 조건반사적인 전투기량을 숙달해야 한다.
- 주특기훈련은 팀의 통합된 전투력을 평가해야 한다.
- 전술훈련은 팀워크의 종합 숙달과 완성이다.

5. 임무형지휘에 대한 이해와 실천이 필요하다.

- 임무형지휘 개념과 시행 방안을 명확히 교육하라.

- 임무형지휘는 결과뿐만 아니라 과정을 관리해라.
- 원활한 의사소통과 믿음, 명확한 지침을 제공하라.
- 지휘관은 어떤 경우이든 결과를 책임져라.

6. 예비군 교육훈련은 체계적인 준비와 정신계도 교육이 핵심이다.
   - 예비군지휘관의 권한 위임과 지휘권 확보가 중요하다.
   - 내 고장 내 직장은 내가 지킨다는 신념을 심어라.
   - 예비군을 국민 정신계도 요원으로 양성하라.

Ⅲ. 부대관리

1. 부대조직을 활성화시켜라.
   - 매사를 정직하고 공정하게 처리하라.
   - 자기 업무에 정통하고 솔선수범하라.
   - 구성원 간 항시 의사소통이 가능하기 위해서는 하고 싶은 이야기를 부담 없이 할 수 있는 여건을 보장하라.
2. 부대를 경량화시키고, 전장 정리를 생활화시켜라.
3. 3S(Slowness, Safety, Smile)를 고려하여 부대를 운영하라.

4. 햇볕이 드는 곳에는 곰팡이가 피지 않는다.

(check, recheck, cross check, final check)

5. 시스템 정상 가동을 위한 법과 규정을 준수하라.

6. 원활한 의사소통과 진정한 대화는 오해가 없다.

7. 신병은 신생아처럼 관리하여 신속히 적응시켜라.

8. 한 번의 만남도 좋은 인연으로 만들어라.

9. 조회와 결산을 반드시 시행하라.

10. 핵심 지역은 24시간 완벽하게 경계하라.

11. 회계처리와 보안 업무는 원칙을 준수하라.

12. 철저한 재난 대비로 인명과 재산을 지켜라.

13. 국민의 신뢰를 저버리는 인명사고를 근절하라.

14. 용서받기 어려운 4가지

- 보고 지연 및 누락
- 예산집행 절차 무시 및 전용
- 구타 및 가혹행위
- 인명피해 사고 발생

15. 지휘관이 절대적으로 예방해야 하는 사고

- 적 침투, 총기 피탈과 같은 경계작전 실패
- 무장탈영 및 총기 난동 사고

• 대언론 사고
• 공금 · 위문금 등 금전의 부적절한 사용
• 부도덕한 행위로 인한 불미스러운 사고
• 집단 식중독이나 대형교통사고 등 단체사고

주요 업무 수행 시 유념할 사항

주요 정책 결정과 지시는 법률 검토, 관련 부서 협조 서명, 최종결재권자의 서명, 상부 보고 및 하부 하달 근거, 회의록 등을 적절한 비문 등재와 함께 보관하여야 한다. 이것은 알고 있으면서도 일부 누락 시 차후 문제가 된다.

4

블루랜드 운동

'블루랜드'란?

지구를 'The Blue planet'로 부르기 시작한 것은, 영국에서 상연한 자연 다큐멘터리 시리즈의 제목에서 시작되었다고 한다. 영국의 BBC와 미국의 Discovery Channel에서 오랫동안 방영하였고, 우리나라에도 널리 알려지는 등 세계적으로 인기를 끌었다.

푸른색은 위로는 하늘, 아래로는 바다를 나타내며, 상징적 의미는 친절, 권위, 평화, 신뢰, 청춘, 희망 등 긍정적인 것이 많다.

저자는 군에서 창의적이고, 희망적이며, 정의로운 의미로 푸른색과 육군을 합성하여 '블루랜드'라는 용어를 만들어 사용하였다. 광의의 블루랜드는 "자율성과 창의성을 발휘하여 성공적으로 임무를 완수하는 부대를 만드는 것"이라고 정의하고, 협의로는 "끈끈한 정이 흐르고, 부하와 동료를 먼저 생각하며, 인간 중심의 병영을 만드는 것"이라고 정의하였다.

협의의 블루랜드인 '꿈에 그린 병영 문화' 만들기

장병들과 부모님들이 원하고 꿈꾸는 이상적인 병영 문화를 만들어야 하는 시대적 배경은 다음과 같다.

- 군의 선진화를 위한 개혁에 앞장서야 한다.
- 자발적인 선진 병영 문화를 구현해야 한다.
- 민간 사회에서의 가치 변화에 부응해야 한다.

지향하는 목표 달성의 핵심은, 일방적으로 위에서 시작한 변화와 혁신이 아니라, 위에서부터 아래로, 동시에 아래로부터 위로, 쌍방향 변화를 추구하는 것이다. 그 이유는 위에서 아래로만 강요한 변화는 일시적인 성과에 그칠 수 있기 때문이다. 즉, 상호 존중과 배려로 정신적 신뢰의 문화를 먼저 형성하고, 이를 바탕으로, 자율적으로 운영되는 병영을 만들어서, 더 강한 군대를 만들자는 것이 이 캠페인의 최종 목표다.

이를 성공시키기 위해 요구되는 전제조건이 있다.

- 잘못된 병영의 악·폐습을 척결하여, 하급자들의 고민과 갈등을 해소한다.
- 직·간접적인 의사소통 방법을 개발하여 활성화함으로써 상호 좋은 인간관계를 형성한다.
- 복지 여건을 개선한다.
- 자율과 책임의 분위기를 조성한다.

이상의 네 가지 조건들을 우선 충족시켜서 '정신적 환경의 안정'과 '물리적 환경의 개선'이 이루어져야 한다.

모두가 바라는 병영 문화, 이렇게 만들어 가자.

'꿈에 그린 병영 문화'를 정착시키기 위해서는 지휘관, 간부, 병사 모두 다 같이 한 마음으로 노력해야 한다. 각자 자신이 담당한 임무를 먼저 충족시키기 위하여 다음의 캠페인을 실천할 필요가 있다.

- 자신의 업무와 부하에 대하여 끝까지 책임지자.
- 상하 인접 인간관계에서 웃고 대화하자.
- 해야 할 일은 나부터 잘하자.
- 서로 잘하도록 격려하고 칭찬하자.
- 위만 보지 말고 아래를 보고 근무하자.
- 합리적 시간 관리로 야근을 없애자.

일상 속 일일 실천의 예

- 힘찬 음악과 함께 시작하는 상쾌한 기상
- 군인의 기본인 강한 체력 육성과 건강 유지
- 장병들의 자율시간과 동아리 활동 및 기본권 보장
- 내실 있는 일일 결산과 업무 성취 결과 보상
- 편안한 취침과 새로운 시작 여건 보장
- 간부들부터 긍정적인 언행으로 밝은 근무 여건 조성

병영생활의 창의적 제도 추진

- 장병 상하 · 인접 의사소통 다양화로 마음을 터놓을 기회

- 감사와 사과의 기회(T/S Time: Thank and Sorry)
- 오늘은 내가 부대의 주인 제도(KD: King for a Day)
- 병사 상호 간 변호제도로 억울함 없이 잘못 인정과 시정
- 선임병의 기득권과 보상 심리 제거
- 하부조직 효율적 활용을 위한 분대장 워크샵
- 모범 분대장 · 선임병 성공 사례 발표회 및 개선에 반영
- 자율과 창의성 발휘를 위한 임무형지휘 적용 확대
- 사회 존경받는 저명인사와 모범 전역 장병 초빙 강연
- 장 · 단기 다짐의 타임캡슐 운용과 만남의 날 행사
- 신병교육대 부대 개방행사로 부모님들의 걱정 해소
- 따뜻한 마음 전하기 운동 전개로 동료와 이웃 돕기
- 전입 간부의 병 생활 체험으로 지휘받는 입장 이해
- 존중과 배려의 경례 · 답례 잘하기

선도적인 지역 사랑과 나라 사랑 운동

- 작전 환경 변화에 통합적으로 대비
- 유관 기관장들과 공동운명체인 충우회 결성
- 통합방위 창의적 연구 및 교육과 전국 지자체 전파
- 우리 먼저 지역 사랑 운동 전개

• 뜻 모아 환경 보전에 앞장서는 행동 실천
• 지역 병원들과 민 · 군 의료 협약 체결

블루랜드 운동 추진 성과

먼저, 장병들의 의식 변화 측면에서 보면, 전보다 훨씬 능동적이고 자율적인 모습으로 변모하였다. 그 이유는 자신들의 의견을 자유롭게 개진하고 토론에 참여하여 결정한 일들이 많아졌기 때문이다. 업무 수행 간 창의성이 발휘된 일의 성과에 대해서는 분명한 보상을 하였다.

그리고 부대 관리에서, 크든 작든 사고를 없애거나 줄이기 위하여 지휘관들은 다양한 방법으로 끊임없이 노력한다. 여기에 보답하듯 사고가 현저하게 감소하는 효과를 가져왔다. 그만큼 생각의 깊이를 더하며 행동하고 배려하는 분위기가 큰 역할을 하였다고 생각된다.

병영생활이 안정적이고, 지휘관과 부대원들이 한마음으로 집중하게 되면, 추구하는 목표에 근접해 감을 모두가 느끼게 된다. 본연의 업무나, 상급 부대에서 지시된 과업을 부대원들이 함께 달성하고 그 결과를 상급 부대로부터 높게 평가를 받게 되면 자연스럽게 보람과 긍지를 느끼게 된다. 즉, 부대 표창 자체가 중요한 것은 아니지만, 타 부대와의 경쟁이나, 자연스럽게 비교되는 일들에서 월등한 성과를 얻고, 중요한 표창들을 받게 되면 부대원의 사기는 크게 높아진다. 이것이 상하동욕자승이 검증되는 것이고, 일단 유사시 전투에서 승리하는 부대로 성장하는 지름길이다.

여기에서 언급한 블루랜드는 군을 대상으로 구체적인 방법과 결과를 정리한 것이지만, 어느 조직에서나 유사한 방법과 실천이 가능하다고 생각한다. 깊은 생각과 치밀하고 구체적인 계획, 그리고 신속하고 소신 있는 실천이 있다면 결과는 아름다울 것이다. 향기로운 라일락과 고운 장미꽃을 피우기 위해서는 비바람과 추한 거름이 필요한 것처럼, 때로는 힘들고 어려워서 회피하고 싶은 과정들을 참고 견디며 전력을 쏟으면 그 결과는 아름다운 결실을 얻게 될 것이다, 이것이 리더의 보람이고 가치라고 하겠다.

집필 후기

교보문고에 도착하자, 출입구 옆에 "책은 사람을 만들고, 사람은 책을 만든다."라는 표어가 붙어있었습니다. 이 문구를 보자 요즈음 마무리 작업 중인 리더십 책과 연계된 문구가 댓글 한마디로 떠올랐습니다.

– 리더십은 리더를 만들고, 리더는 리더십을 만든다. –

저자는 서점에 가는 것을 좋아합니다. 음악이 고요히 흘러나오고, 많은 책에 둘러싸여 어떤 신간 서적이 발간되었는지 확인해 볼 수 있어서 좋습니다. 다양한 사람들이 책을 고르고, 아이와 엄마가 책 이야기하는 소리도 정겹습니다. 책 내용을 확인하기 위하여 잠시 앉아서 열람할 수 있는 몇 개 안 되는 독서용 책상은 항상 만원입니다. 이처럼 사람들의 독서에 대한 열기는 여전히 높으며, 좋은 책을 고르고 사려는 사람들이 많은 것이 참으로 흐뭇하게 느껴집니다.

특히, 한강 작가의 2024년 노벨문학상 수상은 역사적인 일이며 국가적인 자랑으로 온 국민의 독서 열기를 폭발적으로 끌어올리는 도화선이 되었다고 생각합니다. 이것은 문학도들의 창작 의지를 높이는 계기가 되고, 국민의 자존감을 높였습니다. 나아가 전국적으로 좋은 책들이 계속 탄생하리라 믿습니다.

저자의 이 「성취의 리더」는, 소신 있게 최선을 다해온 한 군인이 다양한 상황에서 임무를 성과 있게 완수하고자 부대원들과 생사고락을 함께한 과정과 결실의 기록이며, 전역 후 사회의 여러 조직 속에서 체험하며 깨달은 내용들을 기록한 것입니다. 리더란 기쁨과 보람만을 맛보는 것이 아니고, 쓴맛과 뼈를 깎는 아픔을 경험하기도 합니다.

이처럼 리더는 외부에서 보기에 회장님, 사장님, 공공기관의 장, 지휘봉을 든 멋진 지휘관으로만 보이고, 남들이 부러워하는 핵심 보직에서 잘 지내고 있는 것처럼 보이지만, 머리와 가슴 속에는 24시간 내내 조직의 업무와 부하 생각에 가득 차 있기 마련입니다. 실패와 성공이 백지장 하나일 수도 있으며, 좋은 운과 인연을 만나 매사가 수월하게 잘 풀리는 수도 있고, 그 반대일 경우도 있습니다.

리더십은 부하를 잘 다스리는 것만이 아니고, 상급자와 동료, 그리고 이웃과의 관계도 중요한 삶의 지혜입니다. 자신에게는 수양이며, 타인에게는 배려입니다. 그 바탕에는 진정성과 책임감이 채워져 있어야 합니다.

현대는 새로운 리더를 요구합니다. 전통적 리더십만으로는 이해가 되지 않는 일들이 많습니다. 학술적이고 논리적인 이론만으로는 해결되지 않습니다. 솔선수범을 바탕으로 더 크게 포용할 유능한 리더와 진정한 마음으로 의사소통이 되는 리더를 바랍니다. 담대한 리더는 그렇게 하려는 노력을 아끼지 않습니다. 그리고 자신의 취약성을 인정하는 용기가 있습니다. 리더가 스스로 취약성을 인정하는 것은, 진정한 모습으로 더 높이 성장하는 기회이며 자신감입니다. 정의로운 가치관과 쓸어져도 일어서는 힘은 리더 스스로 길러야 합니다.

어느 조직 생활이나 조직원들 마음의 공감을 얻어서 한 방향으로 집중시키기 위한 노력과 책임은 전적으로 그것을 계획하고 추진하는 리더에게 달려 있습니다. 그래서 리더만이 성취와 책임의 주역이 될 수밖에 없습니다.

끝으로, 이 책을 통해 저자와 인연을 맺었던 선·후배 및 동료들과 저자의 지휘 방침에 따라 행동으로 옮겨준 부하들, 그리고 아낌없는 후원으로 독려해 주셨던 분들께 진심으로 감사드립니다. 앞으로 우리 사회와 군을 책임지고 이끌어 갈 젊은 이들도 이 책을 읽어 가면서, 탁월한 자질과 역량을 갖춘 미래의 리더상을 그려보며 이룰 것을 기대합니다.

토인비는 "창조적 소수(Creative Minority)만이 인류의 문명을 발달시킬 수 있다."라고 하였습니다. 인류문명 발달사에서 획기적인 발달이 일어난 시기에는 항상 창조적 인재가 나타났다는 것입니다. 이제 우리나라 젊은이 중에서도 인류 역사의 물줄기를 바꿀 만큼 위대하고 자랑스러운 창조적 리더가 나타나리라 믿습니다. 이 책이 우리 조국, 사회, 군의 발전에 큰 역할을 할 미래의 인재들을 탄생시키는 데에 작은 씨앗이 되기를 바랍니다. 그날이 곧 오기를 고대하면서 글을 맺습니다.

감사의 말씀

이 책과 인연이 있고, 항상 힘과 용기를 주신 많은 분들께 진심으로 깊은 감사를 드립니다.

그리고 이 책에 관한 내용을 사전에 듣고, 저자가 사관생도들과 군 후배들에게 많이 기증하려는 것을 아시고, 함께 해주시는 분들이 있어 훈훈한 마음에 감사드립니다. 또한 책이 발간되면 바로 구하여 학교 후배들과 회사 직원들에게 선물하고, 또 인근 도서관에도 기증하고 싶다며, 많은 수량을 사전에 주문하시는 분들도 있습니다.

기업을 일으켜 많은 사람들에게 덕을 베풀며 훌륭한 삶을 사시면서, 저자를 신뢰하고 후배들을 사랑하시는 노동일 회장님, 박용래 회장님을 비롯하여 몇 분의 회장님들과 맹모삼천지교의 뜻을 이루시고 좋은 일에 앞장서신 김형희 여사님께 진심으로 감사의 말씀을 드립니다. 그 뜻이 여러 사람에게 전달되리라 믿습니다.

후배가 본 저자

예) 준장 김 순 수
전 육군사관학교 교수부장

저자 이봉원 장군님은 저의 육사 12년 선배이자, 육군사관학교 학교장으로 재임하시던 시절 지휘관과 교수의 관계로서, 그리고 학교장 비서실장으로서 제가 모신 존경스러운 직속상관입니다. 현재는 예비역으로 60대를 맞이한 후배인 저에게 앞으로도 소중한 인연을 이어 나갈 인생의 귀한 멘토로 남아 계십니다.

육사 동문들 사이에서 전해지는 이야기들을 통해 알게 된 이봉원 장군님은, 생도 시절부터 단순히 뛰어난 외모를 가진 쾌남아로 알려진 것에 그치지 않고, 무인으로서의 강한 기개와 예리한 통찰력을 지닌 분이셨습니다. 그는 합기도 고단자이며 강펀치 복서로도 유명하였고, 이러한 강렬한 이미지는 '명예위원장 생도'라는 영예로운 직책을 통해 더욱 확고해졌습니다. 이 직책은 육사에서 고결한 품성과 깊은 명예심으로 모범적인 생활을 하는 생도 중에서도 가장 엄격한 절차를 거쳐 선발된 자만이 맡을 수 있는 최고의 명예직이었기 때문입니다.

1976년 육사를 졸업한 후, 이봉원 장군님은 교수 요원으로 선발되어 서울대 위탁교육 후, 대위 시절 육사 교수로 생도 교육을 담당하시다가, 이후 야전과 정책부서에서 다채로운 경험을 쌓으셨습니다. 2009년 11월, 교수 출신으로서는 최초로 모교인 육사의 학교장으로 취임하셨을 때, 저는 그분을 직접 보좌하는 비서실장으로서 가까이서 지켜볼 수 있는 기회를 가졌습니다. 그때 저는 장군님이 육사의 양대 축인 생도 일반교육과 훈육을 모두 어우를 수 있는 최고의 전문가이자 리더임을 절실히 깨달았습니다. 장군님의 실천적 리더십은 대한민국 정예 장교에게 요구되는 도덕적 · 사회적 품성 함양은 물론, 군사적 · 신체적 역량을 높이는 데 있어 탁월한 역할을 했고, 이는 육사 구성원 전체의 공감과 헌신을 이끌어내는 원동력이 되었습니다.

특히, 이봉원 장군님은 학교장 재임 중 사관생도들을 위해 군 생활 중 얻은 경험과 교훈을 바탕으로 『지휘관, 무한책임의 주역』이라는 책을 발간하셨습니다. 이 책은 단순히 당시 생도들뿐만 아니라 국가기관과 야전 장교들 사이에서도 큰 공감을 얻었으며, 국내외에서 저자 특강 요청이 쇄도했습니다. 연수원, 기업, 국내대학, 영국 옥스퍼드대학까지 초청을 받으셨고, 이번에 새로 발간하는 『성취의 리더』는 군의 울타리를 넘어 다양한 조직의 리더들에게도 깊은 울림을 줄 것이며, 국내외에서 큰 공감을 받을 것으로 확신합니다.

저는 지난 25년 동안 이봉원 장군님을 가까이에서 지켜보며, 장군님이야말로 강력한 실천적 리더십과 무한한 책임감을 지닌 참군인이라고 감히 말씀드릴 수 있습니다. 분단된 조국의 최전방 GP와 DMZ에서 중대장으로서, 불철주야 경계와 대비태세를 갖춘 해안 대대장과 GOP 연대장을 거쳐, 전군에서 가장 긴 해안선과 2,000여 개의 섬으로 이루어진 31사단을 성공적으로 지휘하신 이봉원 장군님의 업적은 그야말로 대단합니다. 그 결과, 선봉 및 RCT 최우수연대, 군 전투지휘검열 최우수부대, 대통령 부대표창을 포함한 다양한 표창을 휩쓸며, 그의 뛰어난 능력과 책임감이 전국적으로 인정받았습니다. 지휘관으로서뿐만 아니라 참모차장 수석부관, 참모총장 정책보좌관, 국방부장관 보좌관 등 국방정책 수립에서도 중요한 역할을 '무한책임'의 자세로 수행하셨습니다.

또한, 이봉원 장군님은 훌륭한 교육자이자 유능한 전문 경영인입니다. 육사 졸업 후 서울대학교와 미국 ALMC를 거쳐, 2008년에는 "이라크 쿠르드족 자치권 운동"에 관한 연구로 정치학 박사학위를 받으셨고, 2010년에는 시사주간지에서 선정한 '인물대상(안보대상)'을 수상하기도 했습니다. 특히, 육사 교장으로서 이봉원 장군님은 단순히 교육기관의 행정적 리더를 넘어, 사관생도들에게 비전과 영감, 도덕적 용기와 군사적

윤리의식을 심어준 교육자이자 멘토였습니다. 이러한 성과는 전국 교육중심대학 평가 1위, 세계 명문사관학교 평가 3위라는 탁월한 결과로 나타났습니다. 또한, 야전 근무 시 군수 분야 최고의 전문가로서, 한국군 최초의 독자적 해외파병을 주도하여 이라크에 기지를 건설하는 쾌거를 이루었으며, 군수사령관 재직 시에는 국가생산성본부로부터 미래경영부문 대상을 수상하여 그 업적을 널리 인정받으셨습니다.

이처럼 이봉원 장군님은 야전의 참군인이자 유능한 전문경영인, 그리고 학자이자 교육자로서 조직을 성공적으로 이끌어오셨습니다. 2011년에 발간된 『지휘관, 무한책임의 주역』은 군사 리더십에 대한 자신의 깊은 경험과 철학을 바탕으로 엮은 책으로, 사관생도와 후배 군인들에게 여전히 중요한 학습자료로 활용되고 있습니다. 이번에 발간된 『성취의 리더』는 군사 전문가뿐만 아니라 리더십에 관심 있는 모든 이들에게 유익한 자료가 될 것입니다. 저 개인적으로는, 화랑대에서 시작된 이봉원 장군님과의 소중한 인연에 무한한 감사와 존경을 표하며, 앞으로도 이 귀중한 인연이 지속될 수 있도록 노력할 것입니다. 저자 이봉원 장군님은 저에게 군(君)이자 사(師), 그리고 부(父)와 같은 분입니다.

2025년 9월 화랑대에서

성취의 리더

초판 인쇄 2025년 9월 15일
2쇄 발행 2025년 10월 20일

저 자 이 봉 원
발 행 자 정 종 음
발 행 처 정 음 사

주 소 : 서울시 용산구 원효로1가 41-7
전 화 : 010-5706-6619
FAX : 0504-476-7208
등 록 : 제302-2008-30호

[정가 22,000원]